本书为河北省社科基金项目《社会福音运动中基督教参与社会改革方式及效用研究》研究成果，课题编号：HB16LS001

19-20世纪

美国沃尔特·饶申布什
基督教社会关怀思想研究

任晓龙 / 著

宗教文化出版社

图书在版编目（CIP）数据

19-20 世纪美国沃尔特·饶申布什基督教社会关怀思想研究 / 任晓龙著 . -- 北京 ：宗教文化出版社 ,2018.9

ISBN 978-7-5188-0640-9

Ⅰ . ① 1… Ⅱ . ①任… Ⅲ . ①基督教－神学－研究－美国－ 19-20 世纪 Ⅳ . ① B972

中国版本图书馆 CIP 数据核字（2018）第 222459 号

19-20 世纪美国沃尔特·饶申布什基督教社会关怀思想研究

任晓龙 著

出版发行：宗教文化出版社

地　　址：北京市西城区后海北沿 44 号（100009）

电　　话：64095215（发行部）64095340（编辑部）

责任编辑：孟金霞

版式设计：贺　兵

印　　刷：北京信彩瑞禾印刷厂

版本记录：787×1092 毫米　16 开　15.25 印张　250 千字

2018 年 10 月第 1 版　2018 年 10 月第 1 次印刷

书　　号：ISBN 978-7-5188-0640-9

定　　价：80.00 元

目　录

序 一

2002—2007 年间，我有幸在自己的母校四川外语学院（即现在的四川外国语大学）指导了二十几个以西方文化为研究方向的弟子，任晓龙是其中之一，且年纪最小。这些弟子个个胸怀大志，勤奋好学。任晓龙有点不同于他的师兄师姐的是他对宗教文化的浓厚兴趣。专业课程结束后，他决定以美国的基督教神学家莱因霍尔德·尼布尔（Reinhold Niebuhr）作为他的硕士论文题目。这样的选题让我亦喜亦忧：喜的是这位年轻人有自己的见解；忧的是在中国这样一个文化传统源远流长的国家，研究西方的宗教和神学很需要一点不计成败的勇气。我一向告诫自己的弟子在论文选题上要慎之又慎，最重要和最佳的选择是自己真正感兴趣并且有持续研究空间的题目，切勿急功近利，只顾眼前学位。几番讨论之后，任晓龙的执着消除了我的疑虑。他的《爱而非罪——莱因霍尔德·尼布尔的核心思想》(Not Sin But Love: A Study of Reinhold Niebuhr's Central Concern) 经过三易其稿，终于被打磨成一篇像模像样的硕士论文。在这篇论文里，任晓龙对尼布尔的早期宗教哲学和社会批判思想及其与进步主义运动的关系进行了简洁的剖析，提出了一些颇为独到的见解，显示了他学术上的旨趣和研究潜力。

晓龙属于那种矢志不渝的学人。2007 年夏天，他从四川外语学院毕业，工作两年后考取北京师范大学宗教学专业的博士研究生。此后几年间，他教书之余，孜孜不倦，潜心学术研究。他的新作《19-20世纪美国沃尔特·饶申布什基督教社会关怀思想研究》向中国读者和学术界介绍了另一位在进步主义时期的基督教社会福音运动中，比尼布尔更有影响力的宗教思想家。这部专著不仅显示了任晓龙在学术研究上的专注和坚持，而且展现出他对现代美国历史文化更深刻的理解、对基督教神学更准确而中肯的解读以及在文化研究领域里由此及彼的联想和鉴赏能力。真是"士别三日当刮目相看"。

进步主义运动是美国历史甚至世界史的一个重要里程碑。在多个层面、多种意义上，这一社会改革运动都是美国民主制度成功的范例。引发它的原因是19世纪末20世纪初的美国社会面临的一些重大危机。经过了一百多年的发展，更经过南北战争的洗礼，美国经济此时进入了一个高速发展阶段。第二次工业革命的巨大动力一夜之间把美国推到世界文明的最前沿。然而在世界历史上，空前高速的变化往往造成社会严重脱序。在这一点上美国似乎也毫不例外。边疆的消失迫使数百万来自欧洲的移民和南方的黑人涌入城市，日新月异的技术特别是机械化使劳动力市场受到挤压，失业成为常态；在高速的经济发展过程中，恶性膨胀的资本取代了传统的工业组织，少数托拉斯控制了美国经济的命脉。工人创造了大量财富，却面临恶劣的工作环境、低工资、低劳保甚至失业的危险。这样的变化导致劳资关系日趋紧张，罢工和劳资冲突频繁发生。与此同时，社会资源的高度集中限制了社会的均衡发展，城市交通、居民住房的数量和社区环境建设严重滞后，城市里出现了日益增长的贫穷。从联邦到市镇的每一级美国政府都受到资本的侵蚀，民有、民用、民享的理想面临挑战。

波澜壮阔的进步主义运动于是应运而生。这一社会改革运动的倡导者主要是美国中产阶级里的有识之士，他们包括新闻记者、作家、学者、律师、女权主义者、环境保护主义者、议员、州长甚至总统，政治立场涵盖左中右。在严峻的挑战面前，他们表现出惊人的道德担当和政治智慧。他们追随理性，相信科学，尊重事实，通过教育、宣传、对话、民主程序来解决社会危机。在20年左右的时间里，改革者们通过立法和政府对经济的有限干预，限制了垄断资本，保护了劳工、妇女和儿童的利益，改善了工人的工作条件、城市的公共卫生，提高了妇女的社会地位，巩固了民主制度，避免了暴力革命和专制，为美国在20世纪的持续进步奠定了基础。

　　社会改革的阵营也包括了宗教界的领袖人物。在进步主义时期的改革浪潮中，基督教的社会福音运动独树一帜，而沃尔特·饶申布什（Walter Rauschenbusch）则是这一运动的杰出代表。这位德国移民的后代1886年毕业于罗切斯特大学，同年成为纽约市第二日耳曼浸礼会教堂的牧师。在这个与号称"地狱厨房"的贫民区为邻的教堂工作期间，饶申布什目睹了"镀金时代"的所有丑恶：失业、贫穷、肮脏的环境、居民中的营养不良、疾病、穷人的无望、犯罪、卖淫。第五大道与"地狱厨房"之间的巨大反差催生了他的社会福音的基本观点。1897年，饶申布什受聘于罗切斯特神学院，五年之后成为该校的教会史教授。1907年，他发表了《基督教与社会危机》（Christianity and the Social Crisis）。这本书确立了他在基督教社会福音运动中的领袖地位。此后的十年时间里，他相继发表了《社会觉醒的祈祷》（*Prayers of Social Awakening,* 1910）、《社会秩序的基督化》（*Christianizing the Social Order,* 1912）、《耶稣的社会原则》（*The Social Principles of Jesus，* 1916)和《社会福音的神学》（*A Theology for the Social Gospel,* 1917）等著作，从而成为20世纪基督教神学最主要的奠基者之一。他的基督教民主主义理想成为民权运动的先声，其追随者包括美国最著名的民权运动领袖马丁·路德·金博士。

社会福音运动具有深厚的宗教哲学和历史渊源。在精神上,它与《圣经》的内容一脉相承。基督教既是精神运动,又是社会运动。《新约》里的故事不仅是上帝的精神昭告,而且是对现世存在的丑恶和社会上层的不义的声讨。然而,罗马帝国时期和中世纪的基督教会虽然征服了欧洲,却丧失了早期基督教的批判传统。教会承认并接受了皇权和封建秩序,教会内部也形成与世俗权力平行的等级制度,建立起与后者特别是神圣罗马帝国既互相竞争又互相依存的关系。教会的繁文缛节则遮蔽了基督教社会理想的光芒。16、17世纪发生的宗教改革打破了教会的千年沉寂,迫使教会分化并重新界定教会与社会和世俗权力的关系。而美国的基督教会特别是新英格兰地区的清教徒,从他们踏上美洲大陆的第一天起,就立下建成一个"山巅之城"的宏愿。进步主义时期的社会福音运动就是这种使命精神的现代传承,是将基督教伦理用于社会批判、唤起公众良知进而推动社会变革的大胆尝试,也是对基督教原教旨的一种现代复归。

信仰本身虽然是宗教的目的和核心,但是离开了人类的生存状况则失去了存在的意义。只有在传道济民的事业中教会和神职人员才能实现自身的救赎。在这种意义上,独善其身的基督徒不是真正的基督徒。社会福音运动将耶稣的降临和救赎的希望与现世的虔诚和社会实践紧密结合起来。在饶申布什和其他社会福音的领导人眼里,自由放任的资本主义是美国社会贫富分化的根源,它不仅造成了严重的阶级对立,侵蚀了人心,而且污染了人们的道德观念。这样的资本主义既搅乱了社会、危及民主制度,又破坏了基督教的众生平等原则。他们相信,缺乏社会关注的教义不仅是空洞的,而且是非基督和反神性的。任何真正的基督徒都不能对一个人欲横流、纸醉金迷的社会听之任之。饶申布什指出,"社会福音运动需要神学的指引,而神学需要社会福音给自己注入活力。"他大声宣告："个人的福音虽然帮助人们认识到自己的罪衍，但却不能揭示社会制度的罪恶。社会福音运动旨在让人们相信唯有上帝才有将人类社会从传统的压迫和剥削中解救出来的意志和力量。"在社会福音运动中，基督教的伦理为社会进步提供了精神的动力，而社会改革则成为基督精神的一种展示。社会福音运动接受了启蒙运动对社会变革的肯定态度，与进步主义运动的其他力量特别是自由主义的左派结成了为社会正义而战的同盟。这一运动提升了基督教的感召力，丰富了基督教神学，成为 20 世纪美国基督教民主主义的先声。

数千年的世界文明史在很大程度上其实是不同文明之间的接触、交流和互相砥砺、共同进步的故事。最近几十年来，史学和其他社会科学界的同仁日趋在世界史的大背景上考察一个国家、民族的文化发展。这不仅是学术潮流，也是各国文化史的一个普遍现象。在民族主义高涨、文明冲突的预言似乎正在世界范围内变成现实的今天，我们应该更清醒地看到，许多文明在其发展的重要节点上，几乎都直接或间接地受惠于外来文化的注入。汉唐时期的中国无疑受惠于来自西域的文化特别是佛教；而基督宗教自初唐贞观年间景教落户长安，在中国传播已有 1400 年左右的历史。在中国与外部世界的联系上特别是在 19 世纪以来的西学东渐、中国的现代化进程中，基督教有一定的贡献。

美国的进步主义和社会福音运动对当代中国社会也有一定的启示。工业革命的结果不仅是城市化、现代化和经济结构的改变，而且是社会的重组。在这一过程中，传统文化和人们的价值观念经受前所未有的冲击和考验。西方如此，东方亦然。在美利坚文明转型的历史关头，经历了宗教改革洗礼的基督教积极参与了这一时期的社会改革。其代表人物坚守信仰，坚持道义，转达了社会底层民众的经济诉求和社会理想，在争取社会正义的行动中，践行基督的大爱，呼吁并倡导以提高工人和城市下层居民的经济地位为目标的社会改良。

为人贵于诚，为学贵于实。任晓龙的这部学术专著的最大亮点应该是其实在。全书基于对饶申布什的代表作《社会秩序的基督化》(Christianizing the Social Order)非常翔实的解读。作者对原文的翻译相当准确，阐释恰如其分，避免了一些学术著作里以我为准、望文生义的武断分析。这样的文本研究在今天浮躁的学术界日渐稀缺，十分难能可贵。看到自己的弟子事业有成，我感到极大的慰藉。

书山有径，学海无涯。衷心希望晓龙锲而不舍，有更多的学术成果问世。

是为序。

邓鹏

（美国海波因特大学终身教授）

戊戌仲夏

于美国海波因特大学

序　二

在宗教研究中，有一个重要的进路，就是从宗教里挖掘有益的资源，服务当代社会。我国年青一代学者在这方面做出了非常不错的尝试。作为人类发展史上的社会文化，几乎每一种传统宗教都包含丰富的精神资源，只要放平心态，我们就可以从宗教里获得自己所需的资源。至于放平心态，对于我们这个无论过去，还是现在（也许，还包括未来？）都是由绝大多数不信任何具体宗教的人组成的国度而言，这一点根本不是问题。

基督教里包含大量的精神资源，这个论断几乎不需要证明。我个人比较关注基督教的灵性资源，就是修士们所追求的灵修经验。不信教的人，也有自己的精神生活。理论上，宗教徒的生活就是一种精神生活（在基督教里经常说是灵性生活）。各类宗教里都有信徒自己过精神生活所需的资源。

不过，灵修生活、灵修经验总是遭到怀疑和指责。有人说，从事灵修的人都很自私，也不参与社会生活。在东正教灵修传统里，的确有这样一类修士，他们把自己完全封闭起来，过着一种与世隔绝的生活。表面上看，这样的修士远离社会，不关注社会，他们的生活与社会生活似乎没有任何关系。实际上，问题并非如此简单。这种单独修行的修士们有一个根本的追求：做最好的基督徒。为此，他们认为必须放弃一切世俗的东西，到与世隔绝的纯粹环境里专心于灵性修炼，以便获得与上帝交往的经验。灵修生活并不像通常想象的那样，是一种无所事事的生活。其实，修士们的生活完全不是那么令人"羡慕"，他们的生活经常被称为"苦修"。他们想用自己的一生去证明，获得与上帝交往的体验是可能的。

基督教中除了有这种避世苦修的出世的渴望，也有入世的追求。其入世追求主要表现在基督教的社会功能上。与追求获得个人灵修体验不同，基督教的社会功能是没有人怀疑和否认的。但是，这个功能在基督教历史上始终没有获得充分显现。如果说在出世方面，东正教灵修传统达到了一个顶峰，那么在入世方面，新教传统也达到了自己的顶峰。因此，在基督教诸多派别里，出世的一极在东正教里获得体现，入世的一极在新教里获得体现。19世纪末至20世纪初，在美国兴起的社会福音运动就是新教在入世追求方面的具体表达。饶申布什则是这场运动的发起人之一。

任晓龙关于饶申布什的专著即将问世，作为他的博士生导师，我感到非常欣慰。晓龙很勤奋，对学术也很执着。学术乃天下之公器。祝愿晓龙在学术道路上有更大的作为。

是为序。

张百春

（北京师范大学哲学院教授）

2018 年夏于北京

前　言

一、美国社会福音运动产生的历史根源

1865-1915 年间，美国社会经历了一场独具特色且影响深远的宗教改革运动——社会福音运动。与进步主义运动几近同步且相辅相成，此次运动在美国当时的宗教和社会领域掀起了一波轰轰烈烈的改革浪潮。对于社会福音运动的社会影响和历史意义，众人褒贬不一。支持者认为它是美国为基督教思想做出的最独特贡献；[①] 美国新教社会关怀史中最引人注目人的篇章之一。[②] 批评者则认为，社会福音运动并没有什么独特之处，只不过是一场寻求神学根源的教派内部运动[③]，其目的在于彰显新教对美国道德和公共价值观自以为是的统治力。[④] 可见，社会福音运动的历史评价是一个颇具争议性的话题。来自不同社会背景的评判者通过不同视角对社会福音运动进行的解读自然是见仁见智。可以肯定的是，产生于特定历史环境中的这场运动对当时及日后的美国宗教和社会思想产生了很大影响。那么，是什么催生了这样一场宗教改革运动呢？探究其历史根源是社会福音运动相关研究的基础和前提。

---

① Charles H. Hopkins. *The Rise of the Social Gospel in American Protestanism.* New Haven: Yale University Press, 1961, p.1.
② Robert T. Handy. *The Social Gospel in America.* New York: Oxford University Press, 1966, p.1
③ Sidney E. Mead. *The Lively Experiment: The Shaping of Christianity in America.* New York: Harper & Row, 1963, p.178.
④ Christopher H. Evans, ed.. *The Social Gospel Today,* Louisville: John Knox Press, 2001, pp.2-3.

（一）社会福音运动的基本内涵

社会福音运动本质上无疑是一场宗教改革运动。有别于美国历史上其他宗教运动的是它拓展了美国新教改革的范畴，在一段时期内扭转了宗教发展的走势。此前的美国新教并非不注重社会改革只是以个人灵魂救赎为核心，社会福音运动更加注重宗教与社会的关联，更加推崇宗教对社会整体的救赎意识和责任。那么，我们应该如何定义这样一场运动呢？

为此，我们不妨参考两位社会福音运动研究专家的解读。芝加哥大学神学院教授席勒·马修斯认为，"将基督的教导和基督教救赎的全部福音运用到社会、经济生活以及包括国家、家庭和个人在内的社会组织当中去"①是社会福音运动的核心内容。他的定义简单明了、一语中的，后人在研究社会福音运动时参考较多。克里斯多夫·埃文斯在《美国宗教中的社会福音》中指出："社会福音是神学自由主义的衍生物，旨在运用进步主义神学思想参与美国社会、政治和经济结构改革。根植于十九世纪末二十世纪初美国新教历史神学发展传统，社会福音融合了福音派和自由神学思想脉络，提倡在美国社会组织中进行系统的机构改革。该运动对二十世纪美国宗教和社会产生了广泛影响，尤其以二十世纪五六十年代的民权运动为代表。"②显然，这一解释更加全面，关照的是社会福音运动发展全貌。

对此运动，研究者们有着不同的理解和阐释。但大多数学者都有以下几点共识。这些共识也是社会福音运动的基本内涵。1. 它是发生在美国新教内部的一场自我革新运动。2. 上帝的福音指向的不仅是个人救赎，而且或者更在于对社会整体救赎。3. 上帝内在于整个世俗社会，基督教教会目标是以基督的教导为核心，通过道德说教和社会机制改革等渐进的方式协助基督在世俗社会建

---

① G. B. Smith, ed.. *A Dictionary of Religion and Ethics*. New York: Macmillan, 1921, pp.416–417.
② Christopher H. Evans. *The Social Gospel in American Religion*. New York: New York University Press, 2017, pp.2–3.

立上帝之国。

社会福音运动是美国新教内部改革历史中的大事件，也是社会改革历史中的大事件。社会福音运动的产生并非偶然。诸多因素造就了这场运动。其中有内在的思想渊源，如福音主义、自由主义及现代社会科学思想等；也有外部社会因素的刺激作用，主要是工业运动、城市化和移民潮所带来的诸多社会问题。二者碰撞之下，社会福音运动应运而生。

（二）社会福音运动的思想渊源

历史上，每场社会运动的兴起都需要有鲜明的思想作为指引，社会福音运动也不例外。1907 年沃尔特·饶申布什《社会福音神学》的出版代表该运动完成了思想体系的建构。在此过程中，对福音主义、自由主义和现代社会科学等不同思想的吸收和演化为社会福音运动的产生提供了必要条件。

1. 福音主义奠定的思想基石

18 世纪 70 年代起源于英国的福音主义（Evangelicalism）是新教神学中影响最大的派别。在不同历史时期，"福音神学"经常被立场更为开放的自由神学或新神学作为比较对象。故而，在基督教近代史中，福音派神学等同于信仰上的保守主义。福音神学的四个核心信条是：个人归信基督；积极传播福音；强调圣经权威；注重基督学说和上帝之国。

社会福音运动产生之前，美国社会经历了第一次和第二次大觉醒运动。十八世纪的第一次觉醒运动唤醒了人们的宗教信仰和热情。十九世纪初的第二次大觉醒运动更加强调信仰的精神回归。从思想上来讲，二者都属于福音派。应此趋势，整个十九世纪的美国新教中占据主导地位的依然是福音派思想。福音主义有着强烈的千禧年色彩。他们坚信基督再临之前信徒们应该努力使社会变得更加公正。受此思想影响，福音派努力参与各种社会改革，比如：经济改革、妇女权利运动、废奴运动等。美国内战的爆发和最终结果的产生离不开宗教力量的参与和贡献。十九世纪末，救世军组织开展的一系列社会活动也很好地诠释了福音派参与社会改革的热情。社会福音运动的主要目标之一是将基督福音应用到社会改革中去。在此层面上，二者一脉相承。不同的是，传统福音主义强调个人归信，而社会福音更加关注社会整体归化。社会福音人士认为："教会要想完全归化就必须摆脱思想独立的状态。获取救赎的方式在于教会之外'上帝之国'的建立，即人类社会的完满生活方式。"①

"上帝之国"理念是传统福音派和社会福音派共有的核心信条，也是二者共同的目标。对于上帝之国的实现方式，传统福音派坚守的是后千禧年思想，即基督再临之前信仰、公正、和平与繁荣会出现在俗世，人类个体和社会整体都会进入一个接近完满的生活状态。然而，在十九世纪70年代初，新教内部出现了不同的声音，即前千禧年论。有些福音派人士认为，基督再临之前人类社会将变得更加腐败。持此观点的福音主义者对社会的进步和改革漠不关心。社会福音派则传承了传统福音派的后千禧年思想。"虽然社会福音人士并不迷恋基督的再临，但是他们相信基督教的核心目标是在俗世创建类似上帝之国的正义社会。"②

可见，社会福音并没有超出福音派的大范畴。社会福音运动延续了福音派参与社会改革的热情，坚守着福音派的理想。二者初衷相同，目标一致；只是方式不同，殊途同归而已。

---

① Walter Rauschenbusch. *Christianizing the Social Order*. New York:The Macmillan Company, 1915, p.464.
② Christopher H. Evans. *The Social Gospel in American Religion*. New York: New York University Press, 2017, p.5.

2. 自由主义赋予的思想灵魂

自由主义是一种很宽泛的哲学思想。扎根于启蒙运动的自由主义在现代社会被广泛应用于多个领域，其中最常见的是政治、经济、文化领域。虽然各种自由主义的内涵有所差异，但其核心理念不外乎古典自由主义的"金三条"：追求发展、人性本善、个人自治。神学自由主义也不例外。

美国自由主义的根源可追溯到十八世纪，但直到十九世纪初神学自由主义思潮才初现端倪。自由主义神学的核心思想是"所有真理必须以理性和经验为基础，而不是求助于外在权威。"[1] 社会福音运动产生之初，自由主义对它的影响以神位一体论（Unitarianism）思想为代表。该流派认为对圣经的解读应该以人类理性为基础，否认三位一体和基督神性，肯认上帝是唯一的神，基督言行是人类生活的典范。"他们努力围绕耶稣·基督构建神学系统。"[2] 这也是为什么社会福音神学思想非常强调上帝内在于世俗社会的原因之一。在他们看来，基督之所以在世俗社会建立教会，其目的就是社会改革。理想的教会应该是人与人之间友爱的象征。正如社会福音运动之父华盛顿·格拉登所说："社会中的人与人之间并不是契约关系，而是有机的结合体。你中有我，我中有你。没有人能够在脱离同伴的情况下获得完满或幸福。生或死都不是为了自己。"[3] 对于神位一体论者而言，理想中的上帝之国意味着社会的不断进步和改良。神位一体论的代表人物贺拉斯·布什奈尔指出："信仰并非一蹴而就，而是一个持续发展和成长的过程。"[4] 这一观点对社会福音运动的影响贯穿始终。

自由主义思想对社会福音运动的深刻影响也让它成为了美国神学自由主义

---

[1]　Garry Dorrien.*The Making of American Liberal Theology: Idealism, Realism & Modernity, 1900–1950*, Louisville: Westminster Knox Press, 2003, p.1.
[2]　Kenneth Cauthen. *The Impact of American Religious Liebralism*. New York: 1962, p.26.
[3]　Washington Gladden. *Ruling Ideas of Present Age*, Boston and New York: Hughton, Mifflin and Company, 1895, p.285.
[4]　Christopher H. Evans. *The Social Gospel in American Religion*. New York: New York University Press, 2017, p.25.

的代言人。二者虽然不能完全对等，但却经常被人同时提及。社会福音运动发展到中、后期，其自由主义色彩更加浓重。虽然常被人诟病，但自由主义思想在社会福音运动中扮演的核心角色是毋庸置疑的。

3. 社会科学给予的思想羽翼

受文艺复兴和启蒙运动思潮的影响，西方社会宗教色彩逐渐淡化，人文气息日益浓重。现代科学的发展提升了人类统治社会的信心。受此影响，基督教内部思想也产生了很大转变，对人性本善和基督教道德归化力的信仰者越来越多。19世纪下半叶，内战刚刚结束的美国经历了一段经济高速发展期。然而，期间伴生的社会问题让人们始料未及。为解决这些问题，新教内部产生了不同意见。社会福音思想即产生于此时。对其产生较大影响的社会科学理论主要是社会达尔文主义和现代伦理思想。

社会达尔文主义思想是对达尔文自然选择理论的演化，进而应用于社会科学领域。最早提出这一思想的是英国哲学家赫伯特·斯宾塞。社会达尔文主义者认为，社会发展如同自然进化，适者生存、自然淘汰的现象不可避免。这一思想在十九世纪下半叶的美国受到极大欢迎。依据社会达尔文主义思想理念，很多社会学家认为当时美国社会存在的诸多不公和贫富差距等问题是正常的社会发展现象。新教内部也有很多人士附庸此说。"财富福音"就是在此历史背景中产生的一种现象。他们认为："穷人在我们中间始终存在，基督徒应该感恩的是有人把他身上沉重的负担卸去了一些。"[①]"感谢上帝能让一些人从社会的底层升至顶层。我十分同情那些贫穷无知，努力为自由和富有奋斗的人。"[②]此类声音在当时甚嚣一时。社会达尔文主义为美国的自由市场经济和财富福音

---

①   Henry May. *Protestant Churches and Industrial America*, New York: Harper and Row Publishers, 1967, p.54.
②   Henry May. *Protestant Churches and Industrial America*, New York: Harper and Row Publishers, 1967, p.71.

提供了沃土。然而，也为早期的社会福音改革派提供了启示。社会福音运动的先驱约书亚·斯特朗曾号召新教团体："为了能让教会更有效的解决社会问题，我们应该运用新生的社会科学理论"。① 这一思想对后来社会福音运动的领袖们产生了很大影响。格拉登、伊莱和饶申布什三位在社会福音运动不同阶段扮演领袖角色的人物都采纳并演化了这一观点。

现代社会科学对美国新教产生的另一重大影响是道德伦理思想的注入。19世纪中后期，现代人文思想发展迅猛。人类理性的觉醒给宗教统治地位带来了很大挑战。为应对这一挑战，宗教思想做出了相应调整和改革。此间，美国新教在应对过程中做出的思想改革对福音运动的形成影响深远。其中，布什奈尔的学说尤为典型。他十分强调基督受难给人类带来的道德示范作用。这一观点对于格拉登和后来的社会福音者来说是个很大的启发。将基督视作言行楷模，依照基督的道德标准生活成为社会福音派开展运动的核心理论依据之一。他们认为："必须视基督的法则为所有生活的法则。"② "作为关爱穷人和不幸者的公共机构，教会的责任在于贯彻基督的法则。"③

如果将社会福音思想比作一棵茁壮成长的大树，传统福音主义当为其根，自由主义乃其干，现代社会科学是其枝。三者在社会福音运动产生过程中扮演了不同角色，但其影响却是从一而终。对不同流派思想进行融会贯通为社会福音运动的产生奠定了思想基础；而与此同时充斥在美国社会中的诸多问题加速了社会福音运动的形成。

（三）社会福音运动产生的社会原因

在美国社会发展史上，社会福音运动产生之时正值内战结束，经济快速发

① Christopher H. Evans. *The Social Gospel in American Religion*. New York: New York University Press, 2017, p.31.
② Robert T. Handy. *The Social Gospel in America. New York: Oxford University Press, 1966*, p.115.
③ Washington Gladden.*The Christian Pastor and the Working Church*, Whitefish: Kessinger Publishing, 1989, p.462.

展，社会急需转型的时期。相比经济的飞驰，政治和社会体制发展相对滞后。这导致一些人通过投机和不道德的手段获取大量财富，贫富差距突然拉大，社会问题骤然增多。正是在这种社会背景的刺激下，新教内部进行了深刻反思。致力于将基督伦理应用于社会改革中去的社会福音运动顺势而生。

1. 工业化导致的社会不公

十八世纪中后期至十九世纪初在欧洲大陆首先掀起了工业革命的浪潮。美国内战结束后，第二次工业革命已悄然在北美大陆蔓延。工业化无疑会大大提升社会的经济水平，然而它所引发的社会问题也不容小觑，其中经济体制、劳资关系、工作时间、工作环境、工人权利和福利等方面的问题尤为显著。自由市场经济体制和劳资关系是早期社会福音派关注的焦点。

对于市场经济，早期社会福音派人士认为毫无约束的自由竞争是对基督教伦理的一种悖逆。市场经济的卫道士已然将亚当·斯密的理论取代了圣经。也就是说，政治和经济的体制已经走向世俗化的极端。在社会福音人士看来，缺乏基督教伦理指导的经济体制是十分危险的。首先，它会导致私欲膨胀。没有了宗教伦理约束的经济体制必然会变成个人中饱私囊的温室，为进一步的私有化提供土壤。对此，社会福音的提倡者乔治·波曼讽刺道："如果追逐私利是对社会最好的贡献，那么大规模、全面的追逐私利就是公共慈善。"[①]这对社会进步显然是有百害而无一利。其次，它会促使阶级分化。为了获取利益最大化，生产者会不顾一切加大生产。这样一来，"不负责任的统治阶级不会理解也不会为了大众的需求而生产。"[②]对此，格拉登则指出，在伦理和道德范畴之外讨论经济问题似乎是大错特错，这超出了人类的控制范围。他将基督教爱的律法与经济供需法则进行对照后提出以基督教伦理为原则对经济行为进行规范

---

① George N. Boardman. *Political Economy and the Christian Ministry*, Bibliotheca Sacra, 25, 1866, p.98.
② John Bascom. *Labor and Capital*, Bibliotheca Sacra, 25(1868)686.

和约束的思想为社会福音思想定下了基调。

　　除了宏观经济体制，工业化导致的另一个问题是劳资冲突。这一问题自始至终都从未脱离社会福音派的视野。随着工业化进程的不断深入，即将进入二十世纪的美国发现疯狂的扩张之下是大多数中产阶层遭受的不公和剥削。在基督教伦理审视之下，资本家和劳动者之间的关系显然是对"友爱"的亵渎。对此，社会福音派认为劳资斗争是一个行为问题，一个关乎人与人之间关系的问题，一个需要用基督教伦理进行定义和规范的关系问题。他们相信可以用基督律法解决这些问题。因为，"基督律法包含生活中的一切关系，因此应该用来解决人与人之间的所有事情。"①

　　一味地借助基督教伦理试图解决工业化所带来的社会问题使社会福音运动早期思想不可避免地带有理想主义色彩。但是，值得肯定的是他们服务社会意识的觉醒意识和努力解决问题的热情和行为为此后轰轰烈烈的社会福音运动奠定了坚实的基础。

2. 城市化滋生的社会腐败

　　工业化和城市化这对孪生兄弟从来都是相生相随。伴随工业化发展的是城市规模的不断扩张。随之而来的是城市化滋生的各种腐败现象。贫穷、犯罪、酗酒、卖淫等城市恶疾肆意泛滥。在不同城市进行布道的早期社会福音者对于这些社会乱象并不陌生。他们认为："这是对文明发展的诅咒。城市就像是瘟疫的中心一样，在这里道德必将死去。"②内心的不安和泣血的良知促使这些上帝的选民们开始采取行动救赎整个社会。

　　贫穷和犯罪问题占据了早期社会福音主义者的视野。斯特朗在《我们的国家》中对这些城市问题是这样描述的："城市是文明的神经中枢，也是风暴

---

① Washington Gladden. *Recollections*, New York: Hughton Mufflin Company, 1909, p.252.
② Washburn. *Christian Truth and Modern Opinion*, New York: Thomas Whittaker, 1874, pp.89-90.

的中心。"[1] 怀特则认为，城市是财富堆积的地方，富人更富，穷人更穷；城市越大，富人的财富越多，穷人的生活越悲惨。[2] 对于贫穷问题，谢尔登、里斯、斯泰德和伊利等社会福音的支持者都投以关注并积极探讨如何以宗教的方式解决。谢尔登给出的答案是追随基督的脚步，斯泰德则以芝加哥为例对城市的贫穷和腐败现象进行了深刻揭露，里斯更多地关注了纽约城市中贫富差距的问题。对于犯罪，新教内部所进行的探讨大多出现在各大教派的杂志上。《圣经宝库和普林斯顿评论》《卫理公会季刊》、浸礼宗《标准报》和格拉登负责编辑的《周日下午杂志》等都对城市犯罪问题进行了大量报道、分析和讨论。有些人建议改善民众生活以降低犯罪，有些人建议改善监狱条件，也有的人认为应该丰富城市娱乐从而遏制犯罪。总之，对于社会问题的关注和探讨成为了当时新教各派的共识和共性。

虽然对于城市化所带来的问题缺少有效解决方法，这些社会福音的先驱们投以的关注和付出的努力依然为日后社会福音运动的发展积蓄了必要力量，同时也为社会福音运动的开展找到了目标。后人对斯特朗的赞誉也是对这些人最好的评价。"他的成功在于 80 年代之后如此众多的新教领袖试图沿着他的路线，试图将基督教信仰应用到社会改革问题中去。"[3] 沿着前辈们的脚印，社会福音者在参与社会改革的道路上越走越远。

3. 移民潮带来的社会失衡

内战后，工业化程度的加深大幅增加了对劳动力的需求。对当时的美国而言，移民是补充劳动力的主要途径之一。1870-1890 年间，仅芝加哥的人口

---

[1]　Josiah Strong. *Our Country*, New York: Forgotten Books, 2017, p.89.
[2]　Ronald C. White, Jr. & C. Howard Hopkins. *The Social Gospel: Religion and Reform in Changing America*, Philadelphia: Temple University Press, 1976, pp.57-58.
[3]　Christopher H. Evans. *The Social Gospel in American Religion*. New York: New York University Press, 2017, p.32.

就由原来的三十万增加到了一百万。① 1890 年左右，每年移民到美国的人口约
50 万。② 大批外来人口的涌入在提升生产力的同时也带来了社会的失衡。这种
失衡主要有两方面：生活上，移民给美国当地人带来了资源和机遇的竞争，原
有的生活状态被打破；心理上，大量非新教移民给新教一家独大的主导地位带
来了冲击，原有的乐观、自信受挫。对于社会福音而言，后者是其产生的主要
原因。

在诸多移民者当中，罗马天主教徒对新教冲击尤为严重。此前，天主教徒
在美国并不是没有，只是散居在美国东北部和东海岸一带。从十九世纪二十年
代开始，大量天主教徒开始移民美国。内战前，大多天主教移民来自爱尔兰和
德国。内战后，天主教移民大多来自东欧和南欧。十九世纪七十年代初，罗马
天主教徒成为了美国最大的宗教群体。此后的二十年间，天主教徒的人数由原
来的 350 万增加到了 700 万。③ 对此，很多新教领袖们感到了前所未有的威胁
和不安。他们甚至视天主教为美国民主传统的敌人。"人为教会而活的思想是
一种教会专制。但是，在共和主义和新教思想领导的美国，教会和国家为人而
生，并为人所治。"④ 为了巩固自己在美国民众间的主导地位，赢得更多人的支
持和认可，很多新教教会领导者开始关注人民大众面临的社会问题。他们希望
能够借此赢得与天主教的竞争，并在心理上得以安慰。

移民问题，尤其是天主教移民，看似间接导致了社会福音运动的产生。事
实上，新教领袖们的改革思想对社会福音运动先驱们的思想影响很大。正如埃
文斯所言："此时，新教领袖们提出了一个对社会福音派很重要的思想：保持

① Chicago. IL Population History, www.biggestuscities.com.
② Noll. *The Old Religion in a New World, Erdmans: William B. Publishing, 2009, p.124 and Evans. The Kingdom Is Always but Coming*, Erdmans: William B. Publishing, 2004, p.51.
③ Christopher H. Evans. *Histories of American Christianity*, Waco: Baylor University Press, 2010, p.202.
④ Christopher H. Evans. *The Social Gospel in American Religion*. New York: New York University Press, 2017, p.3

新教与美国民主政治间一贯的密切联系。"①

工业化、城市化和移民潮所带来的种种社会问题深深刺痛了新教领袖们的内心，也激发了他们的良知。宗教力量积极参与社会改革，努力改善社会现状的呼声越来越高。社会福音运动就是在这种社会背景中渐自成形。

总之，社会福音运动是美国特定历史背景下产生的一场宗教社会改革运动。其目的在于将基督的精神和思想运用到社会改革中去，从而完成对社会整体的救赎。不同于以往新教注重个人救赎和圣经至上思想，社会福音运动将社会整体救赎视为核心目标，同时强调信仰过程中理性和经验的重要性，肯认人类性本善，通过道德劝说和思想教育，人类可以不断完善、进步。社会福音运动的产生有其复杂的历史背景，其中传统福音派思想对社会问题的关注给社会福音提供了源动力，自由主义神学成为了社会福音的思想灵魂，而现代社会科学则为社会福音在解决社会问题上提供了不可或缺的思想武器。此外，内战之后美国经历的工业化、城市化和移民潮等社会变革及其衍生的社会问题为社会福音运动的产生提供了必要的土壤。二者交织之下促生了这场运动。此后，社会福音运动的发展和延续都离不开这些思想支撑。同时，如何以基督教伦理为标杆关怀社会问题成为社会福音运动始终坚守的宗旨和目标。现代社会中，宗教世俗化程度日益加深。新时期，宗教应该如何参与社会并为社会进步贡献力量是宗教团体亟需考虑的问题。社会福音思想继承者，马丁·路德·金的话或许可以提供启发："任何一种宗教如果只关注人类个体的灵魂而不关注给灵魂带来创伤的社会问题，它必定在精神上濒临垂死。"② 这也是社会福音运动留给当代社会最大的一笔思想遗产。

---

① Ibid.
② Martin Luther King Jr.. *Stride toward Freedom*, New York: Harper & Row Publishers, 1958, p.91.

二、饶申布什及其思想概述

沃尔特·饶申布什 1861 年出生于纽约州的罗彻斯特，1918 年去世。一生之中，他扮演了牧师、教授和演说家等不同角色。其父是罗彻斯特神学院的一名德语教授。受其父亲的影响，饶申布什在保守的德国浸礼宗虔敬派环境中长大。从罗彻斯特大学和罗彻斯特神学院毕业后，他在毗邻纽约"地狱厨房"这一声名狼藉的贫民窟地区担任牧师。这一时期的工作使他切身体会到了贫穷给人们带来的恐惧感，也让他亲身见证了诸多社会问题的严重性。此后，他于 1897 年开始在罗彻斯特神学院担任教职，直至去世。如果说十一年的牧师工作是其思想启蒙时期的话，那么这一时期则是他思想的成熟期。正是在这一阶段，他完成了自己一生中最重要的几部著作，即 1907 年出版的《基督教与社会危机》、1912 年出版的《社会秩序的基督化》以及 1917 年出版的《社会福音神学》。终其一生，饶申布什都在致力于用基督教福音神学思想从理论和实践两方面对社会进行改造。对于他的努力和成就，后人给予了很高的评价。有人认为："饶申布什是福音运动中的巨人，也是二十世纪初期当社会基督教蓬勃发展之时最受人欢迎的支持者。他在基督新教史上留下了难以磨灭的印记，直至现在我们依然可以看到。"[1] 上世纪著名的美国基督教神学家莱茵霍尔德·尼布尔则认为他是"这个国家里社会基督教的真正创立者"，同时也是对社会基督教"最卓越的、普遍令人满意的解释者"。[2] 马丁·路德·金曾说："他对我的思想产生了难以磨灭的影响。他赋予了美国新教难以抛弃的社会责任感。"[3]

纵观饶申布什的思想发展历程，他所感兴趣的并不是那些形而上学的问题，抑或是那些教条的神学内容；他始终强调的是基督教神学思想的社会性或

---

[1]　Carl E. Johnson.*The Journal of Religion*, Vol.70, No.1, Jan. 1990. p.108.
[2]　[英] 利文斯顿.《现代基督教思想》. 四川人民出版社 .1992. 第 513–514 页 .
[3]　Harvey Cox: *Journal for the Scientific Study of Religion*, Vol.29. No.1, Mar. 1990. pp.137.

者说是社会关联性。正如理查德·福克斯所说："饶申布什的宗教激进主义是建立在结合耶稣的上帝之国学说和浪漫主义的人性绽放理念基础之上的。社会转变需要双重策略，用科学方法来进行结构变革，用宗教方法来激发个体的变化。和约翰·杜威一样，饶申布什相信唯一值得进行的社会革命是可以让个体发展个性的革命。"①思想来源于生活。饶申布什的核心思想正是来源于他对社会问题的思考。对于这些社会问题，他在《基督教与社会危机》一书中给出了详尽的陈述和深刻的探究。该书伊始，他就阐明了希伯来先知、耶稣·基督以及原始基督教对社会问题的关注。在他看来，三者对于人类社会都给予了极高的关注度，都致力于解决人类所面临的种种社会问题，比如先知们对被压迫者的同情与支持，基督的上帝之国思想中所包含的社会性以及原始基督教中千禧年理想中所含有的社会关怀及改革特征等。由此看来，基督教中的神职人员以及教会都应该承担其关怀社会的使命。然而，工业革命却带来了种种社会问题。对此，饶申布什在该书的第五章给出了详细阐述。其中包括土地问题、工人待遇问题、工人生活条件以及身体状况问题、社会不平等问题、政治民主问题、家庭问题等等。在饶申布什看来，社会进步需要逐渐成长，而非剧变；是演变而非革命。

　　针对以上问题，饶申布什构建了社会福音神学思想。支撑这一思想的三块基石是罪、救赎以及教会角色。对于罪恶，他认为："从本质上来讲，罪就是自私。相对于任何其他个人主义宗教而言，这一定义与社会福音更加协调一致。那么，罪恶的思想便是非社会和反社会的思想。要想找到罪恶的顶点，我们就不能在任何一个诅咒、讽刺宗教或者否定三位一体的个人身上打转，而应该更加关注那些将民族遗产据为某一阶级的个人财产或者使劳动者感到恐惧、丢脸、堕落或丧失土地所有权的社会群体。当我们在过去或现在发现此类行为

---

① 　Richard Fox. *Journal of American History*, Vol.76, No.3. Dec. 1989, Publisher: Organization of American Historians.

时，我们应该知道自己在以更高层次的罪反抗上帝。"① 在饶申布什的思想中，救赎和罪一样具有个人和集体两个层面。基督教徒需要关注个体救赎、超个体救赎以及教会在救赎中的角色问题。对于个体救赎，饶申布什想让基督教徒意识到他们需要从自身罪恶的过去中转变。他认为："在很多情况中，这也是同某一社会群体的罪恶过去进行决裂。"② 至于教会在救赎中所应该担当的角色问题，饶申布什是如此看待的："教会在救赎的过程中是社会因素。它运用社会力量压制邪恶势力。"③ 当个体在犯罪或超个体的力量在将社会拖向邪恶之时，教会可以扮演一种平衡力的角色将社会引向上帝之国而远离罪恶。饶申布什意识到教会并不总是能够完成这一角色，而社会福音倡导者是对教会的批判者。在他们看来，教会应该发挥其作用使社会摆脱罪并祛除产生罪的恶。

在他看来，面对上述的种种社会问题教会应该觉醒并承担起其所应担当的责任和使命。当然，摆在其面前的困难十分多样。首先，资本主义道德价值观严重摧毁了社会根基，给基督教社会关怀带来了巨大障碍；其次，资本主义使人们将利益与物质财富看作终极目标，进而给基督所倡导的爱与正义带来挑战；第三，个人利益与公共利益之间的冲突逐步升级。为了取得个人成功，人们逐渐忽略了公共利益与社会价值。

虽然困难重重，然而促使饶申布什等社会福音者坚持基督教社会关怀的动力也十分强劲。他认为，教会社会关怀意识的觉醒、不断发展完善的社会元素等为基督教社会关怀思想的重现提供了基础和机遇。面对资本主义带来的社会问题，国家逐渐觉醒。进步主义运动是其觉醒的标志。进步主义者的活力主要来源于达尔文进化论，同时也深受美国民主传统以及基督教福音派思想的影响。他们认为人类凭借自身能力可以使社会逐步完善。受福音派"宁肯牺牲教

---

① Walter Rauschenbusch. *A Theology for the Social Gospel*, New York: The Macmillan Company, 1917, p.50.
② Ibid, p.99.
③ Ibid, p.119.

义，也要重视教会社会革命"思想的影响，他们坚持进行社会改革。另外，在饶申布什看来，基督教从本质上来说是具有革命精神的。他从耶稣社会思想、强调社会救赎的宗教以及社会希望的重生三个层次论证了这一观点。在他看来，基督的理想和目标都是社会性的，虽然他也强调个人的救赎，但是从根本上来说基督看重的是对社会的整体救赎。真正促使饶申布什坚定信心进行社会改革的是在当时社会中已然发生有益变化的成分，比如：家庭、教会、教育机构等。正是上述这些运动和现象给饶申布什等社会福音人士坚持基督教社会关怀这一理念提供了信心和动力。任何一项伟大事业都必须具有明确的目标和方向，同时也应该具有具体的实施方法与措施。饶申布什认为正义、民主和友爱是基督教社会关怀的基本目标和原则。至于社会关怀的方式，他结合自身所处的时代背景认为应该从保护生命、财产社会化、群体生活与公益精神的加强等几方面来入手。

2017年10月18日，中国共产党第十九次全国代表大会在京召开。习近平总书记在报告中指出："全面贯彻党的宗教工作基本方针，坚持我国宗教的中国化方向，积极引导宗教与社会主义社会相适应。"将宗教工作方针写进如此重大会议报告是思想创新，也是理论创新。社会的发展需要各部分力量共同参与，宗教团体不可缺阵。在这样的时代背景下，研究饶申布什的社会关怀思想对我国宗教工作开展有一定的启发意义。

第一章　基督教社会关怀的历史渊源

饶申布什认为基督教社会关怀思想从源头上来考察主要有三个方面：希伯来先知的社会思想、基督的社会思想以及原始基督教的社会改革思想。三者在不同程度上启发并丰富了他的思想。通过对这三方面思想的兼收并蓄，饶申布什自身的社会关怀思想渐自成形。

首先，希伯来先知们给他的启发主要包括三方面内容：对宗教道德及其社会性的重视、对被压迫者的支持以及国家理想。这三个方面在饶申布什社会关怀思想中都得到了一定程度的表达。希伯来先知们的社会理想给予他的启发使得他的社会关怀思想更加强调宗教的道德性和社会性。同时，对下层阶级生活的关注也可以说多少受到希伯来先知们对被压迫者的支持方面的影响。这就是为什么饶申布什在自己的社会关怀思想中很重视贫苦民众生活的原因所在。受资料或时代关系影响，他对先知们的思想研究看上去并不是那么深入透彻。当然，他对这方面的研究是有目的性的，并非专题研究。

其次，基督的社会思想对饶申布什的影响相对来讲更加深刻。这主要包括以下几方面内容：对社会运动的态度、上帝之国理念、宗教道德、对宗教礼仪的态度以及财富观等。这几方面在他的社会关怀思想中占有很重要的地位。在细致深刻研究基督社会思想的基础上，饶申布什提出了自己的基督教社会关怀思想。

最后，饶申布什社会关怀思想的另一个历史源头是原始基督教。这主要包括两方面内容：原始基督教中对基督再临的期盼以及原始基督教的社会创造力。原始基督教对他的影响主要体现在他的教会思想方面。当然，对于社会关怀来讲，教会也要承担一定的使命。原始基督教的社会思想和教会生活虽然没有上述两者对饶申布什的思想影响那么大，但是对他来说也是具有很重要的意义。因为，原始基督教教会所抱有的基督再临愿望以及它们所坚持的生活理念和原则无论是在理论上还是在事实上都为他的社会关怀思想提供了丰富资源和有力支撑。

总之，饶申布什继承了三者思想中的精华，并将它们融入自己的社会关怀思想当中去。当然，在继承传统思想的同时他充分结合时代背景进而使得自己的思想更加丰满。

第一节　希伯来先知的社会思想

历史是一面镜子，回顾并思考历史可以使人变得睿智。正如饶申布什所说："历史永远都不会过时，因为从本质上来讲人性总是一样的。人总是要通过吃饭来摆脱饥饿，通过劳动来获得生活资料，通过与自然和敌人的斗争来生存。公众利益总是与强者的自私相冲突。"① 他认为，希伯来先知们所领导的社会运动以及他们的社会思想具有深远的指导意义。

饶申布什之所以如此重视希伯来的先知们，原因如下。首先，"他们是旧约的灵魂。"② 他们是以色列独特宗教生活的真正创造者。在他看来，如果将直接或间接源于先知们的思想从旧约中剔除的话，那么旧约对于现代社会道德和

---

① Walter Rauschenbusch, *Christianity and Social Crisis*, New York: The Macmillan Company, 1911, p.1.
② Walter Rauschenbusch, *Christianity and Social Crisis*, New York: The Macmillan Company, 1911, p.1.

社会观念的影响便会大大减弱。其次，"理解先知们的根本目的和精神本质对于理解基督和纯正基督教的目的和精神来说是必不可少的。"① 他认为，先知们的思想和精神对后世的影响是十分深远的。先知们的精神在基督和原始教会身上得以复活。基督对于犹太教圣礼方面的态度要么冷漠要么敌对，因为先知的思想才是他自身成长过程中的精神食粮。饶申布什发现基督将自己的核心观念和信仰与先知们紧密联系在一起。因此，先知们的精神理念对于基督思想的形成来说是不可或缺的。基督人生的真正意义和目的只有在这种历史关联中才能被理解。

所以，他认为研究先知们的思想是理解基督以及原始基督教社会思想的关键所在，这也是饶申布什社会关怀思想的源头所在。当然，先知们的思想也不是统一的。饶申布什集中探讨的是与社会问题密切相关的一些先知思想的共同特征。其中主要包括：希伯来先知们对宗教道德及其社会性的重视、对被压迫者的支持以及他们的社会理想三方面。一言蔽之，"先知思想的根本在于对上帝要求正义的信仰。"②

一、对宗教道德及其社会性的重视

饶申布什首先考察的是希伯来先知们对宗教道德以及宗教社会性方面的内容。通过分析，他发现先知们对宗教道德的重视远大于对宗教仪式的重视。而宗教的社会性在先知的眼里比起个体性来讲也更加重要。这两点在饶申布什的社会关怀思想中有所反映。

---

① Walter Rauschenbusch, *Christianity and Social Crisis*, New York: The Macmillan Company, 1911, p.1.
② Walter Rauschenbusch, *Christianity and Social Crisis*, New York: The Macmillan Company, 1911, p.4.

（一）宗教道德之于宗教仪式

原始宗教主要崇拜自然力量。每个部落都崇拜居住在山谷或山顶的部落神。这些部落神高兴时便会赐予人们雨水与丰收，不高兴时便会施以旱灾和瘟疫。和其他的暴君一样，这些神只有当正确的人以正确的方式在正确的地方供奉正确的祭祀品时才会高兴。如若不然，神灵便会发怒。宗教与道德之间总是存在着某种关联。部落人总是认为是部落神制定了习俗与行为方式。一旦这些被违背，神灵便会生气。但是，这种宗教的核心并不是道德，而是抚慰神灵、确保供品的仪式。他们认为这样的神灵可能对一些不道德的行为感到高兴，比如杀戮罪人、牺牲女性的贞洁和烧死长子等。

"在古以色列部落的原始生活中，宗教大概也就是这样的。"[①] 耶和华是以色列的部落神。他憎恨一些恶行的同时也喜爱某些社会职责，但能够使他高兴的最稳妥的办法就是提供正确且充足的祭祀品。如果一个人伤害了同部落的人，耶和华闻到他供奉的烤肉的美味后也会饶恕他。饶申布什认为，先知们反对这种被普遍接受的宗教观念。"他们认为崇拜上帝的正确方法在于正义的生活。在他们看来，道德应该是有效礼仪崇拜的前提条件。所有的祭祀礼仪相对于正义来说都是微不足道的，而且对于宗教伦理来说都是一种危害和障碍。"[②] 何西阿说："我喜爱良善，不喜爱祭祀；喜爱认识神，胜于燔祭。"[③] 基督十分喜欢引用这句话。先知们摒弃了这些安抚耶和华的行为方式。在这点上，基督和希伯来先知们的观念和做法是十分相似的。他认为兽群践踏了神殿，燔祭与血腥味对于上帝来说都是十分讨厌的。上帝不在意人们的节庆与集会，更不在意祈祷与跪拜。"你们不要再献虚浮的供物，香品是我所憎恶的；月朔和安息日，并

---

① Ibid, p.5.
② Walter Rauschenbusch, *Christianity and Social Crisis*, New York: The Macmillan Company, 1911, p.6.
③ 何西阿书：6:6。

宣召的大会，也是我所憎恶的；作罪孽，又守严肃会，我也不能容忍……你们举手祷告，我必遮眼不看；就是你们多多的祈祷，我也不听。"[1] 他所想要的是正义的生活："你们的手上沾满了杀人的血。你们要洗濯、自洁，从我眼前除掉你们的恶性；要止住作恶，学习行善，寻求公平，解救受欺压的，给孤儿伸冤，为寡妇辩屈。"[2]

在饶申布什看来，对宗教礼仪改革观念描述最为简洁的话源自弥迦书。"我朝见耶和华，在至高的神面前跪拜，当献上什么呢？……世人哪，耶和华已指示你何为善，他向你所要的是什么呢？只要你行公义，好怜悯，存谦卑心，与你的神同行。"[3] 他认为上帝对宗教道德的关注对于解决社会问题来说有着十分重要的启发意义。"广义上来说，社会问题就是道德问题。宗教是自我牺牲行为的动力与源泉。在其推动下，人们杀死了自己辛苦饲养的家禽；牺牲了自己深爱的长子；也以胜利者的姿态牺牲了自己。"[4] 但是，将这种无与伦比的力量运用到仪式行为上不仅是对财力和人力的浪费，而且对于社会来说也是毫无意义的。正如他所说："由于人们认为传统的宗教仪式是上帝想要的东西，所以他们对社会伦理的改革漠不关心。如果将宗教的驱动力运用到人们的行为上，那么没有什么是不可实现的。"[5]

这仍然是我们当前所要面临的问题。在非基督教习俗和观念的影响下，基督教已经形成了自己的圣礼体系。当然，相比于过去，现在的圣礼改进了许多。"进行崇拜的地方已经没有了血腥味，牧师们也不再是专业的屠夫。"[6] 但是大多信奉基督教的国家的人们仍然在重复圣礼的流程。他们接受圣餐，并相信

①　以赛亚书 1:13–15。
②　以赛亚书 1:15–17。
③　弥迦书 6:6–8。
④　Walter Rauschenbusch, *Christianity and Social Crisis*, New York: The Macmillan Company, 1911, p.6.
⑤　Walter Rauschenbusch, *Christianity and Social Crisis*, New York: The Macmillan Company, 1911, p.7.
⑥　Walter Rauschenbusch, *Christianity and Social Crisis*, New York: The Macmillan Company, 1911, p.7.

洗礼可以洗掉自身的罪恶。他们相信牧师有魔力可以供奉无血的祭祀品。这种基督教礼仪的发展并不是精神情感恰当和美的表达，而是作为安抚上帝不可或缺的手段。从本质上来讲，这种圣礼体系与先知们所反对的行为并无不同之处。我们要关注的是宗教在人们心中生发的奉献热情是否都被用到了这些宗教行为上。本可用来寻求正义、解救被压迫者的力量被用在了编织宗教外衣的饰品上。

"先知们向我们传达了宗教与道德不可分以及道德行为是最高最充分的宗教行为这一基本真理。"① 他认为，如果这一原则可以在我们的宗教生活中得到充分应用，那么宗教的推动力便可在伸张正义、遏制不公方面有所作为。历史可以证明这一点。"加尔文宗教改革运动去除了很大一部分的宗教传统仪式，并将宗教能量转移到了政治和思想领域。因此，加尔文派的信徒马上朝着民主和教育方向努力，并在社会效能方面取得了很大进步。虽然存在很大缺陷，但是从宗教与社会道德联系方面来讲，他们远胜于很多强大的国家。"②

综上所述，我们可以看出饶申布什认为希伯来先知们对宗教道德的重视远远超过了他们对宗教仪式的关注。甚至可以说，他们几乎不关心宗教仪式方面的内容。这一点也深深的影响了基督的思想和行为。当然，这种观念对饶申布什本人的影响也是非常大的。这就是为什么在他的社会关怀思想中强调宗教道德的原因或根源所在。

（二）社会道德而非个体道德

饶申布什认为希伯来先知们所强调的道德指的是作为国家生活基础的社会公共道德，而非个体的道德修养。我们习惯于将虔诚与个体道德联系在一起。

---

① Walter Rauschenbusch, *Christianity and Social Crisis*, New York: The Macmillan Company, 1911, p.7.
② Walter Rauschenbusch, *Christianity and Social Crisis*, New York: The Macmillan Company, 1911, p.8.

"在教会中，我们所反对的恶主要是个体的放纵、不贞与撒谎。而先知们对耶和华的批评主要集中在不公与压迫两方面。"[1]

以色列的宗教理想是神权政治。在饶申布什看来，这意味着宗教道德完全渗入到国家生活中去，以上帝的名义来管理政治。"先知们不是宗教个体主义者。"[2] "先知们都是公众人物，他们的兴趣点在于公众事务。"[3] 有些先知是十分优秀的政治家。"所有的先知都阐释过去的历史，影响当下的历史并预测未来的历史。而他们预测的依据便是上帝以正义统治国家以及只有正义的才是永恒的信仰。"[4] 此处，他举出了以下例证：塞缪尔是两个朝代的创造者；奈森和迦得是大卫王的政治顾问；以赛亚对当时国际形势的判断使得其国民免受战争的蹂躏，在其他国家饱受战乱的时候给自己的国家带来了三十年的和平。

饶申布什认为：相比之下，现代人对宗教以及宗教领袖特征的理解已经发生了很大改变。那些从国际关系和国家事务的角度看待宗教的人很难被人们所理解。"我们的哲学和经济个体主义思想深深地影响了我们的宗教思想，以致于我们很难理解先知们有关有机国家生活、国家之罪与救赎方面的思想。"[5] 通常情况下，我们将社会群体看做是由不同个体组成的松散组织。因此，我们在理解先知们的话语时便会产生曲解现象。比如：以赛亚书中写道："你们的罪虽像朱红，必变成雪白；虽红如丹颜，必白如羊毛。"[6] 先知在这一章中谈论的都是犹大王国及其首府的状况。先知描述了国家的灾难；对那些想要通过加倍祭祀的方式安抚神灵的做法进行了讥讽；同时也提出国家要想重新获得神灵的恩宠必须根除社会压迫与不公。如果那些无助和被压迫的人的利益能够得以维

① Walter Rauschenbusch, *Christianity and Social Crisis*, New York: The Macmillan Company, 1911, p.8.
② Walter Rauschenbusch, *Christianity and Social Crisis*, New York: The Macmillan Company, 1911, p.8.
③ Walter Rauschenbusch, *Christianity and Social Crisis*, New York: The Macmillan Company, 1911, p.9.
④ Walter Rauschenbusch, *Christianity and Social Crisis*, New York: The Macmillan Company, 1911, p.9.
⑤ Walter Rauschenbusch, *Christianity and Social Crisis*, New York: The Macmillan Company, 1911, p.10.
⑥ 以赛亚书：1:18。

护，那么神自然会宽恕其罪恶。"你们若甘心听从，必吃地上的美物，若不听从，反倒悖逆，必被刀剑吞灭。"[①] 在饶申布什看来，这些话的确表达了上帝对忏悔个体的宽恕；但这不是作者所想。上帝的宽恕是以纠正社会弊病为前提的。对此，人们鲜有提及。

通过分析，饶申布什得出了这样的结论：先知们认为正义的行为是宗教的唯一试金石和追求的目标。先知们所关注的道德并非孤立的个体道德而是有关国家的社会道德。他们宣传的是这种学说，而且他们通过积极参与公共活动来支持自己的学说。应该说，饶申布什对先知们的这方面分析还是比较贴切的。的确，希伯来先知并不是不关注个体的救赎，而是更多地关注了整个国家和社会的救赎问题。这也是包括饶申布什在内的社会福音者为什么提倡基督教思想的社会关联性以及社会关怀的原因之一。这一点对饶申布什的影响主要体现在他的社会福音神学理论。其中，他对罪的分析可以说很大程度上是受到了先知们这方面思想的影响。

二、支持被压迫者

饶申布什对希伯来先知社会思想做出考察的第二个方面是他们对待被压迫者的态度。他认为："所有先知包括那些有贵族关系的在内几乎都支持被压迫的贫穷者。他们反对那些拥有土地的贵族们疯狂扩张领土，反对资本主义者的残酷，也反对法官的唯利是图。贵族们恨不得将农民都变成自己的财产；资本主义者为了金钱和物质利益而出卖了正义；法官们在收到贿赂后会给出两套法律体系，分别针对富人和穷人而设。"[②] 在先知们看来，上帝就是寡妇的丈夫、孤儿的父亲以及陌生人的保护者。寡妇和孤儿无力表达自己的观点，没有权力

①　以赛亚书：1:19-20。
②　Walter Rauschenbusch, *Christianity and Social Crisis*, New York: The Macmillan Company, 1911, p.11.

和足够的经济资本来影响法官和政府官员。陌生人指的是那些与当地人没有血缘关系的外来移民，他们没有土地也没有发言权。在现代社会中，这些人就是那些没有生产资料和政治权利的无产者。当先知们将耶和华视为这些无声群体的保护者时，那就意味着他们认为宗教道德的主要义务就是支持无助者的权利。

对被压迫者的支持是如何成为先知道德思想中重要元素的呢？饶申布什认为其中的历史原因主要包括以下几个方面：

首先，他们坚持平等、自由和民主的思想。以色列的游牧部落在迦南定居之后便开始了农耕生活。他们努力发展自己文明的同时也在传承那些保护原始民主和平等理念的古代习俗和思想。有些部落宣称自己在血统上比其他的部落更加高贵。部落之内，遵从长者和有权者是理所当然的。但是其中并没有高贵与贫贱之分。宗教改革时代，当人人都可接触到圣经后，人们发现其中并没有封建贵族的观念，这让他们感到很吃惊。同时，也激励了他们继续开展民主运动。

饶申布什认为土地所有权在所有社会中都是最根本的经济事实。土地分配不均总是与世袭贵族制紧密联系在一起。土地分配大致均衡是政治和经济民主的必要基础。像其它原始群体一样，以色列人起初在土地政策上实施的是共产主义。每个人都拥有土地使用权，但所有权归部落群体所有。"从这方面来讲，美国建国初期的状况与此类似。当时，美国社会中也不存在等级观念，而且将土地公平的分配给所有农民。犹太人和美国人对民主的喜爱可以说是根深蒂固。"[1]

然而，随着贸易和移动产的出现，一种新的文明出现了。资本决定一切。

---

[1]　Walter Rauschenbusch, *Christianity and Social Crisis*, New York: The Macmillan Company, 1911, p.15.

大庄园经济代替了小农经济。战争、饥荒或者瘟疫可以让农民陷入困境，甚至卖身为奴。城市的规模和重要性越来越大。富人建城堡，住别墅，每天酒肉不断；穷人每年也吃不上几次大餐。这种状况一旦出现似乎便难以改变。富人操纵法律和政府。牧师和行政官员也贪恋财富。在这样的环境中，富人根本不关心穷人的生活。

在阿摩司之前的四十年中，财富暴增且分配不均。饶申布什认为，促使人们对这些新兴贵族发起反抗的是古老的民主思想。"人们错误地认为是长期的压迫和痛苦导致了革命。但是事实上那些以前独立自主的人们被强加以束缚时必然要反抗。对于埃及的农民来说，贫穷和剥削是很自然的，就像黑夜和死亡的到来一样。而在美国，人们会一致反对不公。在以色列也是如此。"① 在那个深信宗教的年代，人们以上帝的名义发起反抗，而他们的代言人就是先知们。饶申布什认为第一位社会先知阿摩司传达了上帝的信息，同时也表达了他所代表的农民阶层的心声。亚伯拉罕·林肯对奴隶制的反对以及亨利·乔治对剥夺土地所有权的抗议都反映了独立宣言中的民主理念，并且再次告诉我们所有人都生来平等且自由，拥有不可剥夺的追求生存、自由和幸福的权利。同理，先知们对穷人的支持并不是因为某种新的社会思想影响，而是由于他们坚持了那些沿袭下来的高尚民主思想。即使是在扭曲的社会现实面前，也从未放弃。他们代表了那些未被玷污的民众的良知。宗教信仰使他们变得勇敢。这就是饶申布什认为希伯来先知们对被压迫者和穷人支持的原因之一。简而言之，希伯来先知们这样做源于传统，平等、自由、民主的思想传统。

其次，饶申布什发现先知们对被压迫者的支持源于他们对希伯来律法的坚持。对来生和未来奖惩的信仰在希伯来宗教中几乎是没有的。能够平安度过一

---

① Walter Rauschenbusch, *Christianity and Social Crisis*, New York: The Macmillan Company, 1911, p.16.

生、看着子孙满堂并且能在和平的环境中享受自己的劳动果实是虔诚的以色列人所期望的。如果社会压迫将此剥夺，那就相当于剥夺了他们的一切。同时也剥夺了他们对上帝正义的信仰。在那些相信来生的宗教中，人们可以将此生的不公延后到来生，并且相信在未来善恶必将有所宣判。而在早期的希伯来神学中并没有这种思想。所以，他们认为上帝必须在此时此地展现其正义。

饶申布什认为："从某种程度上来讲，基督教对来世的信仰降低了对社会正义的要求。而希伯来宗教中这种信仰的缺乏反而加强了他们对社会正义的渴望。对上帝公正的信仰使得经济公正方面的要求也具有了神圣性。"[1]按照他的理解，社会观念在以色列盛行的真正内涵只有在希伯来律法的背景下来考察才能得以全面理解。当然，对律法的考察并不会与先知毫无关联。按照传统的解释，希伯来律法指的就是耶和华传给摩西的律法即摩西五经。因此，自从建国以来以色列人的生活都是以此为基础。因此，先知们的理想也是源于此，他们的学说和思想无非就是号召人们遵守律法。但是按照现代人的解释，希伯来律法中只有很少一部分源自先人。《申命记》源自公元七世纪中的先知思想。律法中的其他部分则是在先知的思想渗入犹大国之后才产生的。所以，饶申布什认为："希伯来律法和先知们之间的关系可以看做是互为因果的。我们可以说希伯来律法创造先知，也可以说是先知们创造了希伯来律法。"[2]

通过律法的内容我们可以窥探到先知们的思想。按照律法，土地属于耶和华这位民族神。也就是说土地属于社会。它不是个人财产，而是种族和家庭财产。律法中有许多不同条款来保护家庭财产权。如果土地被迫卖掉，日后可以按照合理的条件赎回。农耕社会中，土地是最宝贵的生产资料。"如果土地被拥有者耕种，那么社会将是健康的。如果被富人占有，而被没有土地所有权的

---

[1] Walter Rauschenbusch, *Christianity and Social Crisis*, New York: The Macmillan Company, 1911, p.18.
[2] Walter Rauschenbusch, *Christianity and Social Crisis*, New York: The Macmillan Company, 1911, p.18.

农民耕种，那么社会将会受到诅咒。希伯来律法的所有条款都反对人民与土地的分离。"①

每隔七年，土地都要休耕或轮耕。这个时期的土地所产归大家所有。收获粮食或水果时，穷人有权拾穗。"六年要耕种土地，也要修理葡萄园，收藏地的出产。第七年要守圣安息……遗落自长的庄稼，不可收割；没修理的葡萄树，也不可摘取葡萄。……地在安息年所出的，要给你和你的仆人、婢女、雇工，并寄居的外人当食物。"②土地所有者在收获时不能过于仔细或者再检查一遍。过路人如果饿了可以免费享用田地里的水果或粮食。"你在田间收割庄稼，若忘下一捆，不可回去再取；要留给寄居的与孤儿寡妇。……你打橄榄枝，枝上剩下的不可再打，要留给寄居的与孤儿寡妇。你摘葡萄园的葡萄，所剩下的不可再摘，要留给寄居的与孤儿寡妇。"③这些条款无疑是以古老的传统为基础的。

通过分析，饶申布什认为希伯来律法和先知的思想一样都十分同情和支持穷人阶级，也十分尊重他们的平等人格。相对于富人的财产来说，穷人的人格更加神圣。这也是希伯来律法与罗马律法的差别所在。罗马律法形成于财富垄断的专制国家。从某种程度上来说，它导致了西方文明中对私人财产权的过度重视。饶申布什也认为有些律法是纯粹的理想观念。比如，圣年或大赦年。每五十年都要进行一次全面的革新并开启新的周期。这一年中，"各人要归自己的产业，各归本家。……你若卖什么给邻舍，或是从邻舍的手中买什么，彼此不可亏负。"④这些社会理想存在于一些具有高尚思想的以色列人心中。这些理想产生了先知的思想，或者先知的思想促成了这些理想的产生。

---

① Walter Rauschenbusch, *Christianity and Social Crisis*, New York: The Macmillan Company, 1911, p.19.
② 利未记：25:1~7。
③ 申命记：24:19~20。
④ 利未记：25:8~17。

综上所述，饶申布什认为先知们对被压迫者的支持是有原因的。一方面，传统的民主观念深深影响了先知们的思想。另一方面，希伯来律法作为当时社会的生活准则同样对他们的思想产生了影响。

三、先知的国家理想

饶申布什对希伯来先知们的社会思想作出考察的第三方面是国家和民族理想。这也是他们思想的目标所在。饶申布什认为：任何一个人不管他伟大与否都应该有个人的目标；任何一个社会不管它繁荣与否都应该有整体的目标。宗教也是一样，不管是个体的还是社会的宗教都应如此。正如他所说："在个体宗教生活中，每一项使命的召唤都会被实现基督式的人格和永恒的生命这一宏大目标和愿望大幅增强。这也为宗教生活创造了氛围。当代社会运动中，每一次改革都会从重组社会生活这一宏大目标中吸取新的力量。人类生活中激情的点燃需要一个伟大且综合的目标。"[1] 先知们珍视一个宏大的目标，即人类的最终完善。他们对正义的要求被某种信念加强。他们坚信对正义的要求同时也是向民族重生这一更加伟大目标的接近，以及实现这一目标的条件。

然而，饶申布什认为，在先知时代的早期，并没有长远目标的概念。宗教爱国者通常会满足于国家对敌人的胜利，以及人民在正义君王的领导下生活在和平繁荣的环境中。那么，先知们的远大民族理想是如何发展起来的呢？他认为这主要有两方面原因。 一者，因为民族道德的发展以及先知们提出的用以衡量当下社会的更高理想。"只要对完善的人格有一点概念，每个人的救赎观必然会包括一些改革性质的行为。个人和社会可能性的观念越高，我们要完成的任务就越大。"[2] 也就是说，现存社会的不完善，使得人们必然对其有着更高的期盼。先知们的社会理想和国家理想的出现也正是出于这种原因。饶申布什

---

① Walter Rauschenbusch, *Christianity and Social Crisis*, New York: The Macmillan Company, 1911, p.32.
② Walter Rauschenbusch, *Christianity and Social Crisis*, New York: The Macmillan Company, 1911, p.33.

认为先知们的远大理想产生的另一原因是有可能变为现实的民族命运。"他们越不凭眼见而生，在未来就越要凭信仰而活。当下的痛苦越大，对上帝所意愿的美好生活的渴望就越强。"① 当代社会中，人们可以很容易对这一过程作出解释。控制财富和权力的阶层实际上不希望有任何改革；他们想要保持目前的状况。中产阶级在当前社会不公的状况下仍然有着些许的优势，所以他们对社会有所抱怨，但从根本上来讲并不希望发生根本性的改革。他们希望的是在现有基础上进行改良，而且他们更愿意接受和平渐进的方法。但是对于那些被剥夺权力的阶级、没有政治自由和改善社会机会的民族来说，现实与理想之间的差距之大只有通过改革的方式才能弥补。受改善的道德生活与衰落的民族生活的双重影响，先知们的理想变得更加宽泛且综合，同时也变得更加远大，与现实之间的差距也更加明显。

但是，饶申布什认为老一代先知们的社会理想并非脱离现实的乌托邦，也非海市蜃楼般的幻想。"其社会理想在可实现的范围之内。它扎根于实际的社会与政治环境。东方爱国者所运用的诗歌意象易于给他们的理想蒙上幻想色彩，但是我们并没有看到他们是在用一种冷静的态度对待残酷的现实。他们对当前的环境有着清晰的认识。他们并不希望出现大的危机，除非是上帝行为的结果。"② 耶和华到来之日将是具有决定性意义的转折点，也是历史新纪元的开始。此后，便会出现黄金时代。人们将会知晓上帝的意愿，正直的人所遭受的痛苦将永远结束。此日之于先知正如社会革命之于现代激进的改革者；但是是以热切的宗教信仰形式表达的。因此，其真正目的是道德正义，而非经济繁荣。这一目的的实现需要上帝的帮助，而非仅仅依靠社会演变。可见，先知们的国家理想虽看似遥不可及或虚幻缥缈，但其实是以现实社会为基础的，并且

---

① Walter Rauschenbusch, *Christianity and Social Crisis*, New York: The Macmillan Company, 1911, p.33.
② Walter Rauschenbusch, *Christianity and Social Crisis*, New York: The Macmillan Company, 1911, p.34.

是为了改善现存社会而设立的。这一点我们必须承认。

同时，饶申布什也认为当民族生命因为某种原因而逐渐枯萎之时，改革无法实现之时，民族理想的特征就会发生改变；但这一理想并不会被抛弃。"不管个人宗教变成什么样，它都从未放弃集体的社会理想这一真正的宗教至高点。"① 巴比伦囚房之后神庙的复兴被众人看做是民族复兴的承诺和先兆。个人对希伯来律法的严格遵守是上帝施恩于犹大国的先决条件。耶和华永远是有机社会的神，而非毫无组织性的个人群体的神。丹尼尔书对国际关系和此后历史要遵循的计划作出了阐释。但是，国外帝国的势力太大以致于最勇敢的理想也无法在人类中得到支持。打破这种势力的剧变被看作是与人类活动毫无关联的超自然力量才能完成的。被囚期间与国外宗教生活的接触使得犹太人认为存在庞大且有组织的邪恶王国。他们认为对邪恶力量的征服必须依靠天使领导的军队。"当宗教从国家和民族的领地被驱逐，从而成为私人生活的庇护所时，他就失去了对国家和民族事务的控制权。"② 此时，人们不再通过观察眼下的事实来辨认上帝的目的，而开始关注圣经，并将先知的那些没有实现的预言拼凑成未来的图景。先知们的理想所散发出的光芒逐渐被此后犹太教的启示观所掩盖。

看到一个民族瘫痪之时人民依然坚守民族理想是一件令人感到非常痛苦的事情。启示主义中最粗俗的梦想也有悲观环境中保有的尊严和残留的活力。在这些梦想中，犹太人保留了记忆和希望。正如没落的贵族家庭仍然保存生锈的宝剑和褪色的官服，并希望其子孙在将来能够重获原有的地位一样。但是在没有政治的民族中寻找政治智慧是错误的。聚集在英国的政治避难者十分希望祖国能够获得解放，但是他们很少能够聪明地谋划并作出有效的改变。然而，启

① Walter Rauschenbusch, *Christianity and Social Crisis*, New York: The Macmillan Company, 1911, p.34.
② Walter Rauschenbusch, *Christianity and Social Crisis*, New York: The Macmillan Company, 1911, p.35.

示主义中的历史和人为计划已经并且依然在影响基督教人士对未来历史进程的观点。显然，人们已经抛弃了伟大先知们的思想。

社会传教者经常被人指责说他们太悲观。饶申布什认为希伯来先知们同样遭受了这样的指责。他们那个时代的人们和现在的人们一样都充满了乐观情绪。只不过他们的乐观是以宗教信仰为基础，而我们的乐观则是以物质财富为基础。

阿摩司在伯特利的节日宴会上，在人们狂欢之时发出了不和谐的音符。他说道，以色列王国将要覆灭，人民将要被流放。像他这样的先知们总是打断人们的宗教乐观情绪。这对于大众来说不光是不爱国和令人讨厌的悲观，而是叛国和亵渎神灵。因为他们认为耶和华和以色列民族是一体的，一荣俱荣，一损俱损。而阿摩司则否认以色列人享有特权。

在阿摩司和何西阿在 8 世纪宣布了北部王国即以色列国的命运之后，耶利米在一个半世纪后宣布了南部王国即犹大国的覆灭。在约西亚领导的改革之后，犹大国的人民都信心十足。他们有神庙，有律法。但是，耶利米称他们的信仰为妄见。他们的神庙将会被摧毁。他认为犹大并不比其他的国家好。同时，他也嘲笑那些给人们讲他们爱听的先知们。在他看来，真正的先知应该是灾难的先知。饶申布什认为我们需要注意的是先知们在预言坏事的时候并没有感到复仇般的快乐。耶利米在预言耶路撒冷的毁灭时，心都碎了。重要的是，当灾难真正来临时，预言的语调就变了。人们只要保有错误的乐观情绪，他们就会坚持破坏他的妄见。而当人们感到绝望时，他们会反对他们错误的无助。当神庙被毁后，耶利米预言它会被修复，人们会回来，荒凉的国家会迎来新的时代。流放中的以西结听到神庙的毁灭后，他的预言变成了安慰和希望。这并不是善变，而是对事实的忠诚，对妄见的反对。因为，他们相信永恒的道德律，他们不敢违背。但当身边的所有都毁灭后，他们可以感到道德律的力量。这些悲观主义者实际上是很乐观的。他们从未怀疑耶和华的最终胜利，也从未怀疑他的正义和他的人民。

饶申布什认为："我们所尊敬的那些先知在他们那个时代并不是最受尊重的。他们是反对派也是激进的少数派。或许，他们对后人的影响比对他们那个时代的影响要大。正如耶稣的总结一样：先知们在他们所处的年代并不受人尊重。通常情况下都是后人来为他们建墓、扫墓。"① 可见，先知们的理想是整个民族和社会的理想，而不是针对个体的理想。虽然他们的理想在当时可能被大多数人看做是不和谐的音符，但事后证明他们的做法和思想是正确的。他们理想并不是毫无根据、凭空幻想的乌托邦；他们的预言也并不是纯粹的悲观。这是我们在现代社会中可能会时而听到，但可能并没有时间和心思注意的。

他认为我们所讨论的这些先知在宗教的历史中都是独特的。他们是自己民族宗教历程中跳跃的灵魂；民族律法、历史和诗歌文学以及虔敬思想间接或直接的创造者；也是耶稣在人格和学说方面感到最近的人。这些人对于宗教习俗的圣礼方面几乎是漠不关心的。但是，他们热切关注道德正义，并将之视为宗教真领地。对此，饶申布什反问现代。我们应该关注的是哪方面呢？他们的宗教关怀不限于个人宗教和道德，而是更多的关注民族或国家的社会和政治生活。那么我们今天应该关注哪些方面呢？他们对于穷人和被压迫者完全支持。我们呢？真正的先知反对人们自负的乐观主义；而且只要当灾难快要来临，他们都会发出警告。如果他们生活在现在这种社会和道德环境中，他们会唱摇篮曲还是吹集结号呢？饶申布什给出的解答是："真正的先知是独特的，他属于特有的时代和环境。但是如果我们相信他们的神圣使命，我们就不能否定他们

---

① Walter Rauschenbusch, *Christianity and Social Crisis*, New York: The Macmillan Company, 1911, p.40.

的基本生活理念和原则。"①

第二节　基督的社会思想

饶申布什社会关怀思想的第二个历史源头是耶稣·基督的社会思想。相对其他两个方面来讲，耶稣基督的社会思想对他的影响更加显著。所以，他在这方面的分析也更加的详细、全面。首先，他从对基督身份的定位入手探讨了基督与社会运动的关系，进而对基督本人的思想进行了分析。其中，主要包括以下内容：上帝之国理念、伦理思想、礼仪观、财富观以及革命意识。

饶申布什认为我们往往以传统方式来研究圣经。在这个过程当中，我们会把很多事实性的东西抛弃。同时，我们也会把原本不存在的东西带到圣经中去。中世纪时，人们认为在简单的福音书中看到了深奥的经院哲学和神学。在使徒书信中，他们看到了自己所熟知的牧师和主教穿着长袍、剃着光头、过着独身生活并且听从教皇的领导。文艺复兴解放了人类的理性思维，人们开始阅读文学和历史书籍。此后的人们发现很多东西在圣经中消失了，新东西出现了。如果说宗教改革之前圣经没有活力的话，那并不是因为圣经被禁锢了，而是人们的思想被禁锢了。所以，当他们阅读圣经时，便无法真正读懂。

当时的饶申布什认为："我们处在同文艺复兴和宗教改革一样的时代中。此过程中伴随着人们对自然和历史的重新阐释。社会运动促生了现代历史研究。新的时代创造了新的过去。"②

在他看来，圣经也是社会关怀过程中的一部分。主教的故事在原始社会背景中解读便获得了新的活力。新约中有一些内容原来被认为是意义不大的，而

---

① Walter Rauschenbusch, *Christianity and Social Crisis*, New York: The Macmillan Company, 1911, p.42.
② Walter Rauschenbusch, *Christianity and Social Crisis*, New York: The Macmillan Company, 1911, p.45.

如今它们却是了解圣经的重要窗口。但这是个很缓慢的过程。宗教的个体观念在神学文本中得到了很大加强，而且教会机制的垄断业很难被很快打破。所以这需要一代或两代人的努力才能实现宗教的社会理解。

他发现，第一本针对基督生平作出科学研究的著作是卡尔·哈斯于1829写的。书中讲到基督教徒总是在他们的主面前毕恭毕敬，而从未尝试去理解他在其历史环境中的生活和他的学说。如今，基督渐渐从壁画中走出来，走到了人们面前，就像同他的加利利的朋友们交谈一样同现代人展开了交谈。随着对他的理解越多，人们越是发现其思想的社会性特征。

那么基督思想的社会性主要表现在哪些方面呢？饶申布什给出了以下几方面的解读。

一、基督的社会观

在考察基督的社会观之前，饶申布什首先对基督的身份进行了分析和定位。他认为，随着对基督的历史研究越来越多，并且在人们对当代社会生活产生强烈兴趣的推动下，人们开始将基督看做是社会思想的代言人。"他是第一个社会学家。""不，他是个托尔斯泰式的无政府主义者。""根本不是，他是法律和秩序的支持者。"[1] 但是事实上，基督并不是一位现代意义上的社会改革家。在他的思想范围内找不到政治经济学和社会学方面的内容。他在人们的生活中看到了罪恶和痛苦。但是，他是从纯粹的道德角度，而不是经济和历史角度来看待这些事情的。他希望人们都能够过正义的生活。只要这些社会问题都是道德问题，当他遇到时就会去解决。然而，在饶申布什看来他不仅仅是一位伦理教导者，他也是一位人生导师。他已经知道了最伟大、最深奥的秘密：如

---

[1]　Walter Rauschenbusch, *Christianity and Social Crisis*, New York: The Macmillan Company, 1911, p.47.

何过宗教生活。对于个人来说，当经济需求的问题得到解决后，外在生活会非常舒适。但是，他可能会被生活中可怕的空虚所萦绕，并因此而感到存在是没有意义的迷惑和虚妄。对于社会来说，如果财富分配的问题得到解决，那么问题便会是有多少人会在心灵上感到平静，并永远保持那份可以使物质生活变得公平、甜美的欢乐和满足感。

除了经济分配问题之外，道德关系问题依然存在；道德关系问题之外，仍然存在宗教与精神世界的联系问题。基督在人类心灵中认识到了上帝的生活；在上帝的爱中认识到了人类的生活。这是他的生活中真正的秘密，也是其纯洁、善良、果敢和理想的源泉：他理解上帝。如果他拥有所有财富，那么他的首要社会责任便是将财富分享给其他人，并且帮助他人获得他所拥有的。他必须教会人们在上帝面前就像孩子在父亲面前一样生活，而不是像奴隶在暴君面前畏缩。他必须使人们明白充满自私、仇恨、焦虑和欲望的生活不是真正的生活。人们必须进入充满爱、团结和内心满足的新世界。这是他所能给予人类最大的帮助。其他所有的帮助都是以人类心灵救赎为核心和源泉的。

在饶申布什看来，基督之所以不是一位社会改革家的主要原因就是他并没有从现代意义上的政治经济角度来教导人们，而是从道德和正义的角度来教会人们如何过宗教生活。如他所言："如果没有认识到基督思想的核心是宗教，那么所有对他的理解都无法接近事实。在基督的影响下仍然没有过上帝般生活的人都不是完全意义上的基督徒。任何将宗教和社会生活分开的人都没有理解基督。"[1]

一个人的思想总是产生于他所处的时代。因此，饶申布什认为如果人们想要理解基督的真正目的就必须在他与时代的关系中进行考察。根据这一思路，

---

[1] Walter Rauschenbusch, *Christianity and Social Crisis*, New York: The Macmillan Company, 1911, p.48.

他认为基督"并不是一位将人类普遍性哲学化的超时空宗教导师。他的话语对象是其所处的时代，而且是对其生活中的纷乱作出的回应。人们必须按照他的方式来调整自我以适应时代的潮流，支持或憎恨某些人。这是我们区分和定位现代思想家和政治家的方法。"[①] 这是他对基督进行历史分析后的结论。

同时，他发现基督教运动始于施洗者约翰，而约翰认为基督是继承并完成此项工作的人。基督将约翰和自己紧密联系在一起。他赞赏人类的勇敢和力量，也认为新的宗教时代始于约翰。如圣经所载："从施洗约翰的时候至今，天国是努力进入的，努力的人就得着了。因为，众先知和律法说：预言到约翰为止。"[②] 在他看来，基督和当时的人们都认为约翰体现了古代先知的精神。他拥有先知们的无畏、简明的话语以及讲述上帝内在福音的意识。他的福音从本质上来讲也是如此。古代先知们要求遵从道德。他和他的门徒们一起禁食，他教会了他们一些祈祷的方式，但是他对宗教礼仪和严格的施洗和祭祀方式却只字未提。他讲的只是忏悔和停止作恶。他消除了犹太人的傲慢。如果上帝想要得到亚伯拉罕的孩子，那将会是很容易的事情。但上帝要的是放弃作恶的人类，这是很难得到的。人们不禁要进一步追问："忏悔的目的是什么呢？我们应该怎么做呢？"约翰的答复是："如果你有两件衣服，就分给没有衣服穿的人；如果你有吃的，就分给那些没有吃的。"迎接弥赛亚时代的方法就是建立友爱的生活方式并将不平等的事情变得平等。如果约翰认为这些就是为弥赛亚所做的准备，那么他是如何看待弥赛亚时代本身的呢？路克把他给收税者和军人的建议记录了下来。收税人运用权力收受贿赂，并且从人们那里强取豪夺；军人运用身体力量达到同样的目的。约翰告诉他们不要再做寄生虫，而要依靠诚实的劳动来生活。通过分析约翰的思想，饶申布什找到了现代社会中宗教应

---

① Walter Rauschenbusch, *Christianity and Social Crisis*, New York: The Macmillan Company, 1911, p.49.
② 马太福音：11:12。

该扮演的角色。

对于社会整体的改革和救赎方式，饶申布什的分析以圣经故事为指引。如果牧师没有注意到身边社会的不公以及群体社会对个体的剥削，那么这些话能否算是对忏悔的定义呢？路克通过引用以赛亚的号召概况了约翰的目的。那就是，要夷平山丘，铺平道路，把扭曲的变成直的。如果没有发现这些真正阻碍上帝之国到来的问题，约翰不会对普通虔诚的要求保持沉默，而对消除社会的弊端如此重视。饶申布什认为，鉴于此以及我们对那个时代的了解，我们可以推断出他的观点、理想和期望也是他所引领的人民运动的真正源泉。带领人们到沙漠里听约翰讲道是以色列的民族希望。他的宣判不是对此后基督教神学的个人宣判，而是对准备建立复兴的犹太神权国家挑选人选。他所说的触手可及的上帝之国是犹太人的古老愿望，这包括大卫王国的复兴、社会正义的统治以及真正宗教的胜利。约翰否定了所有犹太人都可进入上帝之国，这一点说明他是先知们的真正继承者。他将上帝之国放到了道德的基础上。但这仍然是一个社会理想。

在饶申布什看来，基督将约翰视为他自己所承担的工作的先驱。是约翰领导的人民运动将基督带出了拿撒勒斯。他将约翰的施洗看做是新弥赛亚希望和忏悔的标志。与约翰的接触以及在约旦经历的事情对于他自身的内在生活以及弥赛亚观念来说具有决定性意义的作用。离开约旦后，他采取了约翰的方式："上帝之国已临近，忏悔吧！"同时，他也继续着约翰的施洗。他从约翰的追随者中间挑选出了最早的也是最好的人作为自己的使徒。约翰死后，一些人认为基督就是约翰的复活者。但是，他自己还是意识到了浸礼宗的苦修禁欲精神与他自己所提倡的信任和爱之间的差别。然而，基督一生都支持约翰，这一点从未改变。更重要的是，他的国家和社会理想跟约翰的一样，那就是上帝之国理念的实现。

可见，饶申布什在约翰那里找到了基督的思想源头。在他看来，约翰的思想和行为在很大程度上影响并促成了基督的社会思想。在此层面上，基督不是一位社会改革者，而是一位人生导师。

二、爱是创建上帝之国的正确方式

饶申布什对上述历史背景的分析是为了理解基督的生活和思想。他认为基督不仅是一位理想的倡导者而且是一位实践者。和所有伟大的思想家一样，他的理想不是停留在想象中的乌托邦，而是真实地推动人类进入新纪元。他利用过去提供的条件和物质，将其塑造成对他心中的神圣观念更加完满的接近。他代表了先知的理想和信仰。他将自己的工作和约翰的工作联系在一起，并将之视为自己一生中最喜爱的工作。基督用号召开始他的布道生涯："日期满了，神的国近了！你们当悔改，信福音。"① 由此可见，上帝之国是其学说的核心。他的寓言、道德指导和先知预言都与此相关。

对于上帝之国的内涵，饶申布什认为基督并没有具体定义，人们也不需要刻意定义。因为在当时，那是一个人们都很熟悉的概念和词汇。然而，如今人们所面临的环境与当时完全不一样。任何想要理解这个词的意思的人必须意识到它的模糊性和难以琢磨性。在当代，这一词汇代表了一系列的思想观念。"对于普通的圣经读者来说，它意味着被救赎和进天堂。对于其他人来说，它就是千禧年。对一些人来说，是有组织的教会，而对另一些人来说则是'无形的教会'。"② 在饶申布什的解读中，当基督教跨过犹太时期，在希腊、罗马世界中找到精神家园后，基督和他的信众所理解的上帝之国的意义已经从基督教思

---

① 马可福音：1:15。
② Walter Rauschenbusch, *Christianity and Social Crisis*, New York: The Macmillan Company, 1911, p.55.

想中几乎完全消失了。在那里，这种思想的历史根基不存在。虽然这个词如移民带着的水罐一样依然存在；但是源自伯利恒水井里的水已经蒸发了。如今，罐子被用来从以弗所的井里或者从尼罗河和台伯河里取水。希腊世界并不珍视先知们在犹太教思想中植入的民族宗教希望，反而对个人的未来生活以及灵对肉体和物质的胜利十分感兴趣。因此，饶申布什认为曾做为基督思想核心的观念根本不是教会思想的核心，甚至对其中的意义的理解也已迷失。只有些许残存于千禧年的愿望和教会的组织观念中。也就是说，当代基督教思想脱离了基督的本意且放弃了上帝之国理想。

那么如何判断这一理念的真伪呢？饶申布什认为，当基督在使用"上帝之国"这一词语时，必然会唤起听众头脑中的所有智慧。如果他用这个词语所表达的意图和听众们所表达的意图不一致，那么使用这个词语就是个错误。如果他的意图不是神权国家的实现，而是对那些希望进入天堂的个人的内在祈福，那么为什么围绕这个词语的都是集体理想呢？那样的话，这不光是一个令人误解而且是一个十分危险的词汇。它解放了民众的政治理想，并招致了政府对他的怀疑，实际上也导致了他的死亡。因此，饶申布什认为除非我们有明确的证据来证伪，否则我们必须假定这个词语的意义对于基督和他的听众来说意思是一样的。但是，他很有可能对大众的观念进行了大幅的修改和更正。这事实上是每个伟大且具有创造性的宗教思想所要经历的过程：保持与过去的联系，使用过去的词汇；但是它们所处的是新的环境，而且其内容也是新的。在基督的学说中，饶申布什发现他有意识的反对大众理想的某些特征并试图使之更加真实。

对于上帝之国的到来方式，饶申布什发现民众希望的是神圣灾难，上帝之国是通过有益的剧变到来的。人们已经看到当政治自救的能力瘫痪时，先知的理想和希望具有灾难性和启示性。当一个民族被压迫者重拳打倒时，与人类行为无关的神圣灾难便成为了民族的希望。基督的精神观念回归到了更早、更高尚的先知那里。在他们看来，未来源于上帝恩惠下的现在。民众在等待弥赛亚式的灾变将现成的上帝之国带来时，基督看到上帝之国在他们中间成长起来。他从有机的社会生活角度来阐释上帝之国的到来。正如农民撒下的种子一样，它昼夜不停、悄无声息的生长。人们没有耐心观察成长的过程，但急切的想要看到最终奇迹般的结果。在饶申布什看来，"基督拥有大多数人只能通过训练才能得到、一些选民通过神圣的恩赐才能得到的科学思想。他掌握了自然和历史有机发展的规律。如今我们也开始对此作出系统的研究和阐释。"[1]这种发展观的形成不仅需要深刻的观察力，而且需要更加高级的信仰。想要在事情发展之初而非结束之时看到上帝或者在现在而非将来看到上帝，就必须拥有更多、更强的信仰。这是饶申布什从基督身上发现的重要启示并在构建社会福音神学思想时传承了这一发展观。

那么，上帝之国理念在基督眼里是个人理想还是社会理想呢？饶申布什认为基督代表了一种新的生活方式。通过与人们一起思考一起感受，他在别人那里复制了自己的生活，并使他人获得了尝试新生活的信仰。这种同化的过程通过社会有机体中内在的自然力量继续进行。当一群具有相同思想的人聚集在他的周围时，这种同化力便被大大加强。因此，基督针对个体并通过个体来开展工作，但是他的真正目的不是个体性的，而是社会性的。他知道新的生活行程之前必须首先植入新的生活观念；新的社会成型之前必须以个体的新生为中心。但是他的目的并不是新的个体灵魂，而是新的社会；不是个体的人，而是整个人类。

---

[1]　Walter Rauschenbusch, *Christianity and Social Crisis*, New York: The Macmillan Company, 1911, p.59.

饶申布什通过研究进而发现大众理想是犹太民族的理想；而在基督的影响下，它变成了一个人类的乃至世界的理想。施洗者约翰反对犹太人因为民族原因而有权进入未来的天国。基督每次遇到犹太人，犹太人的偏见就消失了。他高兴的发现了外国人所具有的友爱和精神力量。"我实在告诉你们：这么大的信心，就是在以色列我也没有遇见过。我又告诉你们：从东从西，将有许多人来，在天国里与亚伯拉罕、以撒、雅各一同坐席；惟有本国的子民，竟被赶到外边黑暗里去，在那里必要哀哭切齿了。"① 当他治愈的十个麻风病人中只有一个回来向他致谢时，他说这是个撒玛利亚人。当他想要树立一个代表人类友爱的典型时，他尽力找出一个撒玛利亚人，一个外国人，一个异教徒。过去那种将人分为犹太人和非犹太人的做法在他的思想中逐渐褪去，新的划分方法是以善恶为标准，将那些欢迎新生活和拒绝新生活的人们分开。他将保罗的普世主义理解为：在耶稣基督那里并不分犹太人和希腊人，因为在他那里所有人都是一样的。"并不分犹太人、希腊人、自主的、为奴的，或男或女，因为你们在基督耶稣那里都成为一了。"②

在饶申布什视野中，上帝之国观念所产生的另一个非常微妙且重要的变化是所有这些变化的综合。如果上帝之国不依赖人类力量也不依赖神圣灾变，而可以悄悄地通过有机过程发展；如果依赖的不是民族重建，而可以以个人到个人、群体到群体的方式进行，那么上帝之国从某种意义上来讲已经到来了。它的实现和完成在未来，但是其中的基本事实已经存在了。对此，饶申布什也意识到这是学者们最具争议的一点。"上帝之国在基督的观念中是启示性的吗？是未来性的吗？是由神圣的灾变启动的吗？还是说现在已经存在了？"③ 两种观

① 马太福音：8:10–12。
② 加拉太书：3:28。
③ Walter Rauschenbusch, *Christianity and Social Crisis*, New York: The Macmillan Company, 1911, p.62.

点在基督的学说中都能找到佐证。基督学说在以文字形式被记录下来之前，已经被口传了三四十年，记住这一事实很重要。但任何一个人都可以亲自验证得出这样的结论：一个故事或一条消息由一个人传递给另一个人，或即使是有同一个人在不同时间重复时，都会发生些许的变化。他的个人喜好和先前观念都会产生影响。因此，饶申布什说："除非我们假定绝对神圣的防范措施存在，否则我们必须承认教会在讲述和再述基督话语时将自身的观念和理想无意识的添加进去时完全有可能的。"① 如果这是真的，那么基督学说中，最有可能受其影响的便是基督再临和上帝之国的思想。因为，那是原始基督教时期最热门的话题。因此，任何与之相关的东西都会变得易变。但是任何在此问题上所做的修改都针对灾难和希望。犹太人的希望就是这样的。虽然此后基督努力使信徒们摆脱这种观念，但是最终并未成功。因为，这种理想和希望是普通民众最喜爱的。这一观念的流行可以从犹太启示文学在基督教徒中广泛传播的事实中找到佐证。

上帝之国的建立者又是谁呢？饶申布什认为基督和古代先知一样相信上帝之国的真正创造者是上帝，而不是通过人为的演变建立的。相信这一点是宗教信仰的基本原则之一。"基督当然相信神圣终结就在眼前。但是，他越相信精神和道德恩赐的最高价值以及精神力量在塑造人类生活时的力量；在他看来最终的完成工作在重要性上越是削弱，而当下的事情和进程就越显重要。"② 当施洗者约翰说人们长期期待的上帝之国即将到来时，这是一种信仰行为。而当基督说上帝之国事实上已经来临时，这是一种更高的信仰行为。其他人则是透过望远镜瞭望远方以期上帝之国的来临。"神的国就在你们心里 / 中间。"③ "我实

---

① Walter Rauschenbusch, *Christianity and Social Crisis*, New York: The Macmillan Company, 1911, p.62.
② Walter Rauschenbusch, *Christianity and Social Crisis*, New York: The Macmillan Company, 1911, p.63.
③ 路加福音：17:21。

在告诉你们：你们若不回转，变成小孩子的样式，断不得进天国。"① "任何爱上帝超过爱祭祀的人都离天国不远了。"②

在明确了上帝之国的基本性质后，饶申布什继续挖掘基督思想中上帝之国的创建目标和方式。他认为，基督和所有的先知一样，希望改变身边的国家、社会和宗教生活。他和众人一样拥有这一理想的本质，但是他还是用自己更加深刻的理解和更加高尚的信仰升华了这一共同理想。他反对所有暴力手段，并把战场上不可避免的冲突转变成了思想对抗。他将神圣宣判无限推迟，而强调正在进行的新生活。他越来越重视微观的细节，而非宏观的设想。但是，上帝之国依然是一个社会理想；一个关涉人类社会生活的社会观念。这是关乎拯救人类有机体，而非个体人类的事情。其目的是将人类生活转变为天堂般的和谐，而非将个体带进天堂。"如果他相信创建公正社会过程中的精神力量，那也只是证明他作为社会创建者的精明睿智。如果他以最小的社会个体开始工作，这证明了他的耐心和技巧。但是基督从未陷入此后神学的异端思想中，因为他从未将个体与群体分开来考察，他从未忘记人类的群居本性。"③

综上所述，饶申布什认为基督的所有教导和思想都是以上帝之国的理想为核心的。在他看来，只有从这一核心的角度来考察，才能理解其道德学说的真正意义。因为，基督不像希腊的哲学家那样教导人们从俗世的喧嚣中解脱出来，而是像希伯来先知那样鼓励人们在现世建立公正的社会秩序。他所追求的善总是可以使人们与其同类友好相处，并创造真正的社会生活的善。所有人类之善必然是社会性的善。人类从本质上来讲是社会性的，其道德在于成为群体中一个好的成员。"社会的人是道德的；反社会的则是不道德的。"最大的善是

---

① 马太福音：18:3。
② 马可福音：12:28-34。
③ Walter Rauschenbusch, *Christianity and Social Crisis*, New York: The Macmillan Company, 1911, p.65.

尽其所能为群体服务。最大的恶是以群体的财富、幸福和美德为代价来满足自我。这些本应是毋庸置疑的，然而过去的宗教伦理却极力将人类同社会、婚姻、财富以及政治和社会义务分开。

他认为，基督伦理思想中最基本的美德便是爱，因为爱是创造社会过程中的一个特质。人类生活的源泉就是爱。爱将最基本的人类群体，即家庭，团结在一起。人们想要在一起并永远在一起的愿望便是爱最直接的表现。这种爱是不必强迫的。如果需要强迫，那证明社会组织并没有激发人们的友爱之情。因此，饶申布什得出结论基督在为了上帝之国的高尚社会秩序而教导人们时，他总会试图激发人们爱的能力和习惯并激发人们为了集体利益而奉献的潜能。在基督那里，爱并非速来速去或摇曳不定的感情，而是为了创造友爱而必须的坚定信念和情感。

这种团结的力量在友谊处于破裂危险时展现得最为明显。如果有人冒犯你，那么原谅他，并准备好修复破裂的关系。"彼得对耶稣说：'主啊，我弟兄得罪我，我当饶恕他几次呢？到七次可以吗？'耶稣说：'不是到七次，乃是七十个七次。'"[1] "在祭坛上献礼物时，若记起弟兄向你怀怨，就把礼物留在坛前，先去同弟兄和好，然后来献礼物。"[2] "不要与恶人作对。有人打你的右脸，连左脸也转过来由他打。"[3] 这些并不是不可变通的铁律也不是绝对的行为准则。如果按照上述说法来做，那么便无法操作也十分荒唐可笑。这些不过表达的是团结力量的重要性。将人们团结在一起的友爱是不可破坏的。正如饶申布什所说："爱超越了所有律法。律法停止的地方，爱并不会停止。有时，爱也会打破律法的规定。爱的直觉是更加真实的行为准则。"[4] 可见，爱是创建上帝之国

---

[1] 马太福音：18:21-22。
[2] 马太福音：5:23-24。
[3] 马太福音：5:39。
[4] Walter Rauschenbusch, *Christianity and Social Crisis*, New York: The Macmillan Company, 1911, p.69.

的伟大力量和正确方式。

三、基督对祭祀礼仪的轻视

通过对旧约先知们的研究，饶申布什发现先知宗教的一个很重要的特点就是对仪式宗教的轻视或敌对。在这方面，基督继承了先知们的观念。他将圣殿看做是人们会面和祈祷的场所。他十分憎恨圣殿内充斥挣钱的气息。"耶稣进入圣殿，赶出殿里做买卖的人，推倒兑换银钱之人的桌子和卖鸽子之人的凳子。"[①]自从巴比伦因房以后，祭祀礼仪中微小的个人行为对于犹太人来说显得更加重要。在一些细小的礼仪行为方面，基督和传统习俗的卫士们之间存在着冲突。"他们破坏人们的需求来保持安息日的原貌。他们希望人们在斋戒时表情严肃，内心虔诚。他们的注意力集中在那些以防玷污礼仪人们不能吃不能动的东西上，从而使人们对于道德漠不关心。基督则认为安息日是为人每年服务的，而不是破坏人们的。只有当斋戒成为人们内在思想状态的合适外在表达时，人们才应该斋戒。不接触禁忌的东西并不能引起人们道德方面的变化，因为这是由源于内在心灵的思想之善恶决定的。"[②]

这些宗教仪式本应服务于上帝。但当它们不为人们服务，甚至伤害到人们时，基督便轻视或忽视它们。饶申布什发现基督反对以拘泥形式而不重视道德的礼仪来表达虔敬。"你们这假冒为善的文士和法利赛人有祸了！因为，你们将薄荷、茴香、芹菜献上了十分之一，那律法上更重要的事，就是公义、怜悯、信实，反倒不行了。这更是你们当行的，那也是不可不行的。"[③]为了拘泥形式，人们反而忽视了那些本应重视的正义和爱。"你们这假冒为善的文士和

---

① 马可福音：11:15。
② Walter Rauschenbusch, *Christianity and Social Crisis*, New York: The Macmillan Company, 1911, p.72.
③ 马太福音：23:23。

法利赛人有祸了！因为你们正当人前，把天国的门关了，自己进不去，正要进去的人，你们也不容他们进去。"①如此一来，本应是道德源泉的宗教却蒙蔽了人们的道德判断。同时，宗教成了伦理道德身上的寄生虫，而不再是道德的源泉。

饶申布什认为基督的上帝之国理念对这种反叛传统宗教的态度作出了解释。传统宗教的卫士们认为这是犹太人的事情，而且依赖宗教仪式的严格遵守。基督则认为这是人类的事情，依赖正确的人际关系。他不会忍受任何将错误的东西神圣化的行为和事物，包括宗教在内。他反对阻碍人们获得正义社会生活的宗教思想。对于他们来说，从过去继承的律法至上；对基督来说未来建立的更好的人类生活至上。

四、基督的财富观

基督的财富观是任何一个研究基督社会思想的人都应该探究的问题。饶申布什发现基督和人类历史上其他伟大的人物一样意识到了人们在追求财富的过程中给更高尚的自我带来了很大危险。如他所说，任何一个关注那些竭尽全力想要成为富人的人们的灵魂发展的人都能明白这个过程对于更加高尚的正义感、慈善心以及平等意识的威胁有多大。你不能同时为上帝和财神服务，这是个很简单的事实。因为，二者都需要你全身心的投入。"撒在荆棘里的，就是人听了道，后来有世上的思虑，钱财的迷惑，把道挤住了，不能结实。"②当人在积攒财富时，他的全部心思都在这个上面。因此，心里的光逐渐暗淡，良知之眼渐自模糊。"不要为自己积攒财宝在地上，地上有虫子咬，能锈坏，也有贼挖窟窿来偷；只要积攒财宝在天上，天上没有虫子咬，不能锈坏，也没有贼

---

① 马太福音：23:13。
② 马太福音：16:22。

挖窟窿来偷。因为你的财宝在哪里，你的心也在那里。"① 财富很容易变得比拥有它的人还强大。最终，财富成为了主人，人却丧失了其道德和精神自由。俗世的精神总是让人误以为人生的意义就在于拥有更多的物质，但是当他以此理论建构自己的人生时，便无法找到上帝之国的大门。而更加糟糕的是，即使如此，他却一无所知。娼妓和酒鬼都有忏悔和自责的时刻；而贪婪的人却并不知道自己走在堕落的道路上。

但是，在这里饶申布什发现了很重要的一点。那就是基督担心的并不仅仅是作为心灵麻醉剂的财富。在他想要建立的真正人类社会中，财富是作为社会生活中最大分散力或离心力出现的。它可以将社会分成不同的阶层，在此之间，友爱丧失了。它使得个体不再依赖同伴，也不再对同伴有任何责任感。饶申布什认为这就是基督所理解的财富的魔力和诅咒。

这一点同样变现在基督与青年财主之间的对话中。青年财主说自己一直都是个遵纪守法的人，基督接受他的观点；但是基督对他说如果想要获得救赎和完满，就必须抛弃所有的财富并成为他的门徒追随他。在饶申布什看来，这一要求可以看做是一种考验，也可以看做是一种解决方法。有些人认为这是一种考验，如果他答应放弃财富，那么可能不必放弃。有些人认为这对于爱财之人来说是一种获得救赎的方法。不管怎样，二者都关乎青年财主的灵魂；这是为他开出的苦口良药。但基督马上从这一具体事件中得出了普遍的结论："依靠财产的人进神的国是何等的难哪！骆驼穿过针眼，比财主进神的国还容易呢。"② 青年财主最后面带忧郁地走开，不过是普遍事实的一个具体变现而已。但很显然，财富在哪里，人心便会在那里。

---

① 马太福音：6:19-21。
② 马可福音：10:24-25。

五、基督的革命意识

最后，饶申布什通过研究发现基督身上存在着一种革命意识。但他所说的革命并不是普通意义上的与暴力和流血相关的革命。基督明白自己来到俗世是来点燃火种的。虽然他热爱和平，但他知道自己努力的真正结果不会是和平而是斗争。马里亚在尊主颂中讲到："他叫有权柄的失位，叫卑贱的升高，叫饥饿的得饱美食，叫富足的空手回去。"[①] 马利亚之子看到人们所称颂的是上帝所厌恶的。他讲道："有许多在前的，将要在后；在后的，将要在前。"[②] 他想要把世俗的价值观颠倒过来。人们所赞扬的，他也不喜欢。这种革命意识甚至贯穿整个山上宝训。"虚心的人有福了，因为天国是他们的。……为义受逼迫的人有福了，因为天国是他们的。"[③]

在饶申布什看来，人们很容易忘记基督对当时宗教领袖和权威的攻击充满了革命勇气和彻底性。他称那些教会领袖为虚伪的人、瞎眼领路人。"你们这些假冒为善的文士和法利赛人有祸了！在人前、外面显出公义来，里面却装满了假善和不法的事。"[④] "你们这瞎眼领路的有祸了！你们说：'凡指着殿起誓的，这算不得什么；只是凡指着殿中金子起誓的，他就该谨守。'"[⑤] "税吏和娼妓倒比你们先进神的国。"[⑥] 因此，饶申布什认为如果人们记得宗教依然是犹太国的基础，宗教权威仍然是社会支柱，那么就应该明白他的抨击多么具有革命性。

饶申布什也发现基督的思想同样摆脱了对现存政府权力的精神顺从。他将当时的政府首领希律称为狐狸。当詹姆斯和约翰的母亲抢在别人前面，想要让

---

① 路加福音：1:52–53。
② 马可福音：10:31。
③ 马太福音：5:1–12。
④ 马太福音：23:28。
⑤ 马太福音：23:16。
⑥ 马太福音：21:31。

自己的儿子在上帝的国中担当更高的职位时，基督觉得这是当下社会秩序中存在的抢夺行为。在这样的社会秩序中，人人都想让他人服务于自己。而基督想要建立的社会秩序中，每个人都必须努力服务他人，服务最彻底的也是最伟大的。君王与贵族总是假认为自己的存在是为了大众的利益，然而事实上真正爱民并为人民服务的君王实在少得惊人。通常情况下，他们总会将人民看做是有利可图的对象，而不是服务的对象。

如上所述，饶申布什认为基督并不仅仅是一位社会改革者。宗教是其生活的核心。他的那些所有有关社会的学说都是从宗教角度来谈论的。他曾被人称为第一位社会主义者。然而饶申布什认为基督并不止于此，他同样是第一位真正的人，他开启了新的人性。在他身上同样存在的还有新的社会和政治秩序的细胞。他并不是某一部分人类生活的救赎者。他的救赎工作包括所有人类的需求、权利和关系。神学家在他的思想中看到了思辨的色彩，然而在饶申布什看来基督并非思辨思想者。他曾被人看做是教会机器的组织者和创建者。然而，饶申布什认为我们很少能够在圣经中发现行政化、教会性的基督。所以对基督的定位是了解基督社会思想的一个关键所在。但是这是一个很难找到正确答案的问题，可以说是仁者见仁、智者见智的问题。饶申布什在对基督身份和思想的历史根源作出自己的定位后，便开始了他对基督社会思想的多方位研究。虽然并不像专题研究那样深入透彻，但还是给我们呈现一幅较为全面而准确地了解基督思想的图景。基督的这些思想对饶申布什的社会关怀思想以及福音神学理论都产生了很大影响。尤其是，他所强调的社会救赎和社会关怀理念可说是对基督社会思想的沿袭。

第三节　原始基督教的社会动力

在分析完希伯来先知和基督社会思想后，饶申布什在原始基督教那里找到了社会福音思想的第三个源头。但是，相比前两者而言，这一方面的影响主要是作为理论和事实依据出现的。饶申布什以两个问题开始了自己的探讨。"基督的社会理想在多大程度上被教会和教徒所理解并执行了呢？基督早期的追随者是否具有同样高尚的上帝之国理念、对正义热切的爱以及能够使得基督的灵魂成为我们的道德和精神世界核心的人性柔情和友爱自由呢？"[1] 对于这两个问题，他给出的答复很悲观：如果能的话，那就是奇迹了。他之所以得出这样的结论也是有依据的，同时也是可以理解的。在他看来，高尚的人所拥有的理想和理想的实现之间存在一定的差距，难免会出现不同程度的落差。门徒们无法跟上师父的脚步。他振翅翱翔之时，他们刚鼓翼学飞。他们把他的理想粗俗化、物质化了。他们相信形式和组织，而他相信的是精神。这几乎是所有领袖的悲剧。他们比他们所处的时代越先进，就越会被推行他们思想的人们所误解。所以饶申布什认为，如果基督的追随者能够将他的思想原原本本保存下来的话，那将是历史上的奇迹。事实确实如此，他们并没有这么做。很少有人出于精神自由而斋戒。犹太基督徒在某种程度上仍然服从古老的律法；非犹太基督徒遵从的也是律法主义。很少有人在崇拜上帝时只是出于纯粹的虔敬。

如果基督的宗教和伦理思想从一开始就被扭曲或瘫痪了，人们可能会理所当然地认为他的社会目的和理想在规模、力量和纯洁度等方面都有所削减。而事实并非如此，饶申布什发现原始基督教的社会生活仍然受高尚社会理想的激励，受社会动力的推动。于是，原始基督教的社会生活就成了饶申布什社会关

---

[1]　Walter Rauschenbusch, *Christianity and Social Crisis*, New York: The Macmillan Company, 1911, p.93.

怀思想的第三个来源。其中，主要包括理论层面的上帝再临愿望以及现实中原始基督教教会的社会生活。

一、基督再临的愿望主导了早期基督教的社会生活

饶申布什认为基督再临的愿望主导了早期基督教的社会生活。原始基督教生活中的传教热情、道德能量、神学观念和世界观都只能在这一愿望的大环境中才能被理解。人们相信这是将要到来的事件。保罗也相信这一点。有人说保罗经常随着时间的推移而修改自己的期望。饶申布什认为如果他不这么做才奇怪呢，但是保罗对基督教历史使命的看法和观念却从未发生重大改变。他很可能在上帝来临之前离去的可能性最终成为了事实；但是这对于保罗来说只是几年或者几十年的事情，而不是几百年的事情。

对原始基督教信徒而言，基督的再临意味着上帝之国的开始。先知所预言的、人们所期待的、施洗者约翰认为即将到来的都会随着基督的到来而过去。基督在俗世生活中并没有完成自己的真正使命。统治者的反对证明了这一点。但是基督依然是以色列的弥赛亚；民族和国家的救赎一定会到来；上帝之国将在以色列得以重建。很短时间内，上帝便会从上天降抵人间。人们所有的愿望都会通过神圣而辉煌的完成得以实现。他们为了基督的再临尽其所能，正如约翰为了其初临而尽其所能一样。基督徒的基督再临愿望和犹太人的弥赛亚王国愿望一样。只不过弥赛亚这一人物更加具体而有吸引力。即将到来的弥赛亚是他们所知所爱的主。他上天是为了从圣父那里接受王国。不久，他们还会见到他，也许是明天或后天。

饶申布什认为在上帝之国的内涵以及基督再临会带来什么的问题上，人们的思想会有所不同。有的可能会强调精神祝福，有的则更加重视社会正义和

解放。这是个理想，一个非常包容而且灵活的理想。早期基督徒在这方面的理解并不比现在更加统一。在他看来，保罗期望的是整个宇宙的精神化。死者将以精神体再生；生者也将转化为同样的精神体，因为血肉之躯无法进入精神王国。死亡将被终结。所有被造物的痛苦将会结束。在保罗对未来的规划中，现世中并不存在充满幸福的千禧年。"在他的观念中，任何社会的元素都不存在。对于他来说精神就是一切。这个物质世界只能通过终结的方式来解救。"① 当然，有些人并不像保罗那样强烈地强调精神。他们重视的是古老的俗世以及俗世中令人幸福的人际交往。当然，物质世界总有一天会结束，但是首先俗世之中会出现好的生活。当撒旦和他的部下被锁起来关进监狱时，基督和他的圣徒便会统治，不公与压迫便会最终结束。自然将会摆脱罪的束缚，人类堕落前的乐园将再次出现。如果有人因基督的审判而死，那他并不会因此而无权享受幸福时光。千年之后，他将复活并获得永生。在饶申布什看来，这是约翰启示录中所表达的那种基督教愿望。第二十章描述了新天地到来之前的中间救赎阶段。新天地与救赎则是出现在第二十一章。新天地也是神之荣耀光照后的旧天地。"城内街道是精金，好像透明的玻璃。城内街道当中一道生命水的河，明亮如水晶。"②

饶申布什认为启示录中的末世论是原始基督教中正统的末世论。后使徒时代的大多数作者都表达或赞同这一论点。但是他发现诺斯替主义者以及希腊的一些教会牧师还是对此表示反对。"在他们看来，救赎在于将灵魂从物质的牢笼中解救出来；因此千禧年的辉煌不应包括物质世界的荣耀。"③ 然而，随着时间的推移，上帝并没有到来，因此这种愿望也就逐渐的衰退了。为此，饶申布

---

① Walter Rauschenbusch, *Christianity and Social Crisis*, New York: The Macmillan Company, 1911, p.105.
② 启示录：21—22。
③ Walter Rauschenbusch, *Christianity and Social Crisis*, New York: The Macmillan Company, 1911, p.106.

什寻找到的历史证据是：二世纪下半叶出现的孟他奴主义试图通过固守的方式将这种愿望复兴。但是，最终引来的却是怀疑。当罗马帝国将基督教确立为国教时，教会的领导事实上已经放弃了千禧年愿望。他们对此有着自己的理解和表达方式。

结合当时的美国社会，饶申布什发现千禧年愿望是基督教的社会理想。宗教希望救赎的对象包括：小的人类个体以及大的人类集体。对于个体来说，基督教意味着战胜罪和死亡以及来生所有善的完满。对于人类来说，它意味着完美的社会生活，消除所有破坏人与人之间交往的罪以及满足人类对正义、平等和爱的追求。个人或国家宗教生活会强调其中的一点。古以色列坚信的是社会群体的完满；个体完满生活的愿望在巴比伦囚虏之前的犹太宗教生活中影响力很小。然而，在早期的希腊宗教生活中，人们对个体永生的渴望十分强烈，而社会救赎的愿望几乎不存在。基督的福音学说几乎都是关于上帝之国的，对于来生鲜有提及。约翰福音中"永生"是核心词，而"上帝之国"则出现得很少。在现代社会中，很多人年轻的时候希望死亡能进天堂，社会救赎的观念很少出现在他们的思想中；如今，他们很少关注个人的永生问题，更多关注的是个人的生命能否推进社会的救赎。完美的宗教理想必须包括两者：针对个体的永生；针对人类整体的上帝之国。

饶申布什更加看重的是早期基督教生活中对社会理想的关注。希伯来起源带来的是社会理想；从希腊环境中接受了个体愿望的强化。随着原始基督教的消失，前者渐渐衰落；随着天主教的发展，后者渐渐占据主导地位。但是，"只要基督教仍然受基督、约翰以及以色列先知的影响，社会理想就会占据主导地位。"①

_____

① Walter Rauschenbusch, *Christianity and Social Crisis*, New York: The Macmillan Company, 1911, p.107.

二、原始基督教的社会创造力

上面所讲的主要是原始基督教的社会理想，但主要是其中的理论和观念，并非其实际的社会成就。饶申布什认为原始基督教的一个显著特征是"迫切要求行动的道德能量"。① 在他看来，基督为其追随者注入了一种寻求在新社会中表达和实现的精神。原有社会生活负隅顽抗是历史规律。但是，新的精神必须有合适的社会环境，因此必须创造新的社会生活。所以，基督教所到之处，人们总会看到新社会的产生。

他认为，创造新型社会组织是一项伟大的成就。组织所代表的理想越高，创造和维护社会组织所需的力量就越大。水往低处流，人往高处走。水需要找到平衡点，人也一样。这里饶申布什拿科林斯人做例证。科林斯人的基督徒在成为基督教徒之前都是地道的科林斯人。他们的记忆、习惯和喜好都与其身边的日常生活密切相关。他们住在同样的房子里和同胞们一起洗澡。但是，基督教号召他们脱离原有社会环境；遵守他们既没有在理论上认同也没有在生活中实践的道德标准。它要求他们放弃希腊人所习以为常的放荡；并提倡在钱的问题上保持无私和诚实。同时，它也要求在人际交往中保持和平和温和。而这些都是与他们原有生活习俗大相径庭，甚至背道而驰的。结果当然并不理想。但是新信仰的宗教力量还是成功地将这些人组成了强调道德的社会群体。

大多数社会群体都遵循自然的分界线：血缘关系、部落情感、邻居关系、经济利益和社会进步。这些是将人们团结起来的一些力量。饶申布什认为基督教将这些自然或传统的关系切断了。"它通过不可抗拒的力量将障碍扫除；通过新的分级原则将人们聚集起来。犹太人摆脱了他们坚守的种族和宗教；希腊

---

① Walter Rauschenbusch, *Christianity and Social Crisis*, New York: The Macmillan Company, 1911, p.116.

人放弃了他们的文化和娱乐；二者在平等的基础上加入到了基督教当中。"①

基督号召人们为了他放弃家和财产、声誉和生命。饶申布什认为，这一点在基督学说中很重要，因为这在他的许多追随者中都得到了验证。社会创造力的大小可以通过它所要克服的障碍的大小来衡量。基督教要求尽可能少地和俗世接触。这一点引起了很多人的反对。但是在基督教内部，爱却显得更加强烈。这种力量难以解释，这也唤起了外界人士对它的怀疑。但是在饶申布什看来，这不是异教徒般的猜疑，而是将人类友爱释放出来的对至高精神和理想之善的共同经历。"信仰同一个父使得人类成为兄弟。当人们宣称效忠同一个主人，并且强烈期盼基督再临后的同一个完满时，所有的差异都是愚蠢的，人们会如兄弟般手挽手。在此基础上，人们对于社会思想和交往的自然渴望得到了加强。这样的社会是可能的。"②他指出这是对人类内心的善最好的证明。其凝聚力揭示了人类社会中潜在的高尚品质一旦被激活，社会将会是什么样子。

在分析了原始基督教的背景之后，饶申布什开始探讨原始基督教中的教会问题。也就是现实的社会生活问题。在他看来，原始基督教教会并不是现代人所见到或理解的教会。它们不仅仅是为了共同祈祷而组成的社会组织，而更多的是为了共同生活。它们是具有宗教基础的团体。共同的宗教经验和理想将他们聚在一起，但是其生活并不止这些。他们一起祈祷，但是他们也一起吃饭。他们没有教堂，但是会在成员的家中聚会。这本身就是对教会主义的反对，对社会密切关系的支持。和每个人类社会一样，它们也有基本的组织，但是它们当中并没有区别于普通教众的官僚神职人员。它们是由普通人组成的民主组织。因为与其他社会群体隔离开来，所以它们必须在基督教团体内部找到几乎所有属于它们的社会关系、娱乐和喜好。此处，饶申布什关注的是这种对所有

---

① Walter Rauschenbusch, *Christianity and Social Crisis*, New York: The Macmillan Company, 1911, p.118.
② Walter Rauschenbusch, *Christianity and Social Crisis*, New York: The Macmillan Company, 1911, p.119.

生活的分享究竟会达到什么程度。为了回答这个问题，他首先澄清了一点：原始基督教教会并不是纯粹意义上的共产主义而是充满友爱的教会组织。

（一）耶路撒冷教会中并非"共产主义"而是爱

在饶申布什看来，耶路撒冷的教会在每个人看来可能都是对较大范围分享生活的经典阐释。"信的人都在一处，凡物公用，并且卖了田产、家业，照各人所需用的分给各人。他们天天同心合意恒切地在殿里，存着欢喜诚实的心用饭。"[1] 起初，耶路撒冷的信徒们简单地继续他们和主在一起的生活。他们做的依然是跟主在一起时所做的事情。他们拥有公用的钱包。基督就像是父亲一样关心自己家庭所缺少的东西，而众人则说跟随基督什么都不缺。"'我差你们出去的时候，没有钱囊、没有口袋、没有鞋，你们缺少什么没有？'他们说：'没有'。"[2] 他们如今已经远离了自己在加利利的家乡和工作。所以，他们继续他们自己的家庭生活，分享他们所拥有的东西。随着成员人数的增加，为众人以及穷人和病人提供饭餐变得很困难。那些稍微富裕一些的人，出于兄弟之情以及宗教的自我牺牲精神，或许出于对基督再临的迫切期望，会提供更多的东西来充实公用的钱囊。有些人则会为了达到这个目的而放弃自己的房产。巴拿巴就是这样一个典型代表。

但是，饶申布什认为不管这种慷慨的程度有多大，它终究是慷慨，而不是共产主义。因为，没有人在进入教会时被要求将自己的财产充公。而且更重要的是，人们没有共同的经济产物。"事实上，在古代基督教文学中几乎没有一点共产的痕迹。原始部落生活中最基本的共产主义被抛弃或遗忘了。共有生产工具的意识并没有在众人的思想中行程。因此，最初的基督教徒各自生产，共

---

① 　使徒行传：2:43–46。
② 　路加福音：22:35。

同消费。这是宗教和本能意义上的友爱，绝非严格意义上的共产主义。"① 人们在任何地方以平等为基础相聚时，分享总是难免的。比如：在家庭里，我们总是财产公用。学生们在宿舍，战士们在行军过程中，运动员在训练营都会自由的分享。一个人在自己吃饭时，不可能会看着身边的兄弟挨饿。因此，我们经常会不让他做在我们身边或者不承认他是我们的兄弟。但是当灾难和欢乐把人为的障碍扫除后，人们又会马上开始分享。宗教在耶路撒冷就有这样的作用，而且此后也经常起到这样的作用。

饶申布什发现，耶路撒冷随后出现的贫穷某种程度上来讲可能是由这样的慷慨所导致。如果一个人将自己的农场上交直至被吃光，那么他的个人资产也没有了，因此无法创造任何可供公共生产的资本。另一方面来讲，持续的贫穷可能缘于其他原因：巴勒斯坦下层阶级的普遍贫穷、迫害和经济动乱、富有阶层的迁出、投入宗教的时间和放弃生产等。至少，将持续的状况归因于一个原因是草率的。

因此，饶申布什首先澄清了这一点：耶路撒冷的教会并不是人们所想象的共产主义。另一方面，其他的教会也不是人们所以为的那样完全没有共产主义特征。那么在他看来，原始基督教的教会如果不是纯粹的共产主义，又会是什么性质的呢？饶申布什给出的答案是：友爱。

（二）友爱互助是原始教会的基本特征

饶申布什以教徒们的聚餐为案例对原始基督教教会的友爱性质作出了阐释。他发现在最初的教会生活中，一起进餐是其中很重要的一部分。基督教所到之处都会建立这样的习俗。这本身就证明了教会不仅仅是崇拜的组织。保罗

---

① Walter Rauschenbusch, *Christianity and Social Crisis*, New York: The Macmillan Company, 1911, p.122.

在写给科林斯人的信中讲道：基督教徒在晚间聚在一起，共进晚餐。这在希腊的一些兄弟会组织中是很经常的行为。所以希腊人很容易适应这一习俗。这些友爱聚餐并没有像一些现代教会一样将吃圣饼看做是宗教标志，而仅仅是为了饥饿的人提供的一顿饭。所以，保罗建议他们如果太饿而无法等待他人时，可以在家里先吃点充充饥。[①]

如今饱餐一顿对一个穷人来说很重要。不光从体力方面如此，从他的人类价值意识以及平等的享受人际交往方面也是如此。均分食物可以拉近人与人之间的关系和感情。科林斯的社会差异使得当地人只能强而为之。富有的人聚在一起，大吃大喝；穷人则只好忍饥挨饿。保罗很重视这一问题。在他看来这是对教会基本精神的否定。

饶申布什认为，这些聚餐行为延续了好几个世纪，但是在特征上有所改变。上帝的晚餐变得越来越仪式化、神秘化。晚餐时间已经不是人们可以痛快的填饱肚皮的时间。所以，这一部分只好改在早餐。当富人进入教会后，他们经常付钱做饭施舍穷人。富人付钱，穷人吃饭。这完全背离了原来聚餐的民主原则。但是，这一习俗的沿袭，即使环境发生了根本性的变化，还是证明了这在基督教传统中有多重要。

聚餐的食物由每个家庭带来，就像我们出去野餐时一样。剩下的会分给那些需要的人。随着时间的推移，每月捐钱的习俗出现了。很多财物都会交给教会以便施舍。重要的是，很长时间里教会没有积累财富。如果房产交给它的话，那么就会卖掉并花完所卖的钱。如果有任何特殊需求的话，大家一起解决。所以，从原则上来讲原始基督教是没有财产的。

而且，教会的收入都用在了那些有需要的人身上。在现代教会生活中，大

---

① 哥林多前书：11:17–34。

部分收入是用来供养神职人员和祭祀崇拜。用来施善的费用中只有很小一部分是用在那些有需要的人身上的。在原始教会中，办公人员是没有工资的，除非他们来为教会服务时没有任何收入。那样的话，对他们的救济也是因为他们是有需要的人，而并不是因为他们是教会办公人员。随着教会逐渐神职化，教会需要越来越多的神职人员。神职人员成为了一个分离的阶层，对他们来说世俗的工作是不适合的。教会用来供养神职人员以及举行宗教仪式的开销占总收入的比例越来越大。五世纪的时候，教会的收入平均分配给了主教、牧师、崇拜仪式和穷人。但是，从理论上来讲教会的财产仍然是穷人的遗产。这也是从早期的传统中继承下来的。

或许我们可以从一个人的开销分配上判断一个人的性格。对于教会也是一样。如果一个人的收入大部分都投入到了美容产品上，我们几乎可以判定他主要关注的是外在。如果原始教会可以用人们自发捐献的钱当中的很少一部分就可以维持的话，那么我们几乎可以判定这是大众主导的民主机构。如果教会的收入都用来帮助有需要的人，因此饶申布什断定友爱互助是教会生活的本质特征。

尽管饶申布什研究的资料有限或者不够全面，但是我们还是通过他的分析比较充分的了解原始基督教振奋人心社会生活。原始基督教中所有的理论都包括对原有社会的谴责。"不管那样的社会会被神圣的宣判所推翻或者被基督教社会的高尚生活所取代或吸收，它都将离去。原有社会的未来属于源于基督的新生活。基督教有意识的承担了意义深远而彻底的政治和社会使命。"① 然而，原始基督教社会思想的力量并没有被对未来的希望所耗尽。他们也热切的关注眼下的社会生活。原始基督教教会更多的是友爱的群体，而非神权组织。他们

---

① Walter Rauschenbusch, *Christianity and Social Crisis*, New York: The Macmillan Company, 1911, p.140.

的成员都是来自外面的社会。他们在自己的圈子里组织完善的社会生活。他们的聚餐表达也创造了社会的团结。他们的组织起初是为了满足社会和道德的需求，而不是宗教和教义的需求。它们的收入全部用于友爱互助。作为互助组织和友爱团体的基督教教会对于市民来说是不可缺少的，同时也是政府所无法战胜的。

饶申布什认为，这种友爱互助并不仅仅是宗教性的友善。它的活力来自创造社会的使命意识，并且受到民主精神的推动和激励。在这种理想和精神的影响下，人们试图马上实现社会变革，但是事实上也要经过几个世纪的发展才能实现。这种推动力证明重建社会的动力内在于基督教之中，并且必须找到某种形式的出口，缓慢的抑或迅速的。

饶申布什发现在基督与其追随者的思想和行为之间存在很大的落差。"他们的宗教生活中，即使是最伟大的也无法保持基督的水平，而那些最低级的就只好在迷信和固守成规中摸索前行。"① 他认为应该给它时间。因为，人类是经过很长一系列的转变后才形成的。而且，宗教生活的净化，对基督的精神以及真正意图的理解在近些年已经取得很大的进步。

同时，在宗教精神的社会方向方面，也存在同样的落差。在他看来，现代社会没有对社会道德精确透彻的判断，没有对未来勇敢的希望和信仰，没有采取合理的渐进方法来实现终极的目标，也没有解救并治愈社会中那些受伤有病成员的能力和爱心。有的是粗俗的思想、部派的狭隘和傲慢、神权的野心、对世界使命的完全遗忘。但是，对人类来说新的社会生活的细胞依然存在，以爱为基础的社会道德依然存在。给它时间吧！这些细胞经过不断变化之后会取得进步并最终取得胜利的。如他所言："现代社会中对世俗思想生活的解放始于

---

① Walter Rauschenbusch, *Christianity and Social Crisis*, New York: The Macmillan Company, 1911, p.142.

十五世纪的文艺复兴，如今依然在继续。现代社会对宗教生活解放始于十六世纪的宗教改革，如今依然在继续。现代社会对政治生活的解放始于十七世纪的清教徒革命，如今依然在继续。现代社会对工业生活的解放始于十九世纪，如今依然在继续。让我们有耐心！让我们有希望！最重要的是让我们有信仰！"①

① Walter Rauschenbusch, *Christianity and Social Crisis*, New York: The Macmillan Company, 1911, p.142.

第二章　基督教社会关怀思想的历史隐没

　　饶申布什通过对上述三者的研究发现基督教历来就是而且应该具有社会关怀意识和行为。教会在这一过程中应该承担其使命。然而，饶申布什认为，历史中的教会并未很好地践行社会关怀这一任务。那么，原因何在呢？这是他在构建其自身思想时考察的第二个重要问题。

　　饶申布什在讨论之初就提出基督教没能完成其本应完成的社会关怀任务并不是由于教会有意识的自我限制，而是由于一系列的历史原因。教会没能承担基督教社会关怀使命的原因不在于它对基督精神和其宗教任务本质的坚守，而是由于外部力量对基督教的侵蚀以及对其内部道德力量的束缚。在他看来，原始基督教之所以失败主要是因为在具有敌对情绪的帝国内部进行社会传播是不可能的、反对崇拜以及遭受迫害的基督教对现存文明的敌对。千禧年愿望中的灾难性因素继承了犹太教的传统。对邪恶力量统治异教世界的信仰一方面源于犹太教，一方面来自异教。彼岸性、禁欲主义、修道热情、圣事和仪式主义都是来自异教社会中的宗教潮流。教义主义特征主要源自希腊理智主义。教会和国家的联合可能是对道德宗教的一种回归。基督教人士中间缺乏政治权力，教会组织内部原有的民主消失都是专制主义的影响。对社会发展缺乏科学的理解在智慧发展的历史阶段中在所难免。

　　这样一种基督教历史观念就像是对教会的背叛和对渎职进行的控告。但是，他认为对于理解上帝耐心和历史进程之缓慢和不完善的人来说并不是这样的。新观念的形成是需要很长时间的；新观念得到很多人的支持并影响人们的过程也是需要很长时间的；激活社会机构的道德本质也是需要很长时间的。正如他所说："任何有训练孩子和年轻人经验的人都会明白为独立的智慧和坚定的道德建立持久的基础有多难；在此过程中遭遇到的阻力有多大。"①

饶申布什认为对于一个有宗教信仰的人来说，思考较大的历史运动会使人深刻理解其信仰。在他看来，所有这些大的历史运动解放了基督教内在本质的同时也为其有意识地关怀人类社会生活奠定了基础。如他所言："如今开启基督教社会使命的时机比以前更好。"②同时，他也指出当基督教日益发展，道德思想日臻成熟之时，外部世界急切的呼唤它集中所有宗教勇气和道德力量将基督教世界从社会死亡中解救出来。在此过程中，我们都是这场历史戏剧中的演员；我们将决定时代的命运。

此外，饶申布什对现代工业主义和资本主义对当时美国社会产生的不良影响也进行了深度剖析。他所指出的那些社会弊端都是不利于社会健康发展和人类完善自我的因素所在。无论从个体还是社会层面来讲，整个社会的确需要改革。从这方面来讲，他的主张和做法是无可厚非的，同时也是符合当时历史召唤的。从基督教的角度出发，于是他有了这样的呼唤："在对抗邪恶的过程中，基督教国家为人们提供的道德力量意义非凡；而道德力量的战斗力又依赖于宗教信仰和热情对它的激励程度。社会宗教要么得以复兴，要么难逃厄运。"③可见，他对宗教的社会关联性以及宗教的社会关怀使命十分重视的。但是，同时他也认为人们不能因此而忽略他对个体宗教经验的重视。正如温特鲁普·哈德

① Walter Rauschenbusch, *Christianity and Social Crisis*, New York: The Macmillan Company, 1911, p.199.
② Walter Rauschenbusch, *Christianity and Social Crisis*, New York: The Macmillan Company, 1911, p.209.
③ Walter Rauschenbusch, *Christianity and Social Crisis*, New York: The Macmillan Company, 1911, p.286.

逊所说："虽然他越来越关注社会改革，但是他依然坚持与个体宗教的联系。他的作品中不乏有关将二者结合的精炼言辞。他认为福音对于内部和外部的革命来说都是唯一不变的，他批判个体和社会层面上的片面性。在其晚期的作品中，他将社会福音看作是一种"与众不同的宗教经验类型"①。

他认为创建教会的目的及本质是为了人类社会的道德关怀。教会曾经有机会也有时间来完成这项使命。那么，它为什么没有完成呢？

对于这个问题，饶申布什发现人们有着不同的回答：

一种回答是，尽管教会的影响力和权力很大，但是真正的社会关怀是不可能的。持这种观点的人认为基督教崛起之时也是古代世界土崩瓦解之时。"当教会获得足够的权力和影响力时，社会腐败的程度已然无可救药。世俗政权统治的几个世纪中没有解决的社会问题产生了独裁政府、贪污腐败的官僚体系、邪恶寄生的贵族体系以及孤立无助的平民制度等。"②什么样的力量能够拯救病入膏肓的国家呢？这些人认为教会已经做了它所能做的。但是，彻底的社会改革和重建是不可能实现的。现代社会中，教会的力量被普遍的质疑和判教所打破；而且物质主义和拜金主义的浪潮已然无法遏制。

饶申布什认为一些鲁莽的基督教徒很容易看到那些没有完成的任务，而看不到那些困扰先人的困难。那些不是教会朋友的人根本意识不到教会所承担的任务有多么艰巨。有些人可能会给出相反的答案。这些人认为基督教已经对社会进行了关怀。他们会反问："难道它没有将妇女的地位提升到和男人平等的地位吗？没有确保婚姻的神圣性和稳定性吗？没有改变父母的专制主义吗？没有取消奴隶制吗？没有完善教育体制吗？没有帮助公民自由和社会正义的进程

---

① Winthrop S. Hudson, editor, *Walter Rauschenbusch: Selected Writings*, Paulist Press, 1984, p.202.
② Walter Rauschenbusch, *Christianity and Social Crisis*, New York: The Macmillan Company, 1911, p.146.

吗？没有使人间充满温情吗？"①

人们针对基督教教会为什么没能完成社会关怀使命的问题给出了不同的答案，其中各有对错。但是在饶申布什看来，人们不应该把焦点放在谁对谁错的问题上，而应该更多关注并探寻其中的缘由，进而继续社会关怀的使命。基于这一想法，饶申布什本人通过历时考察找出了历史和当下两方面原因。

第一节　历史障碍

饶申布什通过抽丝剥茧般细致分析发现，教会之所以没能完成社会关怀的历史使命有着内外双重历史障碍。

一、外在阻力

（一）罗马帝国的统治给基督教社会关怀带来极大的阻碍

饶申布什认为罗马帝国的统治给基督教社会关怀带来了极大的阻碍。通过历史考察，他发现使徒们没有进行任何社会关怀；保罗没有召开任何反奴隶制的会议；彼得也没有公开反对罗马帝国包税制环境下的贪污。结合他们所处的时代，饶申布什认为："即使是我们这个时代中最热情的基督教社会学家处于他们的位置时也会小心翼翼地行动。"②在他看来，罗马帝国统治时期发动公开暴动的权力是十分有限的。因为，任何激发民众反对政府或特权阶层压迫的尝试都会遭到即时的残酷镇压。整个社会都十分警惕可能会发生的奴隶起义。如果一个奴隶杀死了他的主人，按照法律规定，该主人家里的所有奴隶即使没有共谋也将被杀死。而上层社会的哲学家们可能会因为他们与民众之间并没有什

①　Walter Rauschenbusch, *Christianity and Social Crisis*, New York: The Macmillan Company, 1911, p.147.
②　Walter Rauschenbusch, *Christianity and Social Crisis*, New York: The Macmillan Company, 1911, p.152.

么太大的联系而保持中立。所以，饶申布什得出结论：在这种社会环境下，任何一个有远见的人都会珍惜自己的生命而小心翼翼地保留希望的种子。这也就导致基督教无法实施关怀社会的理念。

（二）上帝再临的期望削弱了基督教徒对社会的关怀

在饶申布什看来，人们对上帝再临的期望削弱了基督教徒对社会的关怀。此处，他以保罗为例解释了原始基督教教徒们是如何期盼基督再临的。他认为保罗不是一个反奴隶制的人。因为，他虽然意识到了很多奴隶所处的被压迫状态。但是，对于他的高尚理想来说，这些可以说是无足轻重的。为了基督，保罗可以平静接受自身贫穷和无家可归。饶申布什认为，让奴隶意识到他们是基督的自由人并和其他人那样昂首挺胸活下去的想法确实很伟大。但是，在当时的环境中很难让大多数人都这么做。即使一些人会这么做，他们也只能在不同寻常的感情支撑下坚持很短一段时间。保罗和整个原始基督教会都处于这样的环境之中。他们希望上帝迅速再临。无疑，保罗所期望的上帝再临意味着整个物质世界的精神化。所以，在保罗的思想中俗世短暂的困难相对于这种伟大转变来说是不值一提的。同处一个时代的其他人则希望上帝再临能够在俗世中开启充满正义和幸福的千禧年。这样的寄托和愿望也促使他们不愿尝试任何社会改良，因为他们觉得自己即将掌控全局。所以，饶申布什认为一世纪的基督教徒们虽然处在基督教历史的开端时期，但是他们并没有这种后人的意识反而认为自己处在基督教历史的终点。

对上帝再临的期望深深地影响了那个时代下人们的生活观念。如他所言："保罗甚至建议人们保持内心超脱的态度。让那些有妻子的人当做自己没有；让那些拥有财产的人当做自己并不拥有。让那些商人将自己的买卖看得越轻越好；因为时间是短暂的，眼下的世界即将消亡。"① 鉴于保罗在提出这一建议时所拥有的信念，饶申布什认为他是很勇敢的。但是他同时也认为如果没有这样的信念，这种行为将是逃避责任的表现。为了论证上帝再临的愿望对人们的影响，饶申布什给出了一则非常简单而颇有启发意义的例证。"如果一个在树林中的木棚中只住一晚上，他并不会在意木棚在下雨时会不会漏水，因为第二天一早他将离开。但是，如果要在这样的房子里住上几年的话，他就不能以自己将来可能要离开为借口而对此无动于衷，因为他的孩子可能会因此而生病。"②

（三）基督教世界对罗马帝国的绝望及其文明的敌对情绪阻止了他们践行社会关怀

饶申布什认为从犹太教及其启示文学中继承的情感以及由于基督教徒被迫害所产生的反应共同导致了基督教徒对罗马帝国的恐惧和不信任情绪。所以，罗马帝国在他们眼里显得危险而可恶。同时，这种情绪被觉醒的基督教良知进一步加强。所以，基督教徒们认为"异教徒的社会是不道德的；他们的娱乐方式是充满色情的；他们的装饰和奢侈是矫揉造作的；他们的贸易是充满贪欲的；他们的私人和公共生活中都充满了虚伪和憎恶。"③ 在这样的社会中，基督徒们难免会产生这样的疑问：社会关怀对于这样的世界价值何在？如此的社会怎么值得关怀呢？对此，饶申布什的解读是通常情况下，只有当改善可以在视野范围之内产生时，人们才会开展充满希望的改革活动。如若不然，他们是不会采取任何改良措施的。反观自身所处时代，他指出：现代社会中的一些城市政治体系看起来无可救药；所以人们便会长期处于一种悲观沮丧的情绪中而不采取任何改革。社会主义者深信资本主义体系已然病入膏肓，因此他们不会在

① Walter Rauschenbusch, *Christianity and Social Crisis*, New York: The Macmillan Company, 1911, p.154.
② Walter Rauschenbusch, *Christianity and Social Crisis*, New York: The Macmillan Company, 1911, p.155.
③ Walter Rauschenbusch, *Christianity and Social Crisis*, New York: The Macmillan Company, 1911, p.155.

那些旨在改善或延续本应中止的体制改革活动中参与合作。饶申布什觉得当时的基督教徒们对于身边世界的政治和道德观念感到绝望，所以他们认为道德活动不可能发生在俗世。无疑，这种情绪自然阻止了他们的社会关怀想法。

此外，这种道德观念被早期基督教中盛行的宗教信仰进一步加强了。因为，在他们看来异教世界是被魔鬼统治的。但是，饶申布什认为"魔"这个词的意思对于他们来说并不像现代人所认为的那样只有贬义。"他们所处语境中的'魔'有好、有坏也有中立。普通人认为自己被这些魔所包围，正如中世纪时基督教徒感觉自己被天使和圣人帮助或被魔鬼诱惑一样。"[1]魔鬼显然对于当时的人们来说具有强大的力量。所以，"为了得到他们的帮助，罗马商人会供奉、祷告。为了防止他们发怒，希腊水手会佩戴护身符。为了洗净他们给人们带来的污秽，东、西方的一些教堂和寺庙里都会进行神秘的宗教仪式。"[2]

然而，饶申布什对此有着清晰的认识。他认为基督教徒只是保留了二世纪时的普遍信仰；因此才会认为多姿多彩的灵性世界经过一段时间后会突然被染成统一的黑色。因为，这是撒旦王国的一部分。按照他的分析，当时的人们认为"这并不是通过想象虚构的产物，而是真实可怕的、长期迷惑世界并诱骗人们给他们提供礼物和祭祀品的灵。基督教文明之前，任何好的东西以及类似基督教仪式和机制的东西都是魔鬼为了防止基督教夺取其权力而提前创造出来的伪造物。"[3]如果异教是为魔鬼服务，那么所有异教生活都受其控制，因为所有异教生活中都交织着宗教行为和仪式。国家每次正式行动，每次军事庆典，每次公开或私人的节庆都跟牺牲、祭神仪式以及祷告有关。所以，对于基督教徒来说，唯一可行的路径便是减少与俗世的接触，在俗世之内建立一个小型的孤

① Walter Rauschenbusch, *Christianity and Social Crisis*, New York: The Macmillan Company, 1911, p.156.
② Walter Rauschenbusch, *Christianity and Social Crisis*, New York: The Macmillan Company, 1911, p.156.
③ Walter Rauschenbusch, *Christianity and Social Crisis*, New York: The Macmillan Company, 1911, p.157.

立社会。但是，很显然想要通过这样的方式来实现社会关怀可以说是不可能的。因为，教会可以为异教世界提供的最好帮助便是对抗并打破邪恶势力。

二、基督教及其教会本身所存在的内在缺陷

在寻找基督教教会为什么没能完成社会关怀使命的过程中，饶申布什除了发现其中的上述外在阻力之外，还进一步深究了基督教及其教会本身所存在的缺陷和弊端。这些缺陷和弊端在很大程度上注定了教会在社会关怀方面的失败和无能。通过深入分析，他找出其中比较重大而且在基督教和教会中普遍存在的一些缺陷。饶申布什认为这些内在原因开始得很早，但是其影响力并未在原始基督教时期完全展现。然而，这一系列内因的影响却一直延续至宗教改革运动时期。他在分析这些内在性的原因时主要是从基督教内部存在的普遍原因以及教会内部所存在的问题进行论述的。

（一）基督教内部存在的普遍缺陷

1.教会未能完成社会关怀使命的内在原因首先在于基督教的彼岸情结。

饶申布什指出教会未能完成社会关怀使命的内在原因首先在于基督教的彼岸性。此处，他重点研究了基督教的彼岸性观念抑或永生观念的产生历程及其对基督教社会效能的影响。首先，他认为古希伯来宗教所关注的是现世。因为，"在死后的生活中希望得到福音并害怕得到惩罚在旧约宗教中影响并不显著。先知对现世社会正义的坚持以及希望弥赛亚统治地球的观念是从专注现世生活的民族宗教中发展出来的。"[①]

与此同时，饶申布什认为希腊罗马世界中存在着对来世生活的强烈渴望。

---

① Walter Rauschenbusch, *Christianity and Social Crisis*, New York: The Macmillan Company, 1911, p.160.

在回顾基督教发展历史的过程中他敏锐地发现基督教时代出现之前，非基督教世界中就曾出现过大的宗教复兴运动，并且持续了几个世纪的时间来积蓄力量。"人们对宗教哲学的强烈兴趣、神话的受欢迎程度、古老的东方宗教在西方受欢迎的程度以及宗教进步的迅速都是新的宗教复兴的前兆。"[1]在他看来，所有这些宗教运动中主要的愿望就是获得救赎、洗脱罪恶并获得永生。

由此，他得出结论：当基督教在非基督教世界中传播时，人们强烈关注与他们的愿望相关的内容而忽视其他方面的内容也是很自然的。非基督教世界的人们将基督看做是世俗世界的救世主。通过化身、受难和复活，人们认为基督在人类中间植入了潜在的永生观念。通过洗礼，信仰者可以得到永生；通过圣餐和禁欲，人们可以消除一切阻碍并最终获得永生。早期的教父几乎都会对基督复活进行讨论。永生是早期希腊神学中十分重要的论题。在他看来，尼西亚会议不仅仅是基督宣教模式的胜利，也是基督教永生观念的胜利。为死者以及对死者的祈祷、为殉道者以及圣徒举行的节庆、对天堂、地狱和炼狱进行的赏善罚恶般的推定、希望得到所有宗教安慰进而死后进入天堂等都证明了在古代和中世纪基督教思想中存在来世的观念。

但是，永生观念的发展必然会影响基督教世界对现世社会的关注。如他所言："随着永生观在基督教思想中占据主要地位，上帝之国的理念便只好退到幕后，随之隐退的还有基督教的社会效能。"[2]按照他的分析，上帝之国是一个社会和集体的愿望，其关注的焦点是现世。永生的观念则是个体的愿望，其目标并不在现世。上帝之国牵涉对人类社会的关怀；永生则是希望逃离此世并终结此世。上帝之国是具有革命意识的观念；永生则是克己苦行的观念。

对比过去与现在，饶申布什认为现代人相信永生，但是禁欲主义被从中抛

---

[1]　Walter Rauschenbusch, *Christianity and Social Crisis*, New York: The Macmillan Company, 1911, p.161.

[2]　Walter Rauschenbusch, *Christianity and Social Crisis*, New York: The Macmillan Company, 1911, p.162.

弃了。"我们认为此生是好的,来生将会更好。我们认为现在自己应该好好活着,做上帝给我们安排的工作,这样我们死后就可以以更高级的形式来为上帝服务。但是,在基督教早期的几个阶段中,人们认为俗世是充满罪恶的,人只有死才可获得解脱。此世顶多就是为天堂的生活所做的锻炼或准备;最差的说法就是一个诱惑人们深陷其中的圈套。身体是坟墓;俗世是监狱;人的灵魂希望从中解脱。生自天堂的灵魂渴望从粗俗的物质世界中获得解脱。"①

这种物质和灵魂的二元论从何而来呢?他认为,这并不是来自基督的思想学说,而主要是受时代思想环境所影响。柏拉图和斯多葛哲学在其中扮演了很重要的角色。在他看来,"这是诺斯替主义、新柏拉图主义和所有当时宗教运动中最强烈的宗教成分。基督教在其神学和普遍的宗教情感上深受其影响也是在所难免。"②但是,他又发现这种现世和未来命运的观念并没有使得改善现世的努力显得高尚。当现世在本质上就是耽于声色且不断堕落时,基督教徒为何要努力使其变得公正而美丽呢?让此世变得甜美而吸引人只会加固灵魂想要拼命摆脱的锁链,并遏制人们想要上天堂的渴望。因此,他认为早期教父们将永生观念带入教会思想中的时候有意识或无意识地将其与千禧年思想分开这一点是很重要的。

此外,饶申布什主张教会圣歌或赞美诗在很大程度上将过去几个时代中更加强烈的宗教情感保存了下来。它们使得本可能是短暂的宗教情感得以延续乃至永存。正如他所说:如果有人仔细看一下教会赞美诗的话,他会发现其中很少有表达实现更加纯洁、更加神圣的人类生活的愿望。在他看来,那些有一定社会理想特征的圣歌大多是对希伯来圣歌的重新表达,或是有关基督再临的千禧年愿望,或是爱国圣歌,或是有关海外传教的圣歌。通过这四种来源,社会

---

① Walter Rauschenbusch, *Christianity and Social Crisis*, New York: The Macmillan Company, 1911, p.162.
② Walter Rauschenbusch, *Christianity and Social Crisis*, New York: The Macmillan Company, 1911, p.163.

理想逐渐进入基督教赞美诗学思想中。另一方面，表达心灵渴望在来世得到幸福生活的圣歌不计其数。

总之，基督教徒的彼岸情结确实影响了他们的社会观念和生活。惧怕永远的惩罚、希望得到永远的神恩、盼望面对末世审判都展现出了一种最原始的本性：希望把恶转变成正义和善。有些人做善可能并不是出于善的目的或更加高尚的动机。但是，它确实激起了基督教国家的社会良知。不过，饶申布什认为到目前为止基督教所产生社会效能都是作为副产品间接产生的；其主流力量已然偏离了基督教社会关怀的使命。

2. 禁欲主义倾向阻碍了社会关系的施行。

饶申布什认为早期基督教的彼岸性只是其普遍禁欲生活观中的一个方面。在他看来，禁欲生活观渴望的是完全摆脱俗世和身体的束缚；在天堂得到纯粹的灵性生活。面对现世，它尽力减少与俗世的接触；禁欲克己的目的就是为了减弱声色物质对灵魂的束缚，为灵魂的最终胜利和解脱做好准备。这种思想在古代重大宗教运动中很普遍。通过分析，他发现基督教禁欲主义并非源于基督教，它只不过是对当时盛行的潮流所作出的回应或修改所产生的结果。"所有这些运动在某种程度上都将罪等同于物质。包裹灵魂的肉体是罪恶的所在；因此必须对抗并克服肉体的束缚。俗世则是一种更大的物质外壳。它将灵魂困扰在物质和暂时的利益之中；因此这些东西越少对灵魂就越好。渴望解脱的灵魂必须规避这些过度且错误的享乐方式，而且还要最大限度的克制本性欲望。完美的生活就是与本性对抗。"[1] 对此世的厌恶和规避由此可见一斑。

在这些本性欲望中，性欲是灵魂在物质生活和世俗诱惑中所遇到的最顽固

---

[1]　Walter Rauschenbusch, *Christianity and Social Crisis*, New York: The Macmillan Company, 1911, pp.164–5.

的障碍。因此，宗教禁欲主义将性欲看作最大的敌人。对性欲的抵制是教会获得荣誉的主要条件。它所反对的是长期沿袭下来的不正常情感、邪恶习俗和观念以及几个世纪以来残留在文学、艺术和宗教中的纵欲倾向。教会将婚外情看做是致命的罪，对于男人和女人来说都是如此。因此，教会认为这样可以保护家庭的幸福和女人最重要的权利。它反对非法同居和离婚。在饶申布什看来，禁欲主义对罗马帝国立法最重要的影响便在于此。

但是，他认为这种对个人纯洁性的坚持因为对性生活的普遍贬低而失去了其社会价值。在他看来，婚姻被许多早期教会牧师看做是低层次的道德状态、一种必然要玷污身体的关系、一种与人类堕落生活的妥协以及对肉体缺陷的让步。这种关系本身就是不好的，它只是为了预防那些可能会纵欲的弱者而采取的措施。那些无需如此的人将得到上帝的赐福。自二世纪以来，教会就十分重视男人和女人的主动独身生活。很长时间内，教会都反对重婚，并将其看做是对基督教人格的玷污。已经结婚的男性可以担任圣职，但是已经担任神职的人决不可结婚。担任较高职务的神职人员即使已经结婚也要禁欲。最终，独身或禁欲成为了西派教会中对所有神职人员的要求。但是，对神职人员的道德要求作为一条律法被强加在了所有人身上，尤其是四世纪隐修制度在教会占据主导地位后。未婚的年轻人加入到了禁欲的行列，还有很多已婚的离开自己的家庭加入其中。很多女性将自己的孩子交到教会或修道院，同时自己也潜心向圣。

如今，婚姻是最基本也是最重要的社会关系。家庭是社会的核心。家庭即是小型的社会。如果禁欲时期的基督教对于家庭有如此态度，那些其他社会关系将会得到多大程度的正视呢？当然，对于大多数男性来说，自然的本性幸好比宗教反对自然本性的理想愿望还要强烈。因此，他们继续结婚生子，并且很幸福。但是，饶申布什认为在这种完美基督教生活观的影响下，婚姻还是被看做是一种真实的罪或者至少不是最完善的生活。"的确，教会通过多种方式给予了家庭生活以特殊的关怀。它将婚姻看做是一种宗教仪式，并宣称是神圣的。但是，婚姻依然是第二好的生活状态。因此，在这样的氛围中，即使是对最简单的社会关系进行真正的基督教化也是几乎不可能的。"[1] 他认为宗教改革为社会所作出的最大贡献之一便在于打破禁欲的理想并将婚姻生活看做比独身更加高级的生活方式。在他看来，天主教会从理论上仍然将独身看做是道德的真谛，但是实际上天主教徒已经和新教徒一样从禁欲理想中解脱出来了。

现世对人的吸引主要通过两种渠道来达成：家庭和财产。家庭包括我们的亲人；财产则是对我们来说很珍贵的事物。禁欲主义强烈反对这两种东西。如果我们想要从俗世中解脱出来，就必须放弃财产。在禁欲运动的压力之下，人们放弃了所有财产而甘于过贫穷的生活。越穷就越神圣而高贵。

在禁欲主义对财产不信任的刺激下，很多人都慷慨捐赠施舍。事实上，教会的慈善活动是非常可观的。饶申布什认为单从纯粹的给予意愿来说，现代基督教是无法与禁欲时期的基督教相媲美的。但是，他觉得这种给予并不是对贫穷之罪所作出的社会斗争，而是对喜爱财产之罪所做出的宗教斗争。其主要目的并不是为了使接受施舍的人回归到健康社会状态，而是对给予者作出的考验。四、五世纪的教会牧师们因强烈反对个人财产所以经常被看做是共产主义者。但是，在饶申布什看来他们坚持这样的观点，并不是因为他们认为平均分配财产对于道德生活来说有多重要，而是因为他们惧怕财产所产生的诱惑力。"他们从未提出共同生产更多财富的想法，而只是号召人们分享他们所拥有的财富。如果所有人都遵从他们的号召，那么社会的生产资本将被用来消费，整个社会将饱食终日而不思进取。"[2]

---

[1]　Walter Rauschenbusch, *Christianity and Social Crisis*, New York: The Macmillan Company, 1911, p.167.

[2]　Walter Rauschenbusch, *Christianity and Social Crisis*, New York: The Macmillan Company, 1911, p.170.

施善的热情被获取功德的愿望进一步加强。饶申布什认为禁欲主义和宗教功德是紧密相连的。如果享受家庭和财富的基督教徒可以获救并进入天堂，那么那些为了上帝之爱而放弃家庭和财富的教徒所获得的将比被救赎的还要多。他认为这是保罗对精神性宗教所作出的最重要的贡献之一。在他看来，磨练灵魂的愿望加上获取功德的渴望共同造成了很多人施善的现象，但是同时它们也削弱了施善的社会功效。社会功能在这方面是次要的。施善是主要任务，不是帮助。施善是忏悔的最好手段，也是对心灵最有效的洗涤，其效果近似洗礼。因此，乞讨变得高贵起来。这成了一种具有阶层思想精神的职业。因为，目的产生的效果是次要的，所以人们宁愿把自己施善的物件交给教堂，任由教会人员处置；他们只关心施善。接受施善的组织很多，但是以消除贫穷为目的的系统性的慈善组织却很少或根本不存在。

人们通过这种方式的确带来了很多善行。人类的善念和良知从未丧失过。尽管人们有赢取功德的私念，他们还是在一定程度上传播了友爱。但是，重要的是饶申布什从中发现激起善行的宗教同时也在遏制其发展。正如他所说："在这些宗教观念的影响下，对社会关系进行真正意义上的关怀就难以施行。只要禁欲主义统治基督教，宗教的力量便会集中在使人摆脱其所处的社会关系，而不是将他们带入正常的社会关系中去。其目的将是压制人的自然本能，而不是为其找到正确的幸福之路。"[①] 由此可见，在饶申布什视野中，禁欲主义是阻碍基督教社会关怀的关键原因之一。

3. 隐修制度阻碍社会组织完成社会关怀的使命。

饶申布什认为宗教热切地想要摆脱社会生活的目的在于建立真正的社会生

---

① Walter Rauschenbusch, *Christianity and Social Crisis*, New York: The Macmillan Company, 1911, p.170.

活。在他看来，每一个修道院的目的都是建立理想的生活团体，这从某种程度上来说反映了基督教和人的社会本性。那么隐修制是怎么形成的呢？在历史考察中，饶申布什发现"社会和国家是由魔鬼统治的且在本质上是反社会的"这种观念在基督教成为国家宗教、社会在名义上归属基督教后就被抛弃了。但是，他认为这种原始的悲观主义并没有被任何真正认为可以在此世建立上帝之国并使所有自然关系变得正常且神圣的世界观所代替。原来的观点被另一种由希腊哲学和圣经思想混合而成的悲观主义思想所取代。

在探索隐修制度的起源时，饶申布什首先对哲学与宗教进行了区分。在他看来，哲学思考的是处于自由平等状态中的原始人类状态；圣经谈论的是人类堕落以前在伊甸乐园的幸福状态。起初，人类是没有性欲和贪欲的，没有家庭也没有私有财产，没有赚钱的商业机器，也不存在穷人和富人、主人和奴仆之间的差异。因此，理想的生活必然包含对这些社会机制的抛弃。消除这些社会机制对于大多堕落的人类来说是不可能的，但是那些少数的上帝选民们可以远离这罪恶的生活，从而独自创建小的世界和社会，在那里他们可以过上帝起初为他们安排的神圣生活。由此，饶申布什得出结论：这些社会思想与为了自律而进行禁欲的愿望一起创造了隐修团体。在这里家庭、财产、世俗职业都被消除，基督式的完美生活将在这里实现。

纵观整个中世纪，饶申布什发现无限的道德和精神能量都投入到了隐修群体的组织和改革上。当时有一种现象十分普遍：任何一个想要过上神圣基督教生活的人都会去做修道士。最高尚最伟大的人都会尽力号召人们过更高层次的修道群体生活。"中世纪时期较大的基督教道德运动都是由修道士领导并在修道院形成并得以加强的，因为，这里是所有理想主义者聚集的地方。修道理想逐渐吸引了越来越多的人。托钵僧的人数越来越多，因为他们使得修道士的生活成本变得很低。而且，除了正规的修道士阶层以外，一般信徒阶层的成员也会在家庭和职业允许的情况下尽可能效仿修道士生活。"①

在批判隐修制度之前，饶申布什还是对其中的优点就行了简要的评论。在他看来，隐修制度从某种程度上来说带来了很多有益的社会效应。很多修道士都非常有同情心，而且也是人们的良师益友。每个修道院都是一个为过客以及穷人提供帮助的救助中心。建在荒郊野外的修道院成为了文明的先驱、更好的农耕方法以及简单园艺技能的试验点。

但是，他所关注的焦点并不是这些，而是隐修制度是如何阻碍教会组织完成社会关怀使命的。饶申布什认为这些修道士和修道院提供社会帮助的意图并不是重组他们身边的社会群体。因为，他们认为这是不可能的。在这些修道士看来，如果有人想在真正的基督教组织中生活，就应该去修道院。修道士之所以帮助穷苦人们是因为这本身就是禁欲基督教的一部分；通过这种行为他们进行了施善，而施善对他们来说则是有益的。按照他的分析，这些修道士们之所以更喜欢将修道院建在贫瘠荒凉的野外，并不是为了现代意义上传教、社会的稳定或者因为他们在那里是最需要的人；而是因为他们认为离人类社会越远就越接近上帝。例如："爱尔兰的修道士开始生活在河间的孤岛上，后来在海里的孤岛上，然后便是到国外去，他们都是朝圣者。然后，偶然间他们接触到了国外的居民，尽管他们是禁欲的基督教徒，但还是在人性基督教的影响下成为了传教士。"②在饶申布什看来，如果修道士是农业先驱，并不是因为他们急切想让农民富裕起来，而是因为他们必须劳作以供养修道院以及它所供养的穷人，同时也是为了要独立于俗世之外。此外，工作是压制因闲暇而产生欲望的有效手段，同时也可以给居无定所的人一份固定工作。通常情况下，他们都会

---

① Walter Rauschenbusch, *Christianity and Social Crisis*, New York: The Macmillan Company, 1911, p.171.
② Walter Rauschenbusch, *Christianity and Social Crisis*, New York: The Macmillan Company, 1911, p.172.

选择适合沉思而不会产生奢念的行业。但是，他们是处于统一管理模式的群体，具有持续的经济生活。因此，他们分享劳动果实，逐渐积累财富也不断改进方法，同时也接触到了边远地区的经验和资源。他们所处的群体中潜存的社会主义还是给他们带来了一定的幸福。在他看来："每个修道院都是充满共产主义色彩的小殖民地。"①

尽管如此，饶申布什还是认为这些在创建时热切地想要过完善生活并虔心服侍上帝的组织却是基督教没能承担社会关怀使命的另一重大原因所在。在他看来这些修道院虽然做出了上述的一些贡献，但这并不应该成为他们的主业。因为，"社会中最优秀、高尚的人远离共同的社会，反而创造自己的小社会。本应致力于使社会变得正常的能量却被用在了使自己变得不正常。本可能将整个人类都提升的力量被用来消耗自我。即使是那些在修道士中为整个人类服务的人们，难道就不能在家庭和邻里的自然关系中为人们服务吗？"② 可见，饶申布什对他们的行为还是提出了质疑和批判。

饶申布什认为虽然很多人选择去做修道士是因为他们已经厌倦了帝国强加在他们身上的赋税和劳役以及自由的缺失。但是，当文明亟需所有人类资源尤其是所有道德能量之时，他们实际上放弃了为塑造文明做出贡献的责任。他们不愿再继续承担的重担必然会转移到那些仍然在坚持的人们肩上。深受内忧外患的一个社会就这样被自身中的精英所破坏。因此，他认为禁欲以及修道时期的基督教在很大程度上可以说导致了罗马帝国的灭亡以及古代文明的毁灭。因为，一些本来足以应对社会混乱以及无组织状态的人们专心致力于当地修道院的建设或者新修道院的建立。

在饶申布什看来，隐修制度所导致的最坏影响是社会精英的绝育。具有理

① Walter Rauschenbusch, *Christianity and Social Crisis*, New York: The Macmillan Company, 1911, p.172.
② Walter Rauschenbusch, *Christianity and Social Crisis*, New York: The Macmillan Company, 1911, p.173.

想人格的人不允许生育。修道士和修女必须是独身。隐修运动的热情也使得普通牧师职位也开始逐渐走向独身的道路。他认为，除了教会政治因素以外，隐修制度可以说是产生牧师独身现象的主要原因。但是，修道士、修女以及牧师长达几个世纪的绝育使得遗传规律违背了人类道德的进步。正如战争杀死了那些体格健壮的人一样，隐修制度消灭了那些道德高尚的人。对此，饶申布什深表遗憾。如他所言："只有上帝知道，如果那些人没有为了自己而保持独身的话，今天的世界将会是什么样。如果那些发誓独身的人遵从自然欲望的话，他们会在罪恶感和羞耻感中生儿育女。"①

总之，饶申布什认为隐修运动使得那些本可以对基督教社会关怀有所裨益的力量变得无能为力。同时，它也使得社会关怀观念的传播变得不可能。每个修道院都切实证明了人们普通生活是充满罪恶的；且在本质上是有罪的。按照他们的看法，如果一个人想要过真正的基督教生活就只能远离普通民众的社会，进入到修道院社会中去。因此，普通大众的社会生活被看做是无可救药的；时代的精神领袖所进行的努力从本质上来讲都是徒劳无功的。在他看来，基督教的社会关怀思想就这样被宣判死刑，基督教中的社会关怀力量也被转移到了大众社会生活之外所谓的理想社会上。

4. 寄生在基督教身上的仪式主义和圣事主义是基督教没有进行社会关怀工作的重要历史原因。

在分析圣礼主义之前，饶申布什首先指出先知时代的宗教有一个根本特征：为上帝服务应在道德行为而非仪式行为中得以寻求。在他看来，基督教起初是一个绝对崇尚灵性或精神的宗教，几乎完全不重视宗教礼仪；而只是将与

---

① Walter Rauschenbusch, *Christianity and Social Crisis*, New York: The Macmillan Company, 1911, p.174.

人类的正确关系看做是宗教的真正表达。他推断，如果这种态度能够被保留下来的话，宗教的驱动力早已转向社会正义，必将深刻洞察道德误行并按照基督教思想不断对社会关系进行维护。

但是，他也意识到即使是第一代的基督教徒也无法达到基督和保罗式的纯粹精神。犹太教基督徒对其继承的礼仪念念不忘，并试图将基督教与此紧密联系起来。来自异教信仰的基督教徒深受其原有宗教中习俗、观念的影响。他认为，如果基督教能够保持纯粹的道德性和精神性，那么对于宗教和社会变革来说都是一个很大的进步。事实上，基督教并没有取代异教信仰，而是不断教化异教徒思想使其渐渐放弃原有信仰。对此，饶申布什说；"从宏观角度来看，迄今为止整个基督教史都可以被理解为一部基督教精神努力克服残留的种族观念以及迷信思想的过程和历史。宗教改革运动是这一过程中的一个重要篇章，但是这一进程仍在继续。"[1]

不幸的是异教世界中的基督教很快就堕为前先知时代的宗教。基督教所提供的物质和思想被改造为新的圣礼主义。在他看来，新的圣礼主义在本质上和希腊神话以及东方宗教中的神秘仪式一样，只是显得更加灵验有效。洗礼是可以带来重生并且能洗掉洗礼前所有罪恶、使受洗之人的灵魂犹如新生婴儿般纯洁的仪式。圣餐仪式中，上帝的身体和血液都是真实可见的，吃下的食物将转变成灵性和不朽。洗礼以及圣餐仪式都获得了神秘的力量。"异教中原有的特征披着基督教的外衣再次出现：人们试图通过祭祀品、护身符、誓言、节庆、香烛、图画以及雕像来安抚上帝。"[2]

在饶申布什看来，当基督教的注意力从道德行为转向圣事仪式时，其道德影响力也因此丧失。仪式主义掩盖了原始基督教中的道德热情。基督教在个

[1]　Walter Rauschenbusch, *Christianity and Social Crisis*, New York: The Macmillan Company, 1911, p.176.
[2]　Walter Rauschenbusch, *Christianity and Social Crisis*, New York: The Macmillan Company, 1911, p.177.

人道德方面的影响力大幅削减。其在社会生活方面的道德影响力自然丧失得更多。因此，寄生在基督教身上的仪式主义和圣事主义是基督教没有进行社会关怀工作的一个重要历史原因。

5. 对教义的坚持导致了理智的屈服，这也耗干了本可以使基督教充满活力的自由信仰和意志源泉。

饶申布什认为与圣事主义类似的一个导致教会没能完成社会关怀使命的原因便是教义的影响。在他看来，原始基督教有着强烈而坚定的宗教信仰，而且宗教思想也很丰富，但并不是教义主义的。但是，自二世纪以来，尤其是从四世纪的教义大争论以来，教义便开始被看做是基督教的核心。巴拿巴书中曾写道："上帝有三种教义：生活的希望…… 正义…… 爱。"① 与此相对照的是，所谓的阿萨那修斯神学教义中的开篇话语：任何想要得救的人，首先必须持有正统的信仰；违反或亵渎这一信仰必将永灭。然后，它又规定了许多有关三位一体中各位格关系的教义。人们必须赞同真正的教义，如果他这么做，就达到了宗教的基本要求。饶申布什找到了其中存在的问题，那就是当教义和思辨的问题获得宗教的关注时，道德和社会问题就难以获得关注。所以，他认为教会的教义主义是最大的反社会力量之一。但是，损失更大的是整个人类。因为，人类的精英和领袖集中精力探讨的是一些没有结果的问题，甚至为一些本身就不正确的教义做解释和辩护。

在饶申布什看来，大多数人们是不理解那些辩论的，但是如果他们看到自己的精神领袖都在为一些不可理解的东西辩论，他们也会以与其无知程度等同的热情来助阵。如此一来，对教义的坚持导致了理智的屈服，这也耗干了本可

---

① 巴拿巴书：I: p.6。

以使基督教充满活力的自由信仰和意志源泉。从这一方面来看，教义主义和仪式主义一起麻醉了人们的理智。但是，如果道德力量想要与根深蒂固的道德弊病进行对抗的话，思想独立和坚定是绝对必要的。

由此，饶申布什得出结论："一种充满异教迷信和希腊理智主义而丧失原有的社会和道德动力的基督教是无法承担社会关怀这一重任的。即使作为基督教道德改革力量源泉的基督人格几乎也被湮没在教会教义之中。"①

总之，在饶申布什看来，上述的彼岸性、禁欲主义、隐修制度、圣礼主义、教义主义等种种外部原因给基督教社会关怀带来了极大的阻力和障碍。但是，这些并不是唯一的原因。除此之外，教会内部仍然存在诸多难以忽视的因素阻碍了基督教对社会的关怀。

（二）基督教教会内部原因

1. 基督教的教会性

在探讨基督教的教会问题时，饶申布什首先指出基督教历史上的一次意义重大的变革就是基督教徒因共同信仰和愿望而聚集成的简单群体转变为组织严密、颇具权威的国际性教会组织。正如他所说，教会组织形成之后，正确的教义成为了救赎的关键所在。但是，只有教会才是真教义的传授者。只有教会保有使徒传统中的信仰以及基督的真理。只有圣事才能促成救赎，只有教会及神职人员通过继承使徒的思想才拥有操作圣事的能力，并宣讲圣言，解救众生。因此，教会是救赎的重要通道，教会之外无救赎。如果人想要得到救赎，他就必须与教会保持联系，听从教会的教导和精神指引。由此，他得出了这样的推

---

① Walter Rauschenbusch, *Christianity and Social Crisis*, New York: The Macmillan Company, 1911, p.179.

断："也许教会性是迄今为止基督教最鲜明的特征。"①

他认为基督教伦理因此而变成了教会伦理。行为的好坏取决于教会的态度。如果能够为教会服务，那么它就是好的行为；因为教会的事就是上帝的事。表达虔诚最好的方法莫过于建造教堂或捐建修道院。但是，饶申布什还是从中察觉到了漏洞。他认为对于教会来说，施善可以掩盖很多的罪行。"如果一位国王为教会的事业服务，那么他就是一个得到上帝保佑的人，尽管他在这么做的时候背叛了人民。"②在他看来，中世纪的神职人员经常是很不讲道德的，但是人们对他们依然保持敬畏；因为只有通过他们才能进行圣事并获得免罪。他们可能并没有基督的精神，但是他们拥有教会的任命。教会所谓的正确优先于基督所说的善。如果罪对教会有利，那么罪也可以是神圣的。为了推进教会的事业而歪曲事实、伪造历史或文献的事情数不胜数。激起宗教改革运动反抗的赎罪券销售行为只是教会为了自身的经济利益而出卖人们精神利益的典型事例。

在饶申布什的思想中，基督教道德最高形式的表达就是将上帝之国看作是最高目标，其他所有小目标都必须为此服务才能获得其道德本质。然而，他发现教会用自身取代上帝之国，并借此将教会这一有形人类组织的进步看做是人类道德提升的象征。在他看来，通过这种替换，所有行为的道德水准都在不经意间被降低了很多。上帝之国绝对不会通过残酷欺骗的方式来推进；但是教会可以通过这样的方式来提升自我。通过这种替换，教会得到所有服务并吸取所有社会能量。"人们经常说教会总是在上帝和人类的灵魂间做调解。它也总是在人类和人之间仲裁。教会总是夸大人为它所做的事情，而贬低他为人类所做

---

① Walter Rauschenbusch, *Christianity and Social Crisis*, New York: The Macmillan Company, 1911, p.180.
② Walter Rauschenbusch, *Christianity and Social Crisis*, New York: The Macmillan Company, 1911, p.180.

的事情。教会使其组织成为社会服务的首要目标。"①

在饶申布什看来，基督教越教会化，教会就越会成为基督教活动的唯一领域。因为人们会认为只有那些与教会相关的日常生活才是为上帝服务。其他的部分都是世俗的、自然的、可以允许的；但不是宗教的，也不是神圣的。世俗的工作并不是神圣的；所以工作时也没有快乐和热情。如果一个人很认真的对待自己的信仰，那么他就想将自己的生命奉献给教会。

原始教会的财产都给了那些有需要的人。随着基督教越来越教会化，教会使自己成为了基督教施善行为最主要的接受者，教会中的神职人员则成了最主要的受益人。如果有人帮助了他的一位有困难的朋友，那么他做了一件有道德的事情。如果他捐助教会，那么他就做出了一件有信仰的宗教行为。教会可以给这些人最具诱惑力的奖励。所以，它不鼓励人们相互施善，而鼓励人们将施善的目标集中在教会身上。由此，饶申布什认为："从某种程度上来讲，施善的行为被系统化了；但是这样也消除了施善行为中有益的人性因素，而且越来越多的捐赠从未真正用到穷人身上。"②因为在他看来，慈善机构很容易将所获财物中越来越大的一部分供自己开销。受托人很容易将自己长期管理的资金视为己有。教会的慈善行为可能是它所能给予的最具社会性的服务。但是，基督教在本质上越教会化，这项服务就越可能被转移对象。

在批判基督教的教会中心论时，饶申布什发现了其中的一个重大问题：本可以用于关怀社会生活的组织能力被用在等级化的教会组织上了。因为基督教的进程和教会的进程是一致的，最有能力的人尽力扩大教会的力量和影响力，同时也尽力使自己在教会中获得更高的职位，这样才能引导教会的政策。在他看来，国家是人们为了更大的社会目的而进行合作的组织。如果人们将政治义

---

① Walter Rauschenbusch, *Christianity and Social Crisis*, New York: The Macmillan Company, 1911, p.181.
② Walter Rauschenbusch, *Christianity and Social Crisis*, New York: The Macmillan Company, 1911, p.182.

务看做是为了人类和上帝而做的宗教性服务，那么国家在改善社会生活的过程中将成为很有力量的机构和组织。然而，只要教会反对国家，教会就会否认国家职能的神圣性。即使教会和国家达成友好协议，教会也不会将道德热情融入到政治生活中去，虽然这是它应该做的。教会使得很多社会精英都进入修道生活和等级事业中去。正如他所说："当罗马帝国濒临坍塌之时；一座新的社会大厦正在教会组织中崛起。"①

此外，他指出，中世纪世俗与教会力量的对抗实质上是一场阶级斗争，教会贵族统治阶级与世俗统治阶级之间的斗争；人民的利益并不是他们所真正关心的问题。当教会为自身的政治利益，而不是为了人民的利益而斗争时，教会对国家的影响通常情况下都是坏的甚至灾难性的。当教会成为一种政治力量时，它会对每个政治问题都施加一种外在的影响。市政问题或者公民问题的决定并不是为了他们自身的利益，而是根据教会在其中的利益来决定的。如果教会不是国家机构而受国外中心机构统治，那么这种干扰性的影响会大幅增长。

因此，当基督教被无所不包、无所不管的教会组织代表时，其社会功效便会丧失；其道德影响也会受到影响而衰退；其组织能力大都用在了加强教会机构的影响上；其友爱互助的精神大都被教会组织吸收；其对国家的影响主要是为了自身的利益而非民众的利益。

饶申布什对教会主义作出的这些历史性批判并不是要贬低基督教教会的价值和重要性。他的真正目的在于让人们意识到当教会将自身当成目的时，危害便会产生。在他看来，教会的存在不应为了自身利益；因为教会仅仅是为了在个体中创造基督式的生活，并关怀人类社会整体的行为组织。教会是一个拥有很多权力的代理机构，因此和其他代理机构一样它很容易假公济私。正如他所

---

① Walter Rauschenbusch, *Christianity and Social Crisis*, New York: The Macmillan Company, 1911, p.183.

说："现代社会中的政党组织起来的目的就是为了提倡某种政治原则并在公共生活中将之实现。渐渐地，政党将其永存不朽看做是自身存在的目的，公共利益也必须为了政党的胜利服务。"① 在他看来，人们的这些公共服务组织存在的目的是为了公众利益；但是这些仆人却是成为了人们的主人。这种对公共权力逐渐的挪用是道德生活中最重要的现象之一。这种组织和机构的倾向使它们自身陷入危机而无法为其存在的真正目的服务。所有机构和组织都可能会受此诱惑而禁受不住。教会组织只是这些罪人中的一个，而且也不是最差的那个。实际上，饶申布什批判教会中心论的目的是让其明白自身所担负的真正使命而不致迷失自我。他认为，热爱教会的人能为其做出的最好贡献便是使其明白当教会极力追求自我时，它便会丧失自我；当其为社会整体鞠躬尽瘁时，它便会获得新生。

2. 教会对国家政权的附庸

饶申布什认为国家从本质上来讲应该是为了大众利益而组成的人民组织。而事实上，所有国家都是一部分人为了保护自身特殊利益并对抗他人而建立的组织。国家的主要功能本应是维护正义。事实上，大多国家的主要功能是维护现状。在他看来，国家是实然的代表；教会是应然的代表。所以，只要教会忠于职守，它就会陷入与国家之间永远但友好的斗争。对于国家来说，最好的莫过于在国家中存在一个不为自身组织利益、只为人类道德利益而不断督导国家的教会。

根据饶申布什的分析，教会在康斯坦丁之后便失去了以往的自由。因为，基督教国王将教会看做是帝国很重要的一部分；所以对教会的立法委员会以及

---

① Walter Rauschenbusch, *Christianity and Social Crisis*, New York: The Macmillan Company, 1911, p.185.

主教行政部门都进行严格而强制性的控制。面对这样的形势，教会领导开始学着奉承政府以便进一步巩固主教的利益。他认为，对于那些想要按照基督精神来支持人民利益的人们来说，宫廷环境并不健康。中世纪时，拥有地产的教会也是封建体系中的一部分。在他看来，"教会是一个保守且仁慈的地主，但是教会的利益和封建贵族以及政府权力机构们的利益是一致的。当教会和国家政府对抗时，也是为了自身的利益。"① 他指出，宗教改革运动并没有直接改变教会对国家的依赖；但是在一些国家却使得教会成为了国家更加温顺的仆人。当教会只有依赖国家的保护和帮助才能生存时，它就只好给国家以道德支持以维持现状，而且教会也确实是这么做的。于是，当教会与政府当局联合在一起时，它就无法有效地指出政府所犯的错误。国家支持的教会实际上是政府委任的公务员。他们必须支持当局的政策，对于好的政策要赞扬，对于坏的政策要辩护。所以，饶申布什认为政教分离的政策对于双方来说都有好处；双方互不干涉。教会可以自由发表言论。当教会处于反对党的角色时，它便可以发挥最大作用。

饶申布什理解教会作为一种机构和组织需要依赖国家政府的支持，因此对其难免要卑躬屈膝。但是，教会成员被剥夺了个人政治权利，因此对于政治道德问题他们总是有话难言。在他看来，当教会生存在有敌对情绪或异教国家中时，其成员便只好远离公众生活，而只能在家庭和教堂这些狭小的范围内开展活动。但是，即使当基督教得到宽容和鼓励时，大多数人还是无法积极参与到政治活动中去；因为政治是特权阶层的领地。他认为："没有政治权利就没有政治义务；而政治义务的意识在当时并没有得到多大发展。人们一般都不愿参与到自己没有控制权也没有任何行动义务的领域中去。"② 正如他所说：如果牧

---

① Walter Rauschenbusch, *Christianity and Social Crisis*, New York: The Macmillan Company, 1911, p.187.
② Walter Rauschenbusch, *Christianity and Social Crisis*, New York: The Macmillan Company, 1911, p.188.

师的听众是积极主动的农民，那么他就没有向他们宣讲政治的动机，除非他是一个民众鼓动家。因为，除了说服民众服从国王和封建主、满足于现状等一些政治义务外，教会还能说些什么呢？

据此，饶申布什得出结论：教会对国家政权的依附和民众在政治方面的被动性一起使得教会的社会效能无从发挥。

3. 教会民主的丧失

在饶申布什看来，教会对国家的附庸本可以通过教会在自身组织范围内保持基督教民主的方法来中和或克服。因为，原始教会创建之初是一种民主的、简单主教式的组织。但是，二世纪初的教会组织开始施行单一主教统治，而这种主教制想要摆脱所有限制并击败所有竞争力量。在越来越宽阔的领域，主教统治组织逐渐壮大，这种趋势最终达至教皇专制的地步。由此，"神职人员成为了按照君主统治原则分级的等级阶层。"[1] 同时，普通信徒逐渐丧失了教会选举、制定戒律权和自治权。这些本来都是他们都拥有的。然而，他们逐渐成为了教会官僚专制统治下的普通民众。饶申布什认为这种变化的产生部分是由于人性中潜在的对权力的渴望和贪婪，但主要是受到世俗机构的影响。因为，教会逐渐复制了世俗世界中普遍存在的组织形式。三世纪时，伴随教会权力在神职人员中核心化趋势的是帝国组织中的权力中心化。教会将自己的组织放置到罗马帝国提供的模具里；当帝国的模子坏掉后，教会的统治体系依然沿袭帝国的统治模式持久不衰。

对于教会权力扩张来说，从罗马帝国那里继承的组织管理模式是很重要的；但是对于教会的社会影响来说这种继承无疑是具有致命危害的。基督曾强

---

①   Walter Rauschenbusch, *Christianity and Social Crisis*, New York: The Macmillan Company, 1911, p.191.

烈谴责国家政府的操作模式："你们知道外邦人有君王为主治理他们，有大臣操权管束他们。只是在你们中间不可这样。你们中间谁愿为大，就必作你们的佣人；谁愿为首，就必作你们的仆人。"① 当时，教会在其组织内部复制了世俗世界中的贵族统治和君主统治模式，同时也将专制的精神留在了民主大厦内。饶申布什认为特定的精神可以创建适合自身的机制；但是反过来一种机制也会持续激发适合自身的精神。针对这一论点，他提出天主教教会想把腐朽的罗马文明中的专制精神留在教会组织内，因为那是它所形成的环境。所以，他认为如果人们要问为什么教会没能在自由、平等的基础上关怀社会、参与社会的话，那么在这里可以找到最有力的答案之一。

在饶申布什看来，世俗和教会组织之间的相互影响之大超过了人们普遍认为的范围。罗马教会的君主统治模式产生于古罗马专制社会，然后通过神圣的宗教机制使之延续下来。加尔文宗教会中的贵族共和主义产生于瑞士共和团体，并在加尔文主义所到之处长盛不衰。公理教会中的民主意识产生于英国革命的民主热情中，而且也延续了下来。因此，教会从国家政治中借鉴了很多。但是，他指出人们不能忽视的是国家也从教会那里借鉴了很多。正如他所说："如果有人习惯了当地教会中的自治精神和行为，那么在政府团体中实行自治模式也是很容易的；而任何一种自上而下的管理模式就会难以实行。"②

总之，饶申布什认为如果基督教教会保持民主自治的组织模式，那么基督教民主精神得以延续、加强；并在道德和社会关怀工作中发挥功效也是十分可能的。而历史的事实却与此相反。

---

① 马太福音：20:25-27。
② Walter Rauschenbusch, *Christianity and Social Crisis*, New York: The Macmillan Company, 1911, p.192.

4. 缺乏对社会发展的科学认识

饶申布什认为参与并关怀社会生活必须对社会的发展有科学的理解。而这种科学的理解在他看来在过去是没有的。他认为，对于普通人来说，他所看到的社会秩序是非常神圣且不可改变的。封建制度下的贵族和农民都认为上帝将人类分成了贵族和农民两类人，任何反抗都是不能被允许的。在君主制国家中，国王统治机制被看做是自然且神圣的秩序。在欧洲思想中，人们普遍认为社会阶级必须明确区分。在美国，人们都认为土地从来就是由个人自由买卖；每个人都有权处置自己的财产，即使死后也是如此；商人总是买的最便宜，卖的最贵；工人总是相互为了工资而竞争；任何改变社会模式的行为都是在扰乱如万有引力一样普遍的自然律。如今，人们才明白在特定的限制范围内，人类社会是灵活的，不断变换形式；现在取代其他社会组织体系的新社会体系未来可能会被更好的体系代替。没有这种社会演变的观念，任何社会重生的思想都无法进入人们的头脑中。在他看来，现代社会主义运动是按照社会发展规律对社会进行重塑的第一次聪明且持续的努力。

近来，人们理解了社会变化的循序渐进性。在他看来只有天真的人才希望迅速看到结果，而对发展缓慢的事物并不感兴趣。这样的人希望昨晚种下种子明天早晨就能长出来。"这是未开化者的特点，不科学的人也多少会有些这种特征。"[1] 对于这些人来说只要个人能力能够达到就愿意帮助人们使事情变得更好。而对于任何在能力范围之外的事情，他们总是寄希望于神的干预。社会发展过程中因果的不断互换对于他们来说没有任何可遵循的固定模式。

饶申布什认为教会拥有彻底的社会变革观念。在这种程度上来说，他认为宗教具有先知性，而且好几个世纪之前就超越了政治智慧。但是，在他看来，

---

[1]　Walter Rauschenbusch, *Christianity and Social Crisis*, New York: The Macmillan Company, 1911, p.195.

只有基督自己理解社会道德胜利的缓慢性。千禧年愿望的产生是由于没有科学理解有机发展的现代社会理想。教父们缺乏发展的历史意识。他们当中受过教育的人都是在罗马修辞学家那里接受培训的，当时的教育体系对于历史观念的产生来说几乎是毫无用处的。如他所言："基督教思想中延续至今的奇迹色彩与社会事实的科学理解也是直接对立的。当所有的事情都是通过天使或魔鬼而发生时，人们怎能理解事情的真正原因呢？"①

　　那么是什么导致了这种结果呢？在饶申布什看来，这和人们对圣经的解读方式有一定的联系。他认为圣经中记载着很多有关历史事实的内容。但是总体来看，圣经中包含的社会启蒙思想被为了教义和自身利益的教会给掩盖了。他指出，每当圣经用另一种方式被重新解读时，其中的社会思想便开始发挥作用。"以重读圣经为基础的中世纪福音运动总是倡导充满友爱的社会生活。随着印刷的发明以及对宗教改革资料的翻译，人们都可以阅读到圣经。这时，圣经对时代的社会动荡产生了很大影响。"②另外，他还指出这其中也有寓言解读法的原因。寓言式的解读方法通过将所有东西都精神化的方式将圣经中的社会内容给中和了。例如：以色列部落从埃及的残暴中解放出来后在富饶的地方定居下来，这本是一个很鲜明的社会反抗的事例。但是却被寓意化为灵魂逃脱世俗世界以及在约旦这块死亡之地外获得天堂般的地方。善良的萨马利坦人被理解为离开圣城耶路撒冷，去往被咒之地杰里科的人类。到那里以后，他落到了魔鬼及其爪牙的手中，而且被剥去了正义的外衣，只好在自己的罪恶中半死不活。但是基督发现了他，在他的伤口上涂上了包含他的热情和精神的酒、油和血；并将他教给教会好好照料直至基督再临。对圣书的这种解读方法在饶申布什看来并不是基督教所独有的。他认为犹太人这样解读旧约；希腊哲学家也是

①　Walter Rauschenbusch, *Christianity and Social Crisis*, New York: The Macmillan Company, 1911, p.196.
②　Walter Rauschenbusch, *Christianity and Social Crisis*, New York: The Macmillan Company, 1911, p.196.

这样解读荷马书的。对于这种解读方法的利弊，饶申布什说得很明白："这是一种从圣经中获取现成的精神和教义的捷径。但是却不能从中得到超越解读者思想范围之外的内容。因此，也无法从中得到任何新的的内容。当人们在急切寻找其中的精神和神秘意义时，却忽视了圣经故事和学说中简单朴素的社会意义。"①

　　总之，饶申布什认为教会对社会发展的理解缺乏历史意识。因此也无法理解历史事实和社会发展规律。在他看来，这些思想缺陷也许足以解释为什么基督教教会从未承担大范围的明确且持续的社会关怀使命。

第二节　饶申布什所处时代的危机

　　在分析完教会缺乏社会关怀意识的历史原因之后，饶申布什结合他所处的社会背景对当下的社会危机进行了深入和详尽的探讨。在他看来，这些危机给基督教社会关怀工作带来了很大的挑战和阻碍。他所处的时代正值工业革命在美国迅猛发展的时期，所以他对社会危机的探讨主要集中在工业革命给个人和社会整体带来的影响。在讨论具体危机之前，饶申布什首先对人类在历史进程中所遭受到的危险以及现代社会中工业革命给人们带来的影响方式进行了概括。

　　人所面临的危险主要来自两个方面：自然和人本身。自然方面，比如旱涝灾害、害虫野兽会给庄稼和牲畜带来严重威胁。地震火灾将人们一生的劳动所得吞噬殆尽。但是，自然灾害可以塑造人们的意志力。如果人与自然灾害勇敢斗争，进而征服自然，那么自然反而会给人类带来福祉。通过学习自然规律，

---

① Walter Rauschenbusch, *Christianity and Social Crisis*, New York: The Macmillan Company, 1911, p.197.

遵守自然规律，人类也能使自然服从自己的意愿。他指出对人类危害最大的敌人其实是人类自己。饥荒和迷信中弥漫的野蛮就像吃掉野兽一样将人吃掉。当人们安定下来开垦土地时，他们会俘虏一些犯人来作为奴隶就像他们饲养的牛马一样为他们劳作。强者征服弱者并从中榨取劳动力。剥削在社会的不同阶段具有不同的形式；但是却一直存在。

此外，他还指出：社会苦难也经常出现。比如：金字塔的建造，罗马大道的修建都给社会带来了沉重的苦难。但是，他认为今天我们面临的是以新的独特方式违抗人类生活中公正观念的社会苦难。在他看来，现代社会中的贫穷是人类在历史上第一次摆脱贫穷后开始的。1776年美国的独立宣言和1789年的法国革命产生了现代民主。但是差不多在同一时间人类历史上产生了一次革命，他认为没有这次革命上述两者都是微不足道的。这就是，1769年詹姆斯瓦特发明了蒸汽机。此前，人们只会使用水能和风能。最容易得到的能量来自人和动物。如今，手工纺纱机终于可以休息了。"自然终于愿意为人类服务，人类的经济产出也大幅增加。如果有天使能够目睹那个时代，他一定会飞回天堂告诉上帝说人类的苦难就要结束了。"①

然而，动力机器所到之处给手工员者带来的是无尽的痛苦。它将人们的食物从餐桌带走，将人们的自豪从心底掏空。此前，每个手工艺师都有自己的家庭和一些学徒、工匠。他在自己的家中经营，收入归自己所有。学徒和工匠和他的家人在一张桌上吃饭，有的还会和他的女儿结婚，并且希望自己在学徒期结束后成为大师。他为熟悉的客人工作，诚实是不变的原则。他会制定一些特殊的要求。行会的规矩和城市的法律拒绝任何可能会损害其行业的竞争行为。所以，人们生活得简单而原始。他们不奢望富甲一方，也不害怕贫困来袭。他

① Walter Rauschenbusch, *Christianity and Social Crisis*, New York: The Macmillan Company, 1911, p.214.

们没有那些今天的穷人都可能会得到的东西；但是他们感到很安全、独立并充满希望。然而，饶申布什认为人并不仅仅是为吃饭而活的。他指出，动力机器出现后，老的经济模式坍塌了。昂贵的机器对于老的家庭式作坊来说很难接受。如果行会足够聪明而共同购买机器并一起经营的话，他们可能会形成合作组织，每个人都可能会从中获取比以前更多的利润。富有的人和有进取心的人抓住了这次新的机会，他们快速生产，并以低价销售自己的产品。原来尽力或限制自由竞争的那些老规矩和惯例都被搁置一旁。

但是，被机器取代的工人们是十分沮丧的。带着痛苦，工人们围攻工厂，将机器毁坏。然而，拥有机器的人拥有法律。在英国，毁坏机器是可以判死刑的。原来的技师们只好忍气吞声的为别人服务。他们只好放弃自己的作坊和独立身份来到工厂工作以养家糊口。他们以前是主人，如今却变成仆人。以前那种技师和工人一起合作共同劳作的场景一去不复返。两个阶级出现了，在它们之间有着很大的鸿沟。一个是不劳动却拥有很大权力的雇主或老板；另一个是挣工资的工人，他们生活在小木屋里却希望拥有一个属于自己的工厂。

原来那种经济生活的瓦解逐渐蔓延开来，从一个行业到另一个行业，从一个国家到另一个国家。著名的美国桂冠诗人朗费罗在《村中铁匠》中描述了一位老式的技师。"铁匠，身体魁梧，双手有力。"如今，"铁匠的一个儿子在用机器制造的钉子钉机器制造的马蹄铁；在修别处制造的农具。其他的儿子则去了城镇当在工厂里当工人。一个在棉絮到处飞的工厂工作，睡在漆黑的小屋里，最后死于肺结核。"① 可见，时代的变迁，工业时代的到来给人们带来了多大的变化。

在饶申布什看来，工业时代的到来使得过去人们生活中的独立和平等也消

---

① Walter Rauschenbusch, *Christianity and Social Crisis*, New York: The Macmillan Company, 1911, p.216.

失了。原来的安全感也消失了。机器要求的是熟练而不是力气。妇女儿童纤细的手指足以应付这种工作，而且她们比起男人来说成本更低。所以，男人被自己的妻子和孩子取代而无事可做，只好看着自己爱人在机器的无情压榨下变老死去。"人的仇敌就是自己的家里人"，这句话在这里有了新的应用。按照老的生产方式，工业可以遍布全国。如今，机器迫使人们围绕它而定居。"机器成为了现代城市的创造者。"①穷人晚上聚居在拥挤的出租公寓内，白天在脏乱的工厂工作，这无疑也加剧了因人口密集而滋生的疾病。贫穷和财富同时剧增。根据他的调查，1760 到 1818 年间，英国的人口增加了百分之七，而贫民救济则增加了五倍还要多。

由此，饶申布什指出了现代生活中的矛盾之处。他认为，所有人都可以借以摆脱贫穷和恐惧的工具实际上却使大部分人陷入贫穷和恐惧当中。"当财富增长达至前所未有的程度时，贫穷和痛苦也逐步增加而且是持久性的。英国是最先进入工业时代的国家，但是十九世纪上半叶是英国经济史上最黑暗的时期之一。"②当国家的财富和权力空前巨大时，很多国民却陷入了极度贫穷之中。可能会推翻资本主义统治的社会革命几乎不可能比工业革命带来更多不公和身心痛苦。他认为这样的事实证明了人类的道德力量与思想和经济发展是不同步的。人们学会赚钱的速度比学会平均分配财富的速度要快得多。相对于听取上帝和人们的声音来说，他们更热衷于看到利润。这是现代人类的罪；除非忏悔，否则人们将因罪而消亡。

那么工业革命究竟给美国带来了多大的危害呢？饶申布什认为，工业革命带来的可怕后果在欧洲国家中得到很大程度缓和的原因有很多，其中包括工人组织的反抗、国家的干预、人们良知的觉醒和社会民主的呼声。而在美国，机

---

① Walter Rauschenbusch, *Christianity and Social Crisis*, New York: The Macmillan Company, 1911, p.217.
② Walter Rauschenbusch, *Christianity and Social Crisis*, New York: The Macmillan Company, 1911, p.217.

器的到来却没有带来那么多的伤害。因为，当时"美国的工业正处于初步发展阶段；所以没有机器的到来并不会摧毁什么经济结构。美国的国民都是移民而来，他们随时准备也能够在失去工作后找到新的工作。美国自由和廉价的土地可以为他们提供工作，而且工资很高。"[①]

但是，他指出，美国从本质上来讲也没有什么东西可以永远使其国民免受工业革命在其他地方所导致的社会痛苦。公众演说家曾经常声称无能的君主制政体所产生的状况永远不会发生在美国这样拥有自由机制的国家中。但是随后的发展证明他们错了。资本主义并不尊重政府；资本主义可以在共和制国家中发展也可以在君主制国家中发展，也许发展的更好。人民不能把选票当饭吃。只有当人们足够聪明、强大，将选票用作反抗的武器时，它才会为人民服务。以前保护人们免受社会痛苦的力量正在失去效能。"工业革命时代的美国所经历的社会动荡比其他国家都严重。在美国，机器转得更快、资金集中得更快、人们的生命更加贬值、人们受社会习俗和观念的影响更小。"[②]饶申布什认为，宪法中反对阶级形成的预防措施并不能帮助人们摆脱资本主义给社会带来的伤害。在资本主义工业组织中至少存在两个鲜明的阶级，而且它们的存在对于资本主义工业组织的存在是不可或缺的。

接下来，饶申布什对基督教社会关怀在当时美国社会中所面临的危机和挑战进行了详尽论述。这主要包括个体和社会两个方面。

---

①　Walter Rauschenbusch, *Christianity and Social Crisis*, New York: The Macmillan Company, 1911, p.218.
②　Walter Rauschenbusch, *Christianity and Social Crisis*, New York: The Macmillan Company, 1911, p.219.

一、个体层面

（一）自由土地的丧失

饶申布什首先指出："除了生命之外，上帝给予人类最珍贵的礼物便是孕育生命的土地。不考虑国土和气候是无法理解国民性格的。社会繁荣、社会道德以及人民的兴衰从根本上来讲总是取决于土地分配和使用方面的智慧和公正。"[①]

然后，他针对美国的具体情况，对比过去与现在，将工业革命给人们在土地方面带来的危害呈现出来。他认为，美国的土地宽广富饶，这也为其国民生活提供了一种净化的作用。因为，独立的农民群体曾经是现在也依然是国民道德的支柱。战乱中的农民在内战中组成了无可比拟的军队并赢得了独立。正是美国的土地在过去吸收并同化了大量的移民，而且在政治经济生活中扮演着自动安全阀的角色。

在美国，耕地会被当做家庭的私有财产一样分给耕种的人。这种体制在他看来无疑在国家的迅速安定过程中扮演很重要的角色。因为，每个人都想把自己的那份土地尽力改善，毕竟这属于他和他的后代子孙。有些人认为美国的繁荣秘诀在于土地私有制。然而，在饶申布什看来人们可能忽视了美国在分配土地时的方法实际上是一种宏观的共产主义。古代的社会群体中，土地真正的拥有者是社会。他指出，古代英国林场和牧场都是公有的。草场在收割前是分给个人的，但是在收割后就会再次成为公有。只有耕地是永远分给个人的，但是一旦有新成员到来就会重新分配。只有那些有权获得耕地的人才是有政治权力的公民。饶申布什认为这种机制是雅利安种族的一个标志也是他们自由的基

---

① Walter Rauschenbusch, *Christianity and Social Crisis*, New York: The Macmillan Company, 1911, p.220.

础。不过，最终它还是被削弱人民自治的机制给破坏了。但是这种机制在工业革命前的欧洲某些地方依然存在。穷人可以免费在土地上建房子、耕种或放牧。针对美国的具体情况，他指出按照美国的法律规定，土地是公共财产，国家有权征用。国家可以征用私人财产，因为国家在土地上有着潜在的更高的权力，并且随时可以取代个人的拥有权。但是总体来讲，美国法律仍然将土地视为私有财产。这种机制的产生是相对比较近的。这主要是受罗马律法的影响。罗马在早期鼎盛时期也是实行公有制的。公共土地可以用来放牧。但是，富有的家庭逐渐将贫民挤走。他们得到了大部分新征服的土地。他们在公用的牧场上放牧自家的牲畜。他们运用政治权力压制人们重新分配土地、最大程度限制土地财产的要求。他们逐渐形成了几个人共同拥有公共土地的方式，并且用法律来加强。有时候，六个人便可以拥有整个省份的土地。他认为这种机制是强者取代公共权力的结果，也是罗马衰败的主要原因之一。

而美国的土地制度就像古老的村庄中那样把土地分给每个要求足够的土地来养家糊口的人。留给公立学校的土地以及出售公共土地而得到的基金更加具有共产主义色彩。其中的有益元素不在于人们对土地的拥有权有多么彻底，而在于土地是平均分配给所有有能力使用土地的人。

分析完过去的状况之后，饶申布什希望人们意识到的是如今自由的土地几乎被耗尽；现在是这种机制中的不公成分开始危害人们的时间了。他指出："最先来到这片土地的人们都拥有自己的土地，也有耕种土地的身体。而后来的那些人没有土地只有身体，所以他们只好为别人工作来养家糊口。他们就属于美国社会中没有继承权的孩子。"[①] 当然，事实上很多现在拥有土地的人将会失去，而现在没有的人可能在以后的日子里会得到。但是，土地属于有限的群

---

① 　Walter Rauschenbusch, *Christianity and Social Crisis*, New York: The Macmillan Company, 1911, p.224.

体，不全是为了使用而是为了完全拥有，而剩下的那些人则没有土地权，也无法从中获得收入。如今，上帝赐予我们用来养活所有人的土地，成为了一些人的特权。耕地越来越具有垄断价值。随着土地变得越来越珍贵，年轻人要想立足没有资金是不行的。否则，他就只能当个佃户或者长工。在饶申布什看来，有两种人靠土地为生：土地所有者和土地耕种者。而随着工业社会的到来，原来的农场主将成为佃农。这样一来的结果便是，他们的希望和道德活力都会下降。同时国家的道德力量也会随之下降。随着农耕土地垄断价值的增加，其投资价值对于那些热切寻找投资的工业资本来说也是很有吸引力的。富人们成为了农业土地的拥有者。不久，土地上便出现了三类人：地主、佃户和劳工。在他看来，这实际上意味着国家的贫穷和无知。

饶申布什认为，在普通的农耕地问题上，私有制中隐含的垄断因素并不是很鲜明。但是，纵观美国，那些可以得到特殊机会的地方都已经被人买断了。沿着海岸、湖边以及河岸的美丽地方也已经被人买光了。外人是无法看到并享受这里的美丽风景的。大城市赖以生存的用水权必须严格保护以防被夺取。有了特许经营权，人、货、气和电的运输才成为可能，而所有这些都要靠特殊土地使用权的批准。煤矿的开采权就很鲜明地展现了将公共权力给予个人或公司拥有的效果。

随后，他指出美国土地制度所产生的最鲜明的罪恶可以在城市中看到。城市土地意味着生存和谋生的机会。它的价值是由积聚其周围的人们所创造的。人们越富有越有道德，土地就越有价值。城市中一块空地的价值完全是社会的产物；改造后的地方是社会和个人共同的产物。人越多，需要生存的地方就越大。空间和空气和水一样都是生活中不可或缺的东西。没有生存的空间，人就有可能死亡。因此，为了得到一定的生存空间，人们可能会花费很大的财力。

于是，城市土地的价值不断升高。但是法律却将这些土地免费给了一些个人。这就助长了土地投机现象的产生。人们倾其所有买地的愿望是不用劳动就可以获得升值。如果他们的预测是错误的，他们将会破产或一贫如洗。如果他们的预测是正确的，他们就会一夜暴富。

在饶申布什看来，这种现象对于普通人来说情况会更加糟糕。本来就高的城市土地价格被投机所带来的人为压力进一步提高。所有城市周围都有一圈被人占有等待升值的土地。人们要么就按照要价购买，要么就更加靠近城市中心地带，要么就每天花费大量的金钱和时间在城市和圈外更远的地方之间来回穿梭。如果城市迅速发展的话，其租金和地价都会迅速增加，土地拥有者的财富也会随之暴涨。城市居民越来越多，所以用于消防、公安、以及公共卫生的费用也会越来越多。同时一些严重的疾病也随之而来，尤其是肺结核。伴随城市出租房和街头生活的是道德的衰败。其后果也是持续不断的。

由此，他机敏的察觉到了这种现象的本质。在看来，其中存在着严重的不公现象。这并不是说以此获利的人们道德败坏。有些人可能是，有些人可能不是。但是，他们很少有人能意识到其中的错误；因为这种做法是符合法律和习俗的。即使那些意识到错误的人也很少能够从中抽身而退。他认为需要解决的道德问题是如何确保拥有土地的个人拥有通过自己的劳动和智慧所创造的财富以及和社会拥有其创造的财富。后者的权力如今被人们忽视了，然而我们的文明中最严重、危害最大的罪恶直接或间接的都是源于剥夺社会权力的合法化。这一点很重要。

最后，他从经济学的角度来看，整个人类历史都是有关土地拥有权及其所产生的特权的。"国家与国家之间的斗争就像羊群之间为了草场而进行的斗争。

阶级间的冲突则是为了在草场上获得平等权而进行的斗争。"① 当农业是财富的主要源泉时，迫切需要解决的问题是如何避免土地集中到少数人的手中。对于其中的利弊，他指出：在土地分配的问题上如果能取得大致平等，那么政治民主及其效能就会持续。反之，人民大众的自由和智慧最终会衰败直至死亡。

（二）工资的明升暗降

饶申布什认为，当时美国工业体制社会中存在的另一个制约社会关怀的因素是工人们的工作与工资问题。在农业社会中，致富的主要手段是获得土地；而主要的危险就是失去土地。工业革命以来，机器的重要性凸显出来。工厂、机器、运输工具以及资金在现代生产过程中的重要性和生产原材料的土地一样。因此，他认为在工业社会中致富的主要方式将是对这些生产要素的占有；而其中的主要危险就是丧失这些生产要素。

在他看来，这种危险在当时美国社会中展现得很迅速也很彻底。正如他所说，人们失去生产工具比失去土地的程度还要彻底。"原来，工人拥有简单的生产工具。如今，工人完全失去了他们的生产工具。资本主义生产过程是两个区别鲜明的群体之间的合作过程：一个是拥有土地和机器等物质元素的小群体；一个是只有体力的大群体。在这种合作过程中，后者明显处于不利地位。"② 工人们无法分享共同劳动成果，只能得到固定工资。工资上涨与否取决于其工作盈利多少而定；工资下降与否则与其工作意愿相关。其工作意愿取决于他的需求。如果他很穷或者要养活一大家人，他可能会接受较少的工资。如果他全心为生病的家人着想，那么他可能得到的更少。需求越小，得到越多；需求越大，得到越少。这与家庭生活中所坚守的原则明显相悖；家庭生活中需

---

① Walter Rauschenbusch, *Christianity and Social Crisis*, New York: The Macmillan Company, 1911, p.229.
② Walter Rauschenbusch, *Christianity and Social Crisis*, New York: The Macmillan Company, 1911, p.231.

要的越多得到的就越多。他认为，在家庭生活中，我们可以享受团结和幸福；在商业生活中我们有的只是个体主义和痛苦。

为了证实他的观点，他提供了一组数据。1900 年的美国人口普查结果显示，罗彻斯特市男性人均年收入为 480.5 美元；女性则为 267.1 美元。从中，我们可以看到工人们在当时的生活有多困难。但是，饶申布什指出工资多少并不是由数字来衡量的，而是取决于购买力。每个家庭主妇在当时都能意识到生活必需品的价格不断上涨。当然，在某些行业工资也涨了。专家们都热切的努力证明工资上涨的速度与物价上涨的速度是一样的；但是结果却并不一定如此。"曾有杂志将 1897 年 7 月 1 日的 350 件商品的价格和 1901 年 11 月 1 日的价格做了比较，发现 1901 年的 1013 美元只能买到 1897 年 724 美元的商品。因此，如果工资保持稳定的话，实际上其购买力下降了。"[1]

饶申布什针对工人的工资问题提出了这样的观点：工资的购买力决定了工人及其家人的健康和舒适程度。在他看来，这并不取决于工资方面的公正；而是取决于其工作量与工资的比例。机器出现后，工人的工作效率增加了。工业国家的财富也达到了前所未有的高度。劳动者无疑也从中受益。劳动者所享受的物品是过去的富人家庭也无法享受的。但是，他认为只有当我们能够证明 1906 年工人的财富、舒服以及安全指数如同 1906 年工人们所拥有的财富超过 1760 年一样高于那时的工人们时，我们才能说这种体制是好的。然而，在他看来，没有人有足够的勇气敢肯定这一点。因为，"如今，财富增长的绝大部分都属于那些强势的有限阶层。工资上涨的速度相对于利润增长的速度来说简直就是龟速。如果约翰米尔的名言'至今发明的机器并不一定减轻了人的工作负担'正确的话，那就意味着人类的成就被社会的不公阻碍了。"[2] 在饶申布什

① Walter Rauschenbusch, *Christianity and Social Crisis*, New York: The Macmillan Company, 1911, p.232.
② Walter Rauschenbusch, *Christianity and Social Crisis*, New York: The Macmillan Company, 1911, p.233.

看来，人们在这样的社会环境中并没有得到真正的福祉，因为这些福祉并不是以正义和团结为基础的。

（三）工作热情的消退

饶申布什认为除了上述的两个物质层面的影响外，工人们在精神上也遭受着同样的痛苦。他认为，工人阶层在劳动资料、劳动工具以及劳动成果上没有所有权，这对他们的阶级性格以及工作热情有着微妙而深远的影响。因为，人的工作不仅仅是为了填饱肚皮。人们的工作过程也是表达自我的过程。工作是工人创造力的产物，也是对人类社会的主要贡献。艺术家以及专业技术人员之所以对自己的工作感到自豪，家庭主妇之所以喜欢装饰自己的家，都是因为他们热爱自己的工作。

在他看来，工业体系所遭到的最严重的谴责之一就是工人们对于自己的工作并没有自豪感和享受感。这也是工人们丧失工作热情的主要原因之一。大多数情况下，工作环境都很脏、很压抑。生产出来的产品大多不合格，只是为了谋取利润而不是为了服务社会。因此，饶申布什在中世纪的手艺人和当时社会中的工人们之间做了这样的一个对比。"中世纪的手艺人可以凭借自己的卓越技艺声名鹊起。现代工人在机器旁边则不大可能发展自己的艺术才智。"[1]

工厂老板总是抱怨工人们对自己的工作并不感兴趣。但是，这是为什么呢？能让他们在工作中投入感情和精力的动机是什么呢？工厂又不是他们的。基督讲到了受雇的牧羊人和羊群所有者之间的区别。工业体系则将大部分工人变成了只是为了钱而受雇的牧羊人。如果他们凭良心工作，那么证明他们是正直的。只有那些将爱投入到工作中去的自由者才能做出最好的工艺，因为他们

---

[1]　Walter Rauschenbusch, *Christianity and Social Crisis*, New York: The Macmillan Company, 1911, p.234.

为自己工作。工人变成合伙人后，他会倍加努力的劳作。雇主如果给工人们一些红利，他们的工作认真度以及热情程度都会大幅增加，而这些红利并不会影响雇主的收益。工作的最低级层面的动机是为了工资而工作，害怕失去工资。然而，这几乎是资本主义体制下工人们工作的唯一动机。他们甚至都不想晋升。针对这样的状况，饶申布什得出了这样的一个很值得我们深思的结论。"人类行为动力的瘫痪所带来的经济损失是巨大的。然而，它所导致的道德损失则更大。"[1]

深究起来，饶申布什认为那时的工人们工作的主要动机是担心失去工作。他认为，整个工业生活，无论是对于工人还是对于雇主来说，都处于恐惧之中。在这样的恐惧环境中工作的人们怎么能够拥有很大的工作热情呢？工人家庭经常与贫困为伴。工人们所面临的危险是因工作懒散而丢掉工作；工作没了的时候，他的所有资源也就没了。经济萧条时期，工人们的焦虑和痛苦十分惊人的。然而，对于投机性的工业来说，阶段性的危机是难免的。新机器的出现、托拉斯对行业的重组以及廉价海外劳动力的竞争都是的工人阶级对生活资料的掌控越来越没有把握。在他看来，工人敢于罢工就很鲜明的证实了他们所遭受的经济压力以及为了公共利益而牺牲的精神。工人在壮年的时候总是处于失去工作的危险之中。当他老去的时候，肯定要失去工作。一旦失去工作，上了岁数的工人就很难再得到一份工作。所以有些人就把头剃光以掩饰自己灰白的头发。灰白的头发对他们来说不是荣誉，而是缺陷。工人可能在自己的工作上投入自己的青春和生命，但是最终也无法拥有自己的劳动成果，得到的只是同情和可怜。恐惧和不安对他们的影响非常大，有的神经衰弱，有的思维混乱，有的则性格错位。

---

① Walter Rauschenbusch, *Christianity and Social Crisis*, New York: The Macmillan Company, 1911, p.235.

另外，饶申布什也认为伴随工人们的这种持续不断的恐惧和不安同时也腐蚀了他们的自尊。"对于一位老人来说，能在自己辛苦工作了一辈子的农场或工厂中看看都是一种满足，这对于自己不断衰弱的身躯以及不断遭遇的失败来说都是一种慰藉。对于一位辛苦工作了一辈子的工人来说，一无所有、一文不值、因无用而被拒绝都是一种羞辱。"①一位工人如果失业好几周，不断找工作，不断被拒绝，这对他的自尊来说无疑是巨大的打击。难怪他们失业后会借酒浇愁，因为这样可以让他们暂时得到满足感和价值感。接受救济对于自尊心很强的工人来说刚开始时是十分痛苦的。有些则为了保持独立的尊严而离开家人、自杀抑或精神分裂。但是，一旦他们习惯了被人救济，寄生的思想就会产生。一旦如此，他们就很难再愿意自力更生。

另一种腐蚀性的影响在饶申布什看来就是由这种体制导致的憎恨。工人们总是因自己受到的待遇而憎恨雇主。雇主对工人们的诚实和意愿满怀不信任。每次罢工给双方带来的经济损失都很大，但是因此而导致的人与人之间的友善方面的损失更大。失火损失一百万总比罢工或停工损失一百万要好的多。双方的暴力行为都是源于彼此的憎恶之情。而这种情绪则很可能是长期性的。每个动物都会为领地而与其他动物争斗。"历史上的每个社会阶级为了自身利益都会想方设法的与有危险的对手斗争。每一方都会用最方便、最有效的手段。资方采取游说的方法，劳方就建立工会。"②但他认为，这都是有危害性的手段。罢工则是温和的内战。如果工业组织无法找出解决冲突的方法，那就证明社会的无能以及道德的衰败。

总之，工人们工作只是为了从中得到养家糊口所需的物质财富，对于自己的工作他们没有多少享受和热爱的感觉。此外，工业体制也对工人们的自尊心

---

① Walter Rauschenbusch, *Christianity and Social Crisis*, New York: The Macmillan Company, 1911, p.237.
② Walter Rauschenbusch, *Christianity and Social Crisis*, New York: The Macmillan Company, 1911, p.239.

产生了一定程度的伤害，而这种伤害则导致了劳资双方之间的互相猜忌和憎恨之情。所有这些都对整个社会的重建产生了很大影响。

（四）身体被摧残

针对个体所遭受的伤害，饶申布什最后指出工人们的身体健康受到了很大威胁。这主要有居住环境和食品安全等方面的问题。对比过去和现在，他发现以前人们提到的总是美国充足的食物和自由的生活是如何改善移民家庭的。在美国就意味着生活水平的提高，因此也意味着体能的增强。美国的快速发展依赖于自然资源的丰富以及人力资源的活力和快乐。如今，大量挣工资的人已经不再充满活力和快乐。他们的精力和活力非但没有进步，反而将衰退的身躯传给了下一代。

首先，他指出和其他高级的动物一样，人也需要空间、空气和阳光。但是工业社会带来的竞争使得人们聚集在城市里。"高租金就意味着房间空间小。高煤价就意味着冬天里空气不够流通。煤烟就意味着人很容易得咽喉和肺病。大城市里的出租房地区空气污浊，肺结核在人群中泛滥。"[1]同时，人需要好的食物来保持健康。他指出，食品价格的人为增高是以人们的生命力为代价的。城市越大，易腐食物出现的地区就越大，食物也就越不新鲜且没有营养。罐装食物取代了新鲜食物。好的家庭主妇本可以烧出美味佳肴。然而，工人们的妻子在结婚之前也都是工人，她们没有时间和机会学习如何做家务。

其次，粗劣的食物和拥挤的房间降低了人们的精力的同时工作所需的精力却日益增加。城市生活中的不停奔波本身就消耗了很大体力。在机器旁边工作则更糟糕。工人们必须跟上不知疲劳的机器的节奏。在美国，机器的运转速

---

[1] Walter Rauschenbusch, *Christianity and Social Crisis*, New York: The Macmillan Company, 1911, p.240.

度比其他国家都快。除非有食物和家居保障，否则工人们的精力很快便会被耗干。重压之下工人们都累垮了。

因此，他认为工人们的健康难免要受到严重破坏。在他看来，尽管医学的进步克服了很多反应，但是体质的下降在很多方面表现的还是很明显。"忧郁和精神错乱、压力过大导致的心脏病、营养不良和心情焦躁导致的消化疾病、人口密集和环境脏乱导致的传染病肆意泛滥。本可以在十年内就消灭的肺结核仍然残害着孩子和壮年，同时也留下了大量的孤儿孤独而艰难生活。"① 此外，他还指出酗酒是贫穷的原因和结果。穷人之所以酗酒是因为他们身体疲惫、精神萎靡，没有其他健康的休闲方式。肺结核和酗酒也是社会病，毒害着大量的人们。地主和酒商的商业利益又加剧了这种状况。

在饶申布什看来，精疲力竭的状态似乎难以改变。孩子是在疲劳的状态下怀上的。在家吃不饱，在工厂还要加倍工作的母亲哺育腹中的孩子。孩子出生后，家里人都吃不好，住不好。本该茁壮成长的孩子为了生存很早就要到工厂工作。对此，他不免发出了这样的感慨：长此以往，几代人之后的人们将会遭受什么样的状况呢？

最后，他指出，对身体的消耗是逐渐而缓慢的，所以人们很难注意到。但是工人除此之外还会遇到伤残的情况。照看机器的工人必须时刻保持警惕。而人总是对身边的危险疏于防范。除非机器得到很好的安全保护，否则很多人都会因其而伤亡。"可以肯定的是至少八分之一的人是死于意外事故。1904 年，州际商业委员会报告称此前十年间 78152 人死于铁路交通事故，78247 人在1903 年间受伤。经历过铁路交通事故的人清楚这个数字意味着什么样的可怕场景。然后，铁路公司很少愿意引进自动挂钩以减少伤亡人数。他们尽量拖延

---

① Walter Rauschenbusch, *Christianity and Social Crisis*, New York: The Macmillan Company, 1911, p.241.

时间，减少自己的投入，增加自己的收益。"①

总之，饶申布什深切感受到工人们的身体健康在工业体制下由于居住环境、食品安全以及机器给人带来的危险等方面的原因而面临很大的威胁。在他看来，这在某种程度上来讲给整个社会的未来都蒙上了一层阴影。

二、社会层面

饶申布什认为基督教社会关怀面临的社会危机和挑战中除了个体层面以外还存在社会层面的问题。相对而言，这些危机更加引人关注而且令人痛心。在这些社会性的危机中，饶申布什集中探讨了以下几个方面内容：

（一）社会不平等

饶申布什认为："近似平等是政治民主唯一持久的基础。平等是基督教道德唯一的基础。健康的人际关系似乎只有在平等的基础上才能运转。"② 首先，他指出了平等对于个人和社会的重要性。在他看来，真爱总是寻求创造平等。如果一个富男子喜欢一个穷女孩，他会给她经济和社会平等的地位。如果他的爱没有这个能力，那就是有缺陷的爱。在丈夫的地位高于妻子地位的社会中，婚姻生活存在根深蒂固的缺陷。如果老师以高人一等的语气对学生说话，而不是以更加成熟的朋友身份说话，那么他就会将学生们的思想禁锢而不是解放。平等是真正的教育影响的基础。他认为，即使是同情心也会自发地偏向与自己处于同一阶层的那些不幸的人们。

然而，饶申布什同时也认为平等的要求总是被人们误解为所有人在财富、智慧以及影响力上平等。在他看来，社会平等是可以和自然差异共存的。人与

① Walter Rauschenbusch, *Christianity and Social Crisis*, New York: The Macmillan Company, 1911, p.243.
② Walter Rauschenbusch, *Christianity and Social Crisis*, New York: The Macmillan Company, 1911, p.247.

人之间最基本的差异就是性别差异；受过教育的人与他的孩子在智慧之间的差异也是很大的，但是在家庭中人人都是平等的。大学中教职工之间存在着职位和影响力方面的差异，教职工与学生之间存在明显的差异，但是他们在社会层面上都是平等的。

他指出，过去美国社会中存在的平等是那里的生活吸引人的主要原因，同时对于政治民主来讲社会平等比大众投票还重要。当饶申布什从欧洲学习回来时，他发现，"这里的生活在音乐、艺术以及娱乐形式方面比欧洲差了很多；但是这里的生活氛围比欧洲好，因为人与人见面显得更加简单、坦率且健康。在欧洲，人们见面时总是要想如何向那些比自己地位高的人表达尊重；同时又十分注意比自己身份低的人是否对自己表达了足够的尊重。"①

然而，那时作为美国社会生活中最吸引人的平等观念在饶申布什看来正在远离他们。他认为事实上的不平等使平等观念陷入了危机。他指出，富人与穷人之间如果是老朋友的话可能会平等相处。如果他们在特殊环境中，也可能平等相处。但是，在日常生活中，他们过着不同的日子，这种不同也会影响他们的交往。女性之间的这种社会等级观念似乎更加明显。也许有人否认美国的穷人变得更穷但是富人变得更富却是事实。贫富差距比以前越来越大，因此穷人也就相对来讲变得更穷。富人阶级和穷人阶级之间的生活方式存在着越来越大的不同，而且分界线越来越明显。衣食住行方面的差异已经产生足够的障碍。工业社会中主从差异更加明显。老板和经理很有钱，他们有技术知识，统治意愿以及发号施令的思维习惯。他们说怎们做，工人们就怎们做。另一方则是接受命令，一句话就可以受雇或解聘，机械式劳动，却在公司经营方面没有发言权的工人们。这是两个不同的阶级，什么都无法改变它们之间的差异。这种状

---

① Walter Rauschenbusch, *Christianity and Social Crisis*, New York: The Macmillan Company, 1911, p.249.

况与资本主义工业组织之间是密不可分的。随着资本主义的发展，无产阶级必须出现。正如军国主义以军事服从为基础一样，资本主义以经济依赖为基础。

在饶申布什看来，美国人民十分反对在美国社会中使用"阶级"这一可恶的词汇。但是，他认为可恶的并不是这个词，而是这样的事实。"一个阶级指的是一群在工作、义务和权利、生活和娱乐方式方面十分相似的人；他们之间有着共同的利益、生活观、道德观。……古代社会中，上层阶级逐渐以头衔来装点自己，他们在法庭、军队和律法上都有特权，给人一种敬畏而疏远的感觉。"[①]但是，他认为这种情况形成的基础是对作为财富源泉的土地的拥有。工业革命以来，新的财富源泉出现了；新的一帮人控制着财富源泉，并且差不多彻底将原来的封建贵族阶层排除在外。"以流动资金为基础的新贵族阶层还没有时间装点自身，但喜欢通过与没落的封建贵族联姻来加速这一进程。"[②]不管怎样，社会不平等的现象将逐渐表现出来，而且可能会延续下去。只要存在现实的阶级差异，就会有阶级意识、阶级利益，也可能会有阶级斗争。

相比于当时的状况，饶申布什不禁要对比以往。他认为，在过去的美国社会中，富人和穷人之间彼此的感情共鸣依然很强。很多富人曾经都是穷人，而且并没有忘记自己在早年的艰苦奋斗和童年时的朴素家庭。随着财产的继承，很多人只知道奢侈生活，只和富人的孩子交往。以前，富人和穷人共同生活在一个社区，经常见面。然而随着贫富差距的拉大，富人聚集在一起，远离了穷人的视线。他们设法躲避公众的注视，生活在另一个世界里。当然，普通人也不再与他们有感情上的共鸣。

问题既然出现了，就应该寻求解决问题的办法。饶申布什认为，人与人之间的同情和理解是克服社会阶级差异的主要工具。基督教在这方面注入的感情

---

① Walter Rauschenbusch, *Christianity and Social Crisis*, New York: The Macmillan Company, 1911, p.250.
② Walter Rauschenbusch, *Christianity and Social Crisis*, New York: The Macmillan Company, 1911, p.250.

和思想有着很大的用处。但是，如果这种同情随着阶级差异的不断拉大而逐渐衰退的话，人们就不会有多大的希望。在寻求解决问题的过程中，他机警地发现"现象和机制的背后总会有理论为其做出解释并加以辩护"。[①]他指出，政治民主的背后有民主理论支撑。君主制背后有君主理论支持。不平等成为永恒的地方总有理论为其做辩护。为了论证这一点，他引用了生活在奴隶制社会中的亚里士多德曾说过的一句话："有些人种天生就比其他人种低级，就像肉体比灵魂低级一样。天生为奴，最好服从。"同样，在封建社会中地主视农民与牲畜一般不二。而农民则视压迫为既定事实，如自然现象般无法更改。如果人们允许永久的不平等存在，那么丧失的将不仅是民主和坦率，人类平等的理论也将被否定。最后，他指出现代社会中平等观念和理论已经遭到普遍挑战。这一点也是我们应该深切关怀的社会问题之一。

（二）政治民主的坍塌

饶申布什指出的第二个社会危机是政治民主的坍塌抑或丧失。首先，他指出经济平衡由一个阶级转移到另一个阶级时，政治平衡也会随之发生转移。"如果一个阶级在经济上占有统治权，那么它也会得到对应的政治影响力。法国大革命是商人阶级为了争取政治权利而发出的要求和呼声。经济上有实力的阶级必然有相应的政治影响力以保护其经济利益。"[②]同样，控制政治权力的阶层自然会设法使自己获得相应的经济利益。他认为政治总是用爱国情感和辞藻来装饰自身，但事实上经济利益总是在有意或无意间主导政治行为。总之，"我们不能将经济上的不平等与政治平等结合在一起。"[③]正如奥利弗·克伦威尔所说：如果大多数人是穷人，少数人是富人。那就不是共和政体。亚伯拉

---

① Walter Rauschenbusch, *Christianity and Social Crisis*, New York: The Macmillan Company, 1911, p.252.
② Walter Rauschenbusch, *Christianity and Social Crisis*, New York: The Macmillan Company, 1911, p.253.
③ Walter Rauschenbusch, *Christianity and Social Crisis*, New York: The Macmillan Company, 1911, p.253.

罕·林肯也表达了同样的意思：共和制国家中不能一半奴隶，一半自由人。

紧接着，他又指出资本主义对于国家政治的主导以及对于公共道德的腐蚀性影响已经再鲜明不过了。如他所言：如果有人十年前讲出现在所发生的事情，人们会说他太悲观了。为了证明他的说法，他提及了以下历史案例。罗斯福总统在煤矿工人大罢工时期的干预被人们认为是人民依然处于最高地位的表现。事实上，这表现的是人民的最高地位已经几乎丧失殆尽。国家处于大规模公共危害的边缘。总统只不过是提议并劝说而已，而他遭受的几乎是无礼的反驳。雅各布·里斯在他的著作《公民西奥多·罗斯福》中写道："总统决定干涉时，一脸严峻的说：'是的，我会做。我想这可能会结束我的政治生涯，但这是正确的，我会做！'"马萨诸塞州的州长后来向他致以了全国人民的感谢。总统回答说："是的，我们已经渡过难关了。但这是一场意义重大的斗争。"①这样的情形使得饶申布什不禁要问："谁的利益如此不可侵犯，竟然会凌驾于人民的安全之上，并可能危及总统的政治生涯呢？什么样的力量能够使政府为公众服务的最基本的职能在无形的压力下受挫呢？难道我们有两个政府吗？"②

法律领域总是表现政治的一个重要领域和场所。饶申布什认为，法律是群体对个人事务实施最高权力的工具，因此对法律的控制对于任何一个国家的特权阶层来说都是至关重要的。他指出，在法庭上拥有司法豁免权是每个特权阶层都想要拥有的权利，封建贵族和教会阶层都有这样的权利。封建贵族在其领地内拥有司法裁判权，因此当他作为法官时，肯定会维护自身的利益。"英国的地主阶层就在议会立法，然而当他们做出裁判时会有自己的解释。理论上来讲，在美国人人平等。然而，事实上也存在很多不平等的现象。"③同时，他

---

① 转引自：Walter Rauschenbusch, *Christianity and Social Crisis*, New York: The Macmillan Company, 1911, p.254.

② Walter Rauschenbusch, *Christianity and Social Crisis*, New York: The Macmillan Company, 1911, p.256.

③ Walter Rauschenbusch, *Christianity and Social Crisis*, New York: The Macmillan Company, 1911, p.258.

还指出上诉权对于那些有经济实力的人来说明显有利。为此，他举了这么一个小例子。如果一个富人和一个穷人因为醉酒而行为不当同样被罚 10 美元的话，平等的处罚实际上是十分不平等的。如果穷人付不起罚金的话，就会被拘留 10 天；富人则不会这样。至于法官究竟有多腐败，在饶申布什看来这很难说。"我们总是在其他官员腐败的情况下仍然有勇气相信司法部门的政治和诚实是不容怀疑的。但是，如今的司法部门保持纯洁的地方只有职业精神和传统了。"① 然而，他认为职业道德和精神在巨大的利益诱惑面前也是很容易破碎的。法官成为法官之前总是成功的政治家。不管怎么说，法律研究和行为使得法官对既往惯例怀有很深的尊敬，法官们在感情上也多少倾向于受教育和富有阶级。这种内在的倾向决定了在审判案件时的态度。陪审团通常应该是受审人员的同辈，这是历史上很重要的一个议题。因为，这种行为肯定了阶级偏见，而对受审人员有利。除非法官受新社会精神的影响，否则他很可能会无意识地偏向于受审人员。

当政治腐败之时，人民能依赖的似乎就只有大众舆论了。但是，饶申布什却指出激发民众舆论需要花费很大的力气。因为，在他看来民众舆论也存在着一些缺陷和弊端。他认为人民取得暂时性的胜利时，媒体就会宣称人民仍然是主人，任何东西都无法阻止民意。"事实上，这一丝希望也如风一般难以把握。只有十分严重的罪恶才能激发公众舆论。而公众舆论很容易关注那些细枝末节的问题，而且持续时间很短，马上就会重新处于休眠状态。"② 所以，他认为专制政府总是喜欢用拖延的策略，因为它了解公众舆论的嗜睡特征。那些剥削者也会很熟练的使用这种伎俩。他们的利益与公众利益是相悖的。如果公众舆论的力量有如此之大，那些有危险意识的人就不会忽略它。不可否认的是一些报

① Walter Rauschenbusch, *Christianity and Social Crisis*, New York: The Macmillan Company, 1911, p.259.
② Walter Rauschenbusch, *Christianity and Social Crisis*, New York: The Macmillan Company, 1911, p.260.

纸明显是一些利益集团的簇拥着。报纸媒体有时也会受经济利益的影响，编辑和新闻本身都会如此。

最后，饶申布什总结到："国家政治生活代表的是国家处理公共事务的方式。它与国家生活的其他方面并未分离。国家生活是当下社会力量和状况的直接结果，同时也受历史传统的影响；反之又对其所处的环境有强化作用。"① 他指出，美国政府的理想是将政治权力和力量平均分配给公民。但是如今美国社会中充满不平等，政治理想也无法实现。"如今，美国已经不再是其他国家实现政治民主的动力，而是民主运动中的障碍、民主反对者的笑料以及热爱自由者的蔑视对象。"② 针对这种状况，他认为如果人们想在政治上实现平等，那就必须首先在经济上实现平等。如果反过来做的话，就会违反自然规律。

（三）社会道德的败坏

除了上述两个方面，饶申布什还发现了一个很严重的社会危机。那就是社会道德的败坏。他认为，道德是在面临错误时做出正确的选择。创造一个人类心灵不与诱惑作斗争的环境是不可能，的也是人们不想要的。但是，邪恶占主导的环境以及其致命诱惑的存在是很多有智慧的人不愿意让自己和孩子接触的。因为，在腐败环境中生活并不会增强未来抵制邪恶的能力。

饶申布什认为，现代生活中的某些诱惑是致命的，以致于很多人都禁受不住而丧失了人格和声誉。欺诈、贪污等现象肆意泛滥。堕落的不仅有弱者，还有强人。甚至连那些纯洁善良的教徒也学会了欺骗和贪污。他指出，每个有较好道德判断力的商人都会意识到他自己不断受商业活动的压力而做一些自己感觉羞愧的事情。"任何一个人可能都不想做这些事情，但是在特定的条件下如

---

① Walter Rauschenbusch, *Christianity and Social Crisis*, New York: The Macmillan Company, 1911, p.263.
② Walter Rauschenbusch, *Christianity and Social Crisis*, New York: The Macmillan Company, 1911, p.264.

果他们想要生存下去甚至飞黄腾达的话他们就不得不这样做。然而，这些不道德的事情使得他们的生活也显得不道德。"①

正如饶申布什所说：如果我们想要创造出一种社会体制能够将人性中的贪婪刻意加强的话，还有什么比我们目前的体制更好呢？充满竞争的商业行为将自私列为一条道德准则。人与人之间陷入了残酷的角斗之中，其中百分之九十的人最终都失败了。善良温和的朋友和邻居因此而变成了工厂和商店里榨取工人们血汗而付给他们很少工资的工头。我们面前摆满了商品，生产商诱使我们购买那些不想买的东西。通过不断的道德教育培养起来的远见和自制被逐渐破坏，人们也养成了透支未来的习惯。盗窃随之而来。这是社会生活中贪婪的产物。商店必须小心防备员工的欺诈以及顾客的偷盗。高级宾馆的顾客经常偷走其中值钱和不值钱的东西，上至银勺下至毛巾。"每年在芝加哥一家著名俱乐部举行的妇女节过后，二百多勺子和装饰品都会丢失。一家教养院里，两个富人家的孩子被放在那里戒除盗窃的习惯。他们的父亲都是美国参议院成员。"②

除了盗窃之外，他还发现另外一种社会罪恶：赌博。他认为赌博是野蛮人的恶习。真正的文明社会应该铲除这一恶习。然而，美国的商业生活却刺激赌博的发展。因为，美国的商业本身就是投机性质的。当然，他也承认人生中充满了冒险。冒险精神也是美国开国先驱们的美德。农民种的每一块地都是一种冒险。但是，与纯粹的赌博不同，劳动是农民的主要工作，因此这是一种健康的过程。"当生产劳动不复存在，冒险成为获益的唯一手段时，商业活动就几乎是赌博了。"③饶申布什下面的假设同样值得我们深思。东方刑事学院的门口写着："年轻人一生中最糟糕的一天就是他认为自己可以不劳而获地得到一美

①　Walter Rauschenbusch, *Christianity and Social Crisis*, New York: The Macmillan Company, 1911, p.264.
②　Walter Rauschenbusch, *Christianity and Social Crisis*, New York: The Macmillan Company, 1911, p.265.
③　Walter Rauschenbusch, *Christianity and Social Crisis*, New York: The Macmillan Company, 1911, p.266.

元的那天。"这是一句忠告，但是如果放在纽约证券交易所或者芝加哥产品交易所的墙上会是什么效果呢？

在探讨这些社会罪恶的同时，饶申布什从中发现了其传染性特征。正如他所说，人的社会性使人类变成了会模仿的生物。如果个人或群体创造出了好的文化、行为或爱好范例，那么模仿会产生好的效果。但是充满竞争的工业过程将大量的财富聚集到了少数人的腰包中，同时也使他们养成了奢侈浪费的习惯，毫无高尚可言。辛苦挣钱的人总是在花钱时仔细盘算；不劳而获的人花钱时则不假思索。流行总是自上而下。每个阶层总是试图模仿比自己高的阶层，而不去模仿比自己低的阶层。因此，"暴发户的奢侈使得整个社会都陷入了错误的崇拜。"①针对这样的社会现象，他认为人们在生活中的自尊和爱被扭曲了。他指出，追求时尚的人自己应该明白自己在此过程中花费了多少金钱、时间和心思。社会的普遍要求使得他们远离了真正的文化。"现代社会中消除积极差异的民主精神使得人们之间的竞争更加激烈。"②为此，他在欧洲人和美国人之间做了以下方面的简单比较。在他看来，以前欧洲的乡下女孩和仆人对自己所穿的衣服都非常满足，并不像跟上等阶层人比较。而在美国，自上至下人人都愿意效仿，当然处于主导地位的是上层阶级；因为标准总是由他们无形中定下的。如果富人只有他们劳动所得，穷人也能够拥有他们劳动应得，那么社会生活的节奏就会慢下来，同时也健康起来。

那么导致社会道德败坏的原因是什么呢？针对这一问题，饶申布什给出了相对中肯而符合事实的答案。他认为，工业和商业本身是很好的生产力。但是，美国商业中强烈的贪婪元素破坏了商业道德。纽约的一位铁路公司老板曾对饶申布什说："七八点钟坐火车去市中心的人是真正造东西的人；九十点钟

---

① Walter Rauschenbusch, *Christianity and Social Crisis*, New York: The Macmillan Company, 1911, p.267.
② Walter Rauschenbusch, *Christianity and Social Crisis*, New York: The Macmillan Company, 1911, p.268.

去的人只是买东西的人。"① 为人们提供商品当然是主要的目的；但是把其他有同样想法的人排挤掉则需要花费时间和精力。在他看来，充满竞争的生活严重扭曲了人们的道德判断，以致于很少有人能够意识到这种行为的不道德。"你不应该贪图邻人的生意"并不是现代人的商业戒律。

贪婪的欲望同时也欺骗了消费者。这样的案例不胜枚举。果酱中没有水果，全羊毛的商品中根本没有羊毛的事情时有发生。"如果儿子想要面包，爸爸不会给他一块石头；但是肥皂石可以当做面粉卖。几年前，农业部长通过广泛调查后估计人们买到的商品中百分之三十都是假冒伪劣商品。……如果食品标签错了的话，那是幸运的；因为至少食物是健康的。但是如果水果味是用煤油和苯酸造出来的，奶粉中添加了甲醛的话；贪婪就意味着谋杀。……人们生病时需要干净的药品，但是我们无法保证药品中不掺假。1904年纽约的一家医疗卫生部门列出三百名医药商和经销商试图向该部门工作人员出售假药。"②

最后，饶申布什总结：工商业本是有益的。因为它们为人们提供生活必需品。但是，工商业组织在服务过程中带来的是身体和道德的消亡。他很赞同维多利亚时期英国最伟大的思想家之一——弗里德里克·丹尼森·莫里斯以及他的朋友查尔斯·金斯利曾说的话。前者深信"竞争被看作是宇宙的法则，这是个谎言"。后者则认为："竞争则死；合作则生。"所以，他认为每个合资公司、托拉斯和工会的形成，每次政府干预或政府所有范围的扩大都是竞争原则的一次失败，也是向合作迈进的一步。在他看来，人们之所以这么做是因为事实证明竞争对于商业活动来说意味着自杀。他认为，基督教徒更有理由反对竞争，因为它扼杀了人格，否定了友爱。"如果金钱当道，那么理想就无法实现。如

---

① Walter Rauschenbusch, *Christianity and Social Crisis*, New York: The Macmillan Company, 1911, p.269.
② Walter Rauschenbusch, *Christianity and Social Crisis*, New York: The Macmillan Company, 1911, p.269.

果我们服务财神，就无法服务基督。"①

（四）对家庭的破坏

最后，饶申布什认为社会中面临威胁的一个最重要的领域就是家庭。他认为，家庭生活是社会生活中的核心。"家庭生活是生命传承和更新的场所；也是道德的基础，最基本的教育场所和真正满足感的源泉。"②同时，他指出，让尽量多的家庭获得幸福应该是国家政府的目标。正如罗斯福所说："当家庭稳定性处于危险时，其他的问题都是不足为重的。"

工业时代的美国社会中，家庭生活在哪些方面遭受到了威胁甚至破坏呢？首先，饶申布什指出结婚率的下降是家庭生活艰难的标志之一。他指出，当时美国的结婚率持续下降。人们结婚很晚，而一旦错过结婚的年龄后，很多人就一生独身了。"1900 年的民众调查显示，罗彻斯特 162608 人中 25 岁到 44 岁之间的男性有 25129 人处于结婚生子的年龄，但 7355 人仍然单身。28218 位女性处于结婚年龄段，8109 人仍未结婚。"③他认为，男女之间相互吸引是社会生活中的基本现象。对于社会生活来说，很多非自愿的独身人士的存在比离婚率的增高更具威胁。贫民窟是单身男女的聚集区。在他看来，这些人之所以过独身生活，并不是出于自己不正确的决定，而是主要由于担心无法在结婚后使家庭保持应有的幸福。

其次，他认为男女结婚后，并没有真正组成家庭；孩子的出生才使得家庭完满。而彼时的美国家庭中婴儿出生率相对较低。"法国总是被人看做是低出生率国家的典型，但是，美国之所以保持较高的出生率主要多亏移民的多

---

① Walter Rauschenbusch, *Christianity and Social Crisis*, New York: The Macmillan Company, 1911, p.271.
② Walter Rauschenbusch, *Christianity and Social Crisis*, New York: The Macmillan Company, 1911, p.272.
③ Walter Rauschenbusch, *Christianity and Social Crisis*, New York: The Macmillan Company, 1911, p.272.

产。"① 在他看来，出生率的高低主要取决于家庭的经济条件。当经济条件较好或有所改善时，出生率会随之上升。当经济出现危机或面临压力时，出生率就随之下降。在美国西部，土地资源丰富的地方，家庭规模也比较大。移民家庭感到相对快乐，所以出生率较高。而本土人则受到移民以及工业发展带来的竞争压力而不愿让自己的孩子一出生就陷入贫穷。针对这样的指责，一些乐观的美国媒体则声称美国孩子的数量虽少，但质量很高。但是这在饶申布什看来只是善意的谎言。他认为导致出生率下降的主要原因有：人们聚居在城市而导致租金升高，生活标准的升高，工资购买力的下降等。"当夫妻两人都难以过活时，他们不愿再要一个孩子。这种情况引起了人类生活中最严重的问题。没有孩子的家庭中，夫妻感情多少会受到影响，生活中的欢乐和活力也会随之下降，无私的人格以及对人性的理解都会因此而不完善。"②

在这一问题上，饶申布什还发现了另一个方面。那就是，很多受教育和有能力的家庭也不要孩子的现象对国家的未来危害更大。按照他的分析，富人则看到了他们的孩子可能会遭遇的困境，所以有些害怕。穷人则没什么可失去的。孩子就是他们变老后的抚恤金。因此，穷人和无知者就承担起了人类的繁繁衍任务。如此一来，人类的智慧和才能没能继承下去。在他看来，"教育的基础是孩子们出生时的天赋。人类的智慧水准只有通过能者的繁衍来提高。而社会制度却异常的选择了弱者来繁衍后代，结果就是不适者生存。"③

再者，家庭生活受到威胁甚至破坏的另一个表现在饶申布什看来就是女孩子在结婚之前的生活状况。他认为，家庭条件决定了女孩子的条件。如果有人追求，那么女孩子可以挑选。如果男人无法支撑一个家庭，那么女孩就只好将

---

① Walter Rauschenbusch, *Christianity and Social Crisis*, New York: The Macmillan Company, 1911, p.273.
② Walter Rauschenbusch, *Christianity and Social Crisis*, New York: The Macmillan Company, 1911, p.274.
③ Walter Rauschenbusch, *Christianity and Social Crisis*, New York: The Macmillan Company, 1911, p.276.

就或者保持独身了。如果男人能够很轻松地负担一个家庭，那么他就能只在乎所爱的女孩。"随着经济压力的加剧以及社会阶级分化的严重，美国的男性也开始要求新娘会给他带来什么财产。"①

针对这样的社会状况，有些乐观主义者将此看做是进步的标志，因为他们觉得女性有很多职业可以选择。但是，饶申布什却认为事实上这不是主观的意愿选择，而是客观的生活所迫。在他看来，大多数女孩真心喜欢的是幸福家庭为她们提供的独立以及内心的满足。一些受过教育的女孩认为她们更喜欢从事工作，因为那样的话她们有一种成就感。但是，当她们明白大多数工作的流程后，她们转而希望拥有自己的家庭。机器取代了妇女在家中的工作，而把妇女带进了工厂，因为她们是廉价的劳动力。她们与那些本该娶她们的男性竞争，进而降低了她们结婚的机率。如果有人有充分的理由制止竞争体制的话，那就应该是未婚女性以及女孩的母亲。

此外，饶申布什还发现了这样的现象："女孩子在身体发育时应该避免身心疲惫状况的产生，而她们却必须去工作。有些则需要一次站很长时间。旺季的时候，她们经常要精疲力竭的工作。她们很少能够感到轻松，而这对她们的健康很重要。很多女孩结婚时，身体上都有缺陷。女孩子们不上学，而去工厂和商店，所以她们也不怎么会持家。如果她们结婚，就只好一人养家、持家。如果有了孩子，那么她们的压力就更大，而且很可能影响家庭的幸福气氛。"②在他看来，人类文明使女性承担起了母亲的重要任务，因为她们身上肩负的是生养未来美国公民的使命。他认为，个体上来讲，美国人相对于其他国家来讲对待女性更加温和；社会角度来看，美国人对待她们则很残忍而愚蠢。大多数女工得到的工资都无法让她们在生活上获得足够的舒适。因此，她们只好忍受

---

① Walter Rauschenbusch, *Christianity and Social Crisis*, New York: The Macmillan Company, 1911, p.276.
② Walter Rauschenbusch, *Christianity and Social Crisis*, New York: The Macmillan Company, 1911, p.277.

或者多工作。如果有父亲和兄弟养家，那么她们就是幸运的。那样的话，她们就比那些需要独立劳作的女孩有优势。如果没有家庭支援，她们该怎么做呢？她们身边有很多未婚和已婚的男士渴望得到她们的青睐。女孩子们也渴望得到男性的陪伴和喜爱。婚姻问题可能无法短时间内解决。她们也渴望漂亮的衣服、饰品，以及好玩的东西。这些很容易得到。"当我想到那些我所知道的思想单纯的女工时，内心就会泛起深深的尊敬。"① 但是，有些则处在危险的边缘。有些可以凭借强烈的宗教信仰和人格尊严而逃脱危险。而那些弱者有些则难逃厄运。她们就像是笼中鸟一样，难以挣脱。最严重的危险不是职业妓女数量的增加，而是女性越来越频繁的通过不道德的手段来获得金钱和快乐。

社会的健康依赖于家庭的幸福。针对上面所述及的问题，饶申布什难免要有下面的假设：如果未婚青年越来越多，孩子越来越少，拥有住房的家庭越来越少，女孩不知道如何做家务，男性开始怀疑女性的贞洁时，结果会是什么呢？

综上所述，饶申布什认为在历史中遭遇的种种阻碍致使基督教社会关怀思想未能发挥其作用；而工业化时期的美国社会危机给基督教社会关怀带来了极大的阻碍和困难。这些因素都是基督教本身忽视或难以实践希伯来先知、基督所坚持的社会关怀思想。

---

① Walter Rauschenbusch, *Christianity and Social Crisis*, New York: The Macmillan Company, 1911, p.278.

第三章　基督教社会关怀的时代机遇

从上可见，基督教社会关怀在历史和当时都面临重重困难和挑战。但是，饶申布什认为这一使命的完成在当时的基督教神学方面具备很大理论可能，同时在社会发展中拥有一定的现实基础。理论方面，他认为基督教神学即使面临重重困难也必须做出调整。对于其中的困难，饶申布什看得很清楚。但是，对于神学调整的目标，他看得更加清楚。总体来讲，他认为神学应该以社会关怀为本。为此，他在吸纳希伯来先知、耶稣·基督以及原始基督教社会思想的基础上结合当时社会现状构建了社会福音神学体系。理论支撑之外，饶申布什通过自身对社会的观察在其中发现了社会关怀的现实基础。这主要包括那些不断发展改善的社会成份以及整个社会的发展趋势。此二者为饶申布什的基督教社会关怀思想提供了不可或缺的历史机遇。

第一节　基督教神学调整

饶申布什认为社会关怀虽然面临很大困难，但是从神学理论的角度来看依然存在可能。在他看来，社会福音神学无论从结构体系还是活力方面都是能够与社会福音相匹配并为之提供支撑的理论框架。在《社会福音神学》一书中，他主要从两大方面探讨了社会福音神学。其一是神学调整的必要性及其面临的困难，其二是针对神学教理的调整提出的具体建议。总之，他认为要想实现基督教社会关怀就必须要拥有一种"足以涵盖社会福音并在活力和效能上不会阻碍社会福音的神学体系。"①

一、神学调整的必要性及其面临的困难

饶申布什指出，在宗教的发展历程中，人们总是试图将外来思想融合到宗教思想中去。比如："早期的诺斯替教派和中世纪的阿尔比教派就曾试图将基督教思想与二元论以及严格的禁欲主义结合起来。现代社会中的摩门教派、神智派以及基督教科学派都是纯正的基督教思想与外来元素结合的产物。"②在他看来，律法的普遍效能、进化论、人类对自然的控制以及教育和自由的独立价值观念是现代社会中最具影响力的观念并且对宗教思想产生了很深刻的影响。但是，这些元素在神学中却是新颖的内容。"它们不是外来的，但是在以往神学中的重要性可能不如现在。"③而社会福音思想既非外来也非新出现的内容。

（一）社会福音思想的界定

首先，社会福音或者社会救赎的观念不是外来的内容，而是出自基督教思想本身。它只是基督教救赎思想中的一部分，只不过长期以来人们并没有给予其应有的重视而已。正如饶申布什所说："一旦救赎的愿望足够强烈而明智，进而超越个体的罪；并且能够辨明个体与其所属的社会群体之间的密切关联之后，社会救赎的问题就会出现在我们面前，令人难以遗忘。"④社会救赎的观念与基督教救赎思想之间的关系正如一个小的同心圆与大的同心圆之间的关系一

---

① Walter Rauschenbusch, *A Theology for the Social Gospel*, New York: The Macmillan Company, 1917, p.9.
② Walter Rauschenbusch, *A Theology for the Social Gospel*, New York: The Macmillan Company, 1917, p.23.
③ Walter Rauschenbusch, *A Theology for the Social Gospel*, New York: The Macmillan Company, 1917, p.23.
④ Walter Rauschenbusch, *A Theology for the Social Gospel*, New York: The Macmillan Company, 1917, p.24.

样。社会救赎与个人救赎之间的联系正如天文学和物理学之间的联系一样。他指出，以往人们没能清晰的看到社会救赎的层面主要是由于思想和精神的不成熟。由此看来，他认为社会福音的思想在神学中并非外来元素的观点还是很正确的。

其次，社会福音的思想观念也不是现代社会中出现的新鲜事物。在他看来，社会福音是最古老的福音。它的基础是使徒和先知们的思想。其本质是基督本人所保有的希伯来信仰。正如饶申布什所说："如果先知们谈及救赎计划，他们所指的就是民族的社会救赎。"① 他们的目标就是要运用真正的基督思想关怀现实社会。另外，他还提到第一代信徒的'上帝再临'愿望。他认为这一愿望的最终目标也是在运用基督精神关照世俗社会。正如他所说："如果这些信徒知道这一愿望将被从神学中剔除并被其他的思想代替，那么他们将会吃惊不已。"所以，饶申布什认为，社会福音的思想是基督教思想中一直都存在的古老内容，只不过在基督教的历史进程中被遗忘或忽视而已。

因此，他认为社会救赎的观念从本质上来讲既不是基督教思想之外的产物，也不是现代社会中出现的新鲜事物。在对其性质进行了确定之后，饶申布什开始探讨现代神学调整的必要性及其面临的困难问题。

（二）神学调整的必要性

神学必须调整才能适应新的社会发展趋势以及思想潮流，这是饶申布什在这一问题上的基本论调。正如他所说："如果神学停止发展或者无法调整自身以适应现代的环境并承担当下的责任，它就会死亡。"② 就现代社会的形式来讲，神学应该调整自身以便承担起社会关怀的责任，并为社会福音提供合适的

---

① Walter Rauschenbusch, *A Theology for the Social Gospel*, New York: The Macmillan Company, 1917, p.24.
② Walter Rauschenbusch, *A Theology for the Social Gospel*, New York: The Macmillan Company, 1917, p.1.

理论体系和框架。在他的分析中，社会福音的日趋强势和神学的停滞不前是神学做出必要调整的主要原因。

一方面，饶申布什认为社会福音已经成为正统的福音，而且在现代社会中的影响力越来越大。在他看来，社会福音的历史存在是毋庸置疑的。"只有在落后的宗教和社会群体中，它才是新鲜事物。"[1]他指出，社会福音在现代社会中不仅得到了宣扬，而且将牧师的传教和组织工作转到了新的、好的方向上去。从美国本土的情况来看，他认为社会福音的到来是以约西·亚斯特朗的《我们的国家》一书为标志的。"这本书将国内传教问题提升到了一个新的高度。"[2]自此，有关社会福音的书籍无论从数量还是从质量方面来讲都是很引人注目的。受此影响，包含社会期望的祈祷词和圣歌开始出现。而保守的教派也正式接受社会福音的基本理念并将之投入到了实际应用中去。在教派间建立大的组织就是受此影响的产物。所以，在饶申布什看来，社会福音已然成为美国社会中的一股积极力量。

更重要的是，这股力量的出现深受个体和社会群体的欢迎。正如他所说："与学生有接触的人都知道为社会服务的愿望对于他们来讲意味着什么。神学院的学生更是迫不及待地寻求服务社会的途径。"[3]他指出，有些学生甚至不愿进入到正规的神学院校，因为他们怀疑这种地方能否为他们提供充足的机会和自由来表达和施行他们的社会信仰。而那些成年的牧师们受到社会福音的影响后会面临宗教信仰危机。但是，一旦克服这种危机，他们就会获得新的快乐和力量，同时思维也会变得开阔很多。此外，他还提到在很多非基督教徒的生活中，社会福音已经取代了传统宗教，而成为正统的宗教。比如，社会福音已经

---

① Walter Rauschenbusch, *A Theology for the Social Gospel*, New York: The Macmillan Company, 1917, p.2.
② Walter Rauschenbusch, *A Theology for the Social Gospel*, New York: The Macmillan Company, 1917, p.2.
③ Walter Rauschenbusch, *A Theology for the Social Gospel*, New York: The Macmillan Company, 1917, p.3.

成为社会主义宣传过程中的道德力量。社会福音除了在上述个体领域产生很大影响之外还在社会群体领域有着难以低估的号召力。如他所言："所有清楚面对未来的社会群体都明显地表现出了对基督教社会性阐释和应用的需求和渴望。"① 他指出，任何一个想要拥有工人听众的宗教组织必须在宗教与他们的社会情感和经历之间建立联系。和大学生有关的宗教组织都明白缺乏社会标签的号召是多么无力。在这两个社会群体中，最成功的福音传道者是能够真正体现他们宗教生活和思想中社会福音的人。此处，他给出的一个较为典型的案例是"人类与宗教前进运动"。他指出，该运动的组织者在计划之初对社会服务的目标十分犹豫不决。但是，当随着该运动在大众中间的推广，只有那些为人们提供宗教社会应用的集会才能吸引大众的事实变得越来越明显。

所以，饶申布什认为社会福音在美国社会中的影响力是神学做出调整的重要原因之一。因为，"社会运动是现代世界中最重要的道德和精神运动；而社会福音则是基督教意识对其做出的回应。同时，社会福音也标志着基督教精神有史以来第一次获得与真正的社会和心理科学合作的机会。它是宗教对民主到来所做出的反应。它试图使教会从基督和先知们那里继承的民主精神再一次主导教会机构和思想。"② 总之，他认为社会福音是对原来的救赎福音做出的强化和扩充。个体福音让人们明白每个人心中的罪恶感，并且激励人们相信上帝对每个灵魂进行救赎的意愿和能力。但是，这种救赎观没有让人们充分理解社会秩序在个体犯罪过程中的责任，也没有激起人们对上帝救赎人类社会机制的信仰。正如他所说："在这种救赎观的影响下，人们的罪恶感和对救赎的信仰缺乏现实感。"③ 而社会福音则是号召人们拥有先知们对民族和社会救赎的信仰。

---

① Walter Rauschenbusch, *A Theology for the Social Gospel*, New York: The Macmillan Company, 1917, p.3.
② Walter Rauschenbusch, *A Theology for the Social Gospel*, New York: The Macmillan Company, 1917, pp.4–5.
③ Walter Rauschenbusch, *A Theology for the Social Gospel*, New York: The Macmillan Company, 1917, p.5.

另一方面，饶申布什指出神学自身在社会发展过程中的滞后也是其需要做出自身调整进而适应社会福音潮流的一个重要原因。他认为："神学并不比福音高级。神学存在的目的就是为救赎的宣扬提供帮助。其任务就是使基督教中的基本原理和思想变得简单明了、充分有力；这样宣扬福音的人，包括牧师和普通信徒，都能够充分利用其中的资源并且传达完整明晰的基督教信息。"[1] 也就是说，当人类的进步带来新的任务，比如世界范围的布道或者新的问题，比如社会问题时；神学必须将我们信仰中的原有法则与这些内容联系起来并将之视为基督教的任务和问题。简而言之，神学必须与时俱进，及时调整自身适应新的社会环境和变化。在饶申布什看来这不是一件容易的事情。他指出，社会福音的先驱们曾在将原有的信仰与新的目标相结合的过程中遭遇了很大的困难。有些人失去了信仰，有些人则在经历了斗争之后只剩下对真理残缺不全的阐释。他认为，传统神学对此应该承担相应的责任和指责。因为，它使得这些人成为了受害者。"如果我们的神学在社会救赎的问题上箴默不语，我们让大学生、工人和神学院的学生在非社会的神学体系与非宗教的社会救赎体系之间做出选择的话，相信结果不难预测。如果我们试图让基督教教条保持不变的话，那么我们将使其遭受抛弃。"[2] 所以，饶申布什认为神学在此过程中应该尽力。

然而，事实却并非如此。他指出，神学在社会福音的发展过程中非但没有提供必要的帮助，反而成为了真正的阻碍和束缚。正如他所说："当牧师跟人们谈论童工和强者剥削弱者的问题时，当他坚持认为所有人都应该有充足的食物、教育、娱乐以及做人的机会时，人们会给出回应。人们会受到普通的人

---

[1] Walter Rauschenbusch, *A Theology for the Social Gospel*, New York: The Macmillan Company, 1917, pp.6-7.
[2] Walter Rauschenbusch, *A Theology for the Social Gospel*, New York: The Macmillan Company, 1917, p.7.

性情感以及从基督那里学到的信仰所感动。"① 但是，反对和质疑的声音也会存在。这些人会说："环境并没有救赎的能力；人类需要的是重生；没有重生的个体就没有重生的社会；我们并不是为了此世而活，而是为了来生；教会的作用不是处理经济问题；上帝再临之前的任何改变社会秩序的努力都是徒劳。"②饶申布什认为这些声音源于传统教会学说所产生的神学意识。所以，他认为教会总是在这两种声音之间徘徊不定、犹豫不决。然而，正是处于此种境遇中的神学阻碍了社会福音的发展和进步。以致于，很多牧师的思想体系都是哑铃式的。一端是社会福音，另一端是个体救赎；而两者之间的联系却被削弱。然而，"信仰的力量在于信仰的统一。宗教需要生活的健全。我们需要的是能够将我们所有的精神问题都包容在其中的完满的教理体系。"③

综上所述，在饶申布什看来，神学体系应该在新的社会环境中做出必要的调整以便为社会福音的发展提供支持。只有这样，神学才能获得新的活力和效能。总之，他认为："神学为了能够为社会福音提供充分的思想基础而做出调整是必须的、可行的、合情的，也是合理的。"④ 当然，他并没有忽略其中所存在的困难。

（三）神学调整困难重重

饶申布什认为神学调整自身的方向必须确定，但是他也深刻地意识到了其中的困难。正如他所说："任何改变基督教教义的要求都会引起一阵的恐惧和苦恼。"⑤ 从客观上来讲，宗教真理是人们的灵魂赖以生存的真理，因此不能被废弃或者修改。从主观上来看，人们对于自己长期坚守的信仰有着很高的热

---

① Walter Rauschenbusch, *A Theology for the Social Gospel*, New York: The Macmillan Company, 1917, p.7.
② Walter Rauschenbusch, *A Theology for the Social Gospel*, New York: The Macmillan Company, 1917, p.8.
③ Walter Rauschenbusch, *A Theology for the Social Gospel*, New York: The Macmillan Company, 1917, p.p9.
④ Walter Rauschenbusch, *A Theology for the Social Gospel*, New York: The Macmillan Company, 1917, p.1.
⑤ Walter Rauschenbusch, *A Theology for the Social Gospel*, New York: The Macmillan Company, 1917, p.10.

情，他们将之视为精神食粮；因此坚决反对宗教思想方面的任何改变。由此看来，神学调整的确面临很大的困难。在饶申布什看来，这些困难主要包括以下几个方面：

首先，保守主义力量的存在给神学的调整带来了很大的挑战。它们不愿放弃自己所珍视的东西，饶申布什对此深表同情。但是，他认为改变是必须的，因为这些改变是有益的而不是破坏性的。这些改变是对神学的扩充，而不是削减。"社会福音要求的是对救赎范围的扩大以及更多的宗教活力来完成上帝的工作。它带来的是更加彻底而持久的救赎。它可以使人们产生更加深刻的罪感，进而进行更加彻底的忏悔。"① 因此，改变的趋势不可更改。至于这些保守力量的成分，饶申布什认为上述的宗教忠诚是主要的。除此之外，就是一些不太有价值的成分。比如：教义神学和教会就是其中的典型代表。他认为教义神学比起其他神学研究来讲与事实的接触不够直接。正如他所说："解经学和教会史学所处理的是历史材料，它们的任务时发现事实。新的事实和世俗科学工作的压力迫使它们不断修改自己的结论并接近事实。"② 而教义神学关注的则是那些不够确切、不够具体的东西。它延续了传统的神秘主义潮流。教会对系统神学家的要求就是明白无误的阐释教会所保有的思想和言论。至于教会，他认为："从理论上来讲，教会是提供无私服务的伟大组织。但是事实上，教会总是关注自身的力量和权威。而教会的权威在很大程度上来讲依赖于教义的稳定。"③ 他指出，罗马天主教会总是坚持教会思想的统一。对异教思想的赤裸裸的镇压是其反对改变所采取的最后的也是最粗鲁的方式。而那些较为温和的、精神上的压迫，每个与教会思想相左的人都能感受到。总之，饶申布什认为这

---

① Walter Rauschenbusch, *A Theology for the Social Gospel*, New York: The Macmillan Company, 1917, p.11.
② Walter Rauschenbusch, *A Theology for the Social Gospel*, New York: The Macmillan Company, 1917, p.12.
③ Walter Rauschenbusch, *A Theology for the Social Gospel*, New York: The Macmillan Company, 1917, p.12.

些自私的保守力量是对上帝之国的反对而非支持。

其次，神学自身所表现出来的落后也是神学调整所面临的困难之一。饶申布什认为："神学需要不断的更新自我。其自身所面临的最大危险不是残缺不全而是过于腐朽。"[①] 他指出，当神学表达出年轻宗教的思想时，它就是有活力的；当人们为了理解神学而被动接受教义时，神学就成为了一种负担。这种负担对人们来讲是毫无益处的。正如他所说，早期教会确立的教义和神学思想是为了将当时的教会团结起来，积聚自身力量，战胜敌人。但是，随着时代的前行，这些思想已经变得不合时事，而且对于现代社会来讲毫无意义可言。因此，人们对这些教义和神学思想的敬仰事实上是一种祖先崇拜。在他看来，这样辛苦坚守宗教信仰的行为从精神层面来讲与苦行主义一般不二。而社会福音在获取拥护的时候并不需要教会权威的帮助。必要的时候，它能够通过反对教会权威的方式来获取支持。"社会福音为所做的事情正如四世纪时期的尼西亚会议以及十六世纪时期的宗教改革神学所做的一样。没有社会福音，神学在未来必然会远离人们的生活而逐渐成为人们的回忆。"[②] 由此可见，神学自身的停滞不前会给神学的调整带来很大的困难。但是，饶申布什还是坚持认为神学应该与时俱进，否则它将会慢慢消亡。

再者，宗教与伦理的分离也使得神学难以调整。饶申布什认为："宗教在历史演变的过程中所取得的每次进步都是以宗教与伦理更加紧密的联合以及对非伦理的宗教行为的消除为标志的。"[③] 他的这一认识还是很正确的。在他看来，基督的生活和思想是宗教和伦理结合的最完美体现。然而，不幸的是，基督之后的基督教很快就堕回到前基督的阶段。按照他的分析这一趋势的主要表

---

① Walter Rauschenbusch, *A Theology for the Social Gospel*, New York: The Macmillan Company, 1917, p.12.
② Walter Rauschenbusch, *A Theology for the Social Gospel*, New York: The Macmillan Company, 1917, p.13.
③ Walter Rauschenbusch, *A Theology for the Social Gospel*, New York: The Macmillan Company, 1917, p.14.

现是仪式行为和正统的信仰对于救赎来说变得不可或缺。这些东西有着自身的价值，而与其对行为的影响毫无联系。而神学的任务就是保护并反复灌输这些非伦理的宗教成分。因此，神学在宗教与伦理的分离过程中也扮演了帮凶的角色。但是，饶申布什明确指出："很明显，当宗教和伦理被看作一心一意的宗教生活中的不可分割的元素时，我们的宗教才是最基督化的。神学中任何强烈肯定宗教和伦理结合的运动都可能是基督教思想中健康的基督化力量。"① 在他看来，社会福音就具有这种性质。因为，"社会福音的宗教兴趣集中在社会生活中的伦理问题之上。而基督教在历史上的那些非伦理的行为和信仰几乎都是将注意力集中在天堂和永生的问题上。"② 此外，上帝之国的建立只能依赖正义的行为和生活。社会基督教中几乎没有滋生和加强迷信的土壤。社会福音在神学思想中的分量越重，刺激越大，宗教就越会集中在伦理正义的问题上。根据饶申布什的观点来看，社会福音注定会在神学内部称为改革和基督化的力量。由此可以看出，他认为神学的调整必须将宗教和伦理紧密联系在一起，神学必须摒弃以往的行为而根据时代的环境而做出相应的改变。

最后，饶申布什提到神学调整面临一个说小又不小的困难，那就是神学思想的表达方式问题。之所以说这一问题小主要是与前面所提到的困难相比而言，说其不小主要是因为这一困难的存在根深蒂固，难以彻底克服。他指出，神学探讨的一些问题除了教会对其感兴趣而使其长期存在以外是不为人所知而且很难理解的。正如他所说："即使是神学中的末世论也是很难令人理解的，除非他长期生活在教会的影响之下。"③ 而基督和其追随者都是神学上的外行。但是人们觉得他的教导与神学家们的论述不同，因为他的教导没有那么沉闷，

① Walter Rauschenbusch, *A Theology for the Social Gospel*, New York: The Macmillan Company, 1917, p.14—15.
② Walter Rauschenbusch, *A Theology for the Social Gospel*, New York: The Macmillan Company, 1917, p.15.
③ Walter Rauschenbusch, *A Theology for the Social Gospel*, New York: The Macmillan Company, 1917, p.15.

因此更加生动。其中的原因就在于，"当基督教的目标从下层社会转向上层社会时，其社会取向不再那么民主友爱，其语言表述也不再那么简单易懂。"① 这样一种趋势导致的后果就是神学成为了专家们的研究对象。而普通信徒只能全心全意的相信那些他们无法理解的东西。但是，实际效果却并不是教会和神学家们所预想的那样。因为，普通信徒总是赞同他们所接受的内容，但是他们会下意识的独立选择真理。而他们选择的信条总是很简洁的。正如饶申布什所说："一个人可能会接受很多神学内容，但他在生活中只依赖其中的一小部分。"② 而社会福音关注的是普通人在生活中很熟悉的问题。而远离教会的听众会很投入的聆听那些与他们自身面临的社会问题相关的宗教思想。因此，他认为神学虽然没有必要将其语言表述降低至没有受过教育的人才能接受的程度，但是对其术语进行简化并关注现实生活对其来说是十分有益的。

综上所述，饶申布什坚信神学需要调整，即使是在此过程中会面临很多困难。社会福音是神学做出调整过程中的重要合作伙伴。因为，社会福音代表了宗教乃至神学在现代社会中的发展趋势，而且它有着很正统的思想根源，那就是基督的生活和思想学说。正如他所说："神学总是需要自我更新，尤其是在像我们所处的这样一个大的变革时代当中。但是，改变总是会带来伤害。如果改变必须到来，那么社会福音的影响对其来说可能是最有益而健康的渠道。因为，神学的基督化色彩并不会因为扩大救赎的范围、更加认真的考虑社会罪恶以及相信上帝之国而有所褪色。"③ 总之，饶申布什认为基督教社会关怀需要神学做出调整；而神学也有权利、有义务做出相应的调整。那么，神学应该在哪

---

① 　Walter Rauschenbusch, *A Theology for the Social Gospel*, New York: The Macmillan Company, 1917, pp.15–16.
② 　Walter Rauschenbusch, *A Theology for the Social Gospel*, New York: The Macmillan Company, 1917, p.16.
③ 　Walter Rauschenbusch, *A Theology for the Social Gospel*, New York: The Macmillan Company, 1917, pp.21–22.

些方面做出什么样的调整呢？

二、社会福音神学内涵

在明确了神学调整的必要性和困难之后，饶申布什阐述了神学受社会福音影响后应该调整的内容。在他的社会福音神学框架中，罪、救赎和上帝之国可以说是三块基石，也是他认为社会福音神学所应该重点关注的神学内容。尤其是对于前两个方面，他给予了更多的关注；因为这两方面更加具有现实意义。当然，诸如圣餐、末世论、圣灵、启示和洗礼等方面的内容也在此范围之内。不过，考虑到文章的主题，本书主要关注上述的三方面内容。这也是符合饶申布什本人的意图的。正如他所说："社会福音在一些理论性更强的教义方面没有多少贡献。它的兴趣点在于俗世以及当下生活中的社会关系。它关注的是如何消除罪并完成救赎的使命。因此，神学中应该有效表达社会福音的部分是罪和救赎方面的教义内容。"①

（一）罪是根本

有关罪的问题，饶申布什主要是从以下几个方面来探讨的：罪的意识、罪的本质以及超个人力量的罪。

1. 他认为罪的意识是所有有关罪的教义的基础。严肃而谦卑的罪感是宗教生活观的一部分。在他看来，这种罪感随着人们道德观念的不断成熟和宗教化程度的加强而不断加深。正如他所说："当我们从法律和舆论的层面来考察时，我们会想到犯罪、邪恶、恶习和性格缺陷。当我们以宗教的态度对待时，我们会祈祷：'哦，上帝！赐予我纯净的心灵和正义的精神吧！'"② 由此看来，他十

---

① Walter Rauschenbusch, *A Theology for the Social Gospel*, New York: The Macmillan Company, 1917, p.31.
② Walter Rauschenbusch, *A Theology for the Social Gospel*, New York: The Macmillan Company, 1917, p.31.

分强调罪的世俗和宗教两个层面。他认为，人们在上帝面前会对自己过去的行为和现在的状况有更加彻底的认识。而缺乏罪的意识则是道德不成熟以及规避光明的特征。因此，拥有宗教意义上的罪感是十分重要的。因为，"那些拥有为他人阐释生活的能力、对可能的完善有着最清楚的认识并对正义有着最热切渴望的人们通常也能够对自己的缺点有着最痛切的认识。"[1] 对于社会福音对罪的意识的消极影响，饶申布什也是有着很清醒的认识。他意识到一些人在罪感方面的严肃程度和深刻性可能会因此而有所消弱。但是，他还是坚持自己的观点；因为在他看来，社会福音的主要目标是转移重心并对不同类别的罪给予新的评价。社会福音要将重心转移到公共道德问题以及社会集体所犯的错误上去。而原先的神学则将这些罪忽视了。所以，饶申布什认为这种在过去的学说所犯下的致命错误必须得以纠正和弥补。正如他所说："当我们意识到自己在浪费时光、耗费精力、无视机会并辜负上帝的恩惠时就会有深深的罪感。"[2] 而人们意识到自己在阻碍上帝之国的实现时，则会有更加深切的罪感。"我们对上帝之国的义务比起其他义务来讲更加高级。能够帮助上帝之国的实现是最高的快乐。如果因为我们的软弱而导致其失败、因为我们的无知而对其阻碍、反对其先知……在危险时刻对其加以否定……或者为了蝇头小利而对其背叛，那么这将是最大的罪。"根据饶申布什的分析，社会福音则可以让人们摆脱这些罪恶，获得新的洗礼。

2. 对于罪的本质，饶申布什认为是很难来确定的。因为，在他看来罪的弹性和复杂程度和生活是一样的。"其品质、程度和应受谴责的程度因个体的道德智慧和成熟程度及其社会自由和对他人的权力大小而不同。"[3] 他指出，神学

---

[1]　Walter Rauschenbusch, *A Theology for the Social Gospel*, New York: The Macmillan Company, 1917, p.32.
[2]　Walter Rauschenbusch, *A Theology for the Social Gospel*, New York: The Macmillan Company, 1917, p.36.
[3]　Walter Rauschenbusch, *A Theology for the Social Gospel*, New York: The Macmillan Company, 1917, p.45.

已经一致将罪的本质定义为自私。他认为，这是一种伦理和社会化的定义，同时也证明了基督教的社会性。但是，他还是提醒人们："当人们在考察罪的发展过程时，有两件事情是需要人们注意的。首先，当罪的特征成熟时，自私的元素就会显现出来；其次，较高级形式的罪关涉的是自私的自我与人类公共之善之间的冲突；或者用宗教术语来表达就是自我与上帝之间的冲突。"①据此，饶申布什将罪看作是有层次和级别之分的。他认为，感官享受、自私自利和无神主义从本质上来讲是罪的三个不断递升的层面或形式。在此过程中，"我们违背更高的自我、人类之善和普遍之善而犯罪。"②因此，将罪定义为自私可以为罪和救赎的社会观念提供很好的神学基础。但是，社会福音可以更大程度地将其社会化并使之充满活力。因为，"罪不是罪人和上帝之间的私人交易……我们必须将上帝的观念民主化，这样罪的定义才能更具现实性。"③此外，"罪从本质上来讲就是自私自利。与其他个体性的宗教比起来，这个定义与社会福音之间的关系更加和谐。有罪的思想就是非社会和反社会的思想。"④那么，社会福音是怎样从更加正确的宗教角度来认识罪的呢？对此，饶申布什认为："罪总是在与正义的对照中才会被揭示出来。"⑤而且，"从宗教的角度来认识罪的更好也是更基督化的方法就是理解基督本人以及上帝之国观念中所包含的社会正义的积极理想。罪则是破坏这些理想并使之受挫的反叛力量。"⑥因为，给世界定罪的不是亚当，而是基督。基督在精神上的完满主要在于他对上帝和人类的热爱以及他对上帝之国的毫无保留的奉献。在饶申布什看来，这是神圣的标

---

① Walter Rauschenbusch, *A Theology for the Social Gospel*, New York: The Macmillan Company, 1917, pp.46–47.
② Walter Rauschenbusch, *A Theology for the Social Gospel*, New York: The Macmillan Company, 1917, p.47.
③ Walter Rauschenbusch, *A Theology for the Social Gospel*, New York: The Macmillan Company, 1917, p.48.
④ Walter Rauschenbusch, *A Theology for the Social Gospel*, New York: The Macmillan Company, 1917, p.50.
⑤ Walter Rauschenbusch, *A Theology for the Social Gospel*, New York: The Macmillan Company, 1917, p.50.
⑥ Walter Rauschenbusch, *A Theology for the Social Gospel*, New York: The Macmillan Company, 1917, p.51–52.

准。因此，人的道德和宗教品质必须以其对上帝之国的奉献和投入程度为标准来衡量。他认为，按照这一标准来衡量，人的罪会很明显。那就是，人总是在试图建立为自己服务的王国，而不是为大众服务的上帝之国。另一方面，社会福音对罪的教义的主要意义在于它使得上帝之国的理想重新恢复活力。饶申布什认为上帝之国理念中的两个方面是特别需要人们注意的：一，上帝之国是爱的王国；二，上帝之国是劳动的社会共同体。因为，他认为："只将上帝之国看做是充满善意的地方是不够的。"[1] 在他看来，要想使人们彼此爱若兄弟，人类生活的机制从本质上来讲就必须是充满友爱和合作精神的。那么，与此相对，罪就是贪婪和自私。既然上帝之国是爱的国度，那它也必须是合作劳动的社会群体。因为，没有满足他人需求的能力，人们之间是不会彼此相爱的。正如饶申布什所说："如果上帝之国是由高度发展的人所组成的社会群体，它也必须是一个劳动组织，因为没有劳动谁也无法完全实现自我。"[2] 由此，人们可以看出罪的本质。"罪在不正常的增加自我实现的机会时却自私地极爱那个别人的机会带走了；罪在不正常的加大别人劳动量的时候无形中使自己的劳动量减少了。懒惰是自私的表现；它不仅是不道德的，也是反抗上帝之国的一种罪行。"[3] 总之，饶申布什认为在神学上将罪定义为自私是一种很社会化的做法；而罪的性质只有在与基督身上和上帝之国理念中所包含的社会正义理想的对比下才能被更加清晰的认识。

3. 在阐明罪的意识和罪的本质之后，饶申布什讨论了社会福音神学中有关罪的教义的另一个重要方面：超个人力量的罪。他首先指出，人类世界中存在个体和社会两个层面这一观念对于罪的教义方面来讲有着很重要的意义。因

---

[1]　Walter Rauschenbusch, *A Theology for the Social Gospel*, New York: The Macmillan Company, 1917, p.54.

[2]　Walter Rauschenbusch, *A Theology for the Social Gospel*, New York: The Macmillan Company, 1917, p.55.

[3]　Walter Rauschenbusch, *A Theology for the Social Gospel*, New York: The Macmillan Company, 1917, p.55.

为，"群体对于其中的个体有着某种权威；而且可以将其道德标准强加到成员身上。群体道德标准的高低则决定了其成员所具有的道德水准。"①好的社会群体可以提升其成员的道德水平；反之亦然。同时，他还指出，"邪恶的集体力量总是从好变坏的。很少有为了邪恶的目的而成立的组织。"②在他看来，这些组织之所以衰败主要是因为领导不善或利益诱惑。然而，组织程度越高，当它犯错时所产生的后果也就越严重。饶申布什认为："教会的腐败是历史上最严重的退步。"③他指出，远在宗教改革之前，教会的情形已经史最严重的社会问题了。以民主和友爱为基础而创建的教会却成了被寄生的上层阶级所控制的组织；同时也成了民主和友爱发展过程中最大的障碍。教会本应带给人们爱、团结与自由；然而它带来的却是分裂、仇恨与思想压抑。然而，在他看来，社会福音充分认识到了这种超个人力量的罪对于社会救赎的重要性。因为，"社会福音已经成功唤醒了人们的社会良知，同时也使人们意识到这种超个人力量在变成寄生和压迫性的力量后会出现什么样的后果。"④因此，他主张："神学必须意识到这些超个人力量的精神价值和意义，否则神学将无法充分解决罪和救赎的问题；同时也无法与未来几代人所必须承担的最重要的救赎工作发生联系。"⑤

"罪"是饶申布什的社会福音神学思想中很重要的一个部分。因为，他认为只有当人们对"罪"有了充分的认识之后；救赎的工作才能得以有序且有效进行。

---

① Walter Rauschenbusch, *A Theology for the Social Gospel*, New York: The Macmillan Company, 1917, p.71.
② Walter Rauschenbusch, *A Theology for the Social Gospel*, New York: The Macmillan Company, 1917, p.72.
③ Walter Rauschenbusch, *A Theology for the Social Gospel*, New York: The Macmillan Company, 1917, p.73.
④ Walter Rauschenbusch, *A Theology for the Social Gospel*, New York: The Macmillan Company, 1917, p.75.
⑤ Walter Rauschenbusch, *A Theology for the Social Gospel*, New York: The Macmillan Company, 1917, pp.75—76.

（二）救赎是途径

饶申布什强调罪和救赎在任何一个宗教和神学体系中都是紧密相连的。对于救赎的问题，他主要是从个体的救赎、超个体的救赎以及教会在救赎中的角色三方面来探讨。他明确指出，社会福音坚持认为人类应该从其社会错误中被救赎出来，这是十分有必要的。因为，社会过错已然遍布，并经常诱惑个人作恶进而抵抗救赎力量。所以，"社会福音的主要兴趣集中在超越个体灵魂的罪的表现及其救赎。"① 他这么说的目的并不是要完全否定或忽略个人救赎的重要性；而是强调社会福音的重点和新颖之初。

1. 对于个人救赎，他有着很清醒的认识："个人救赎是救赎中的基本部分……所以不能避而不谈。"② 他认为，只有当我们将个体内部的危机与影响个体或者由个体而产生的社会力量联系起来考察时，救赎的定义和内涵才能获得现实意义和道德影响力。也就是说，救赎和罪一样也是有层次的，其中包括个体和社会两个方面。这两个方面的救赎是密不可分，相辅相成的。正如他所说："对某一特定个体进行的救赎过程所采取的形式由其所处的历史和社会的精神环境所决定。无论如何，人类同胞没有参与的宗教经验似乎不是真正的基督教经验。"③ 由此看来，个人的救赎也是有历史和社会条件的。那么，在饶申布什的视野中，个人救赎的具体内涵是什么呢？他所强调的罪与救赎之间的联系在此显现。他认为，如果罪是自私，那么救赎就应该是反自私的一个过程：一个从自我到上帝和人类集体的转变过程。有罪的人经常保持自私自利的态度，将自己放在宇宙的中心，而把自己的同胞和上帝看做是为自己谋私利的工具。所以，在饶申布什看来，完全的救赎就应该是与此相反的一个过程。也

---

① Walter Rauschenbusch, *A Theology for the Social Gospel*, New York: The Macmillan Company, 1917, p.95.
② Walter Rauschenbusch, *A Theology for the Social Gospel*, New York: The Macmillan Company, 1917, pp.95-96.
③ Walter Rauschenbusch, *A Theology for the Social Gospel*, New York: The Macmillan Company, 1917, p.97.

就是，"保持爱的态度，并在这样的态度中遵循上帝精神所产生的爱的动力，将自己的生活与同胞的生活自由的协调起来，同时参与到互助的神圣有机体中。"[①] 这就是他所理解的个体救赎，一个从自我为中心向以上帝和他人为中心的转变过程。当然，他也清醒的意识到在现实生活中完整或彻底的转变是不可能出现的。因为，"觉醒的和重生的人需要花很长时间才能在思想上明白此后的生活对他意味着什么；而他将自己所知道的东西付诸实践的能力则是需要不断训练的。"[②] 即使如此，他还是坚持认为个人救赎的初级或基本形式仍然应该是从以自我为中心的生活转向以上帝和人类集体为核心的生活。因为，上帝是人类共同生活的倡议者，也是善的源泉。"当我们服从上帝时，我们就是在服从公共之善的至高地位。"[③] 因此，他指出，救赎就是心灵主动、自愿的社会化过程。最后，他还强调这种转变不仅指个体与自身罪恶过去的决裂，也包括与某一社会群体罪恶过去的决裂。这就是社会福音神学在个人救赎问题上的鲜明特色。正如他所说："我们越接近纯正的基督教，基督徒就越意味着一个以宗教热情热爱人类，不将任何人排除在外的人。……团结一体的意识是基督真正追随者的一个鲜明特征。"[④] 由此可见，社会福音所意指的个人救赎还是十分讲究其整体性和一体化的。

2. 在讲罪的时候，饶申布什指出了其中的超个体成分。因此，针对罪的救赎也必然要关乎这一方面。在他看来，社会群体就是超个体的实体；它主导个体，用自己的道德标准同化个体，同时也会以社会主导者的身份来强迫个体接受其价值观念。显然，这种超个体的力量无论从程度还是从影响效果上来讲

---

① Walter Rauschenbusch, *A Theology for the Social Gospel*, New York: The Macmillan Company, 1917, p.98.
② Walter Rauschenbusch, *A Theology for the Social Gospel*, New York: The Macmillan Company, 1917, p.98.
③ Walter Rauschenbusch, *A Theology for the Social Gospel*, New York: The Macmillan Company, 1917, p.99.
④ Walter Rauschenbusch, *A Theology for the Social Gospel*, New York: The Macmillan Company, 1917, pp.108-109.

都比个体要大得多。因此，他认为："当这些超个体的力量以邪恶的原则为基础或者指向邪恶的目的，或者被与公共利益相对的群体利益所腐蚀时，它们就会成为更极端的罪人，并且阻碍救赎。"[1] 他指出，现代社会中的超个体力量所引发的问题比以前更难以解决。其范围和多样性也在不断增加。所以，在他看来，"上帝之国的救赎策略如果不将这些力量的救赎和归化不考虑在内的话就真的是太目光短浅了。"[2] 对于超个人力量的救赎，饶申布什明确指出："和个体的救赎一样，超个体力量的救赎也在于对基督律法的服从。"[3] 他认为，已获救赎和未被救赎的组织之间是有明显差异的。前者遵从的是基督律法，后者遵从的则是财富律法。前者是民主的，后者则是专制的。因此，每个超个体的实体只有遵从基督律法才能获得救赎。从具体步骤上来讲，他认为："各种行业和组织进行忏悔和转变的基本步骤就是要放弃垄断力量和通过合法化的抢夺得来的收入、遵从服务大众的律法、满足于通过诚实劳作得来的合理收入。而对于君主制和半民主的资本主义体制下的政府和政治寡头来说，救赎的根本在于服从真正的民主。借此踏出邪恶王国的同时也会进入上帝之国。"[4] 总之，超个体力量的救赎比起个体力量的救赎来讲更加困难。但是，一旦成功，其效果也会更加明显而卓越。因此，社会福音神学应该兼顾个体和社会的双重救赎，不能厚此薄彼，甚至只顾其一。

（三）教会的角色

首先，他认为"教会之外别无救赎的说法"的说法是具有时代性的。这种观点在发表之初基本上是符合事实的。因为，原始教会反对的不仅是政府，而

---

[1]　Walter Rauschenbusch, *A Theology for the Social Gospel*, New York: The Macmillan Company, 1917, p.110.

[2]　Walter Rauschenbusch, *A Theology for the Social Gospel*, New York: The Macmillan Company, 1917, p.111.

[3]　Walter Rauschenbusch, *A Theology for the Social Gospel*, New York: The Macmillan Company, 1917, p.111.

[4]　Walter Rauschenbusch, *A Theology for the Social Gospel*, New York: The Macmillan Company, 1917, p.117.

且也反对其周围的社会生活。教会极力为其成员创造一种符合基督精神的社会秩序。那时，基督教的影响还没有深入到社会和文学领域。因此，基督精神和传统只有在教会中才能找到。如果个体想要拥有基督教的救赎力量，那么教会就必须发挥作用。所以，在当时，"教会之外，别无救赎"的说法还是基本正确。但是，饶申布什强调，这种说法并不是一成不变的真理。因为，社会环境和教会自身的变化都使得教会在救赎的过程中逐渐成为了一种障碍，而非支持。如今，这种观点只是以神学信条的形式存在。那么教会在救赎过程中的角色究竟应该是什么呢？他讲得非常明了。"教会是救赎过程中的社会因素。"① 具体而言，教会集合所有社会力量来对抗邪恶势力。它可以为基督的救赎工作寻找个体和组织性力量。正如他所说："以邪恶为基础和目标的超个人存在是个体和群体中罪恶的最强大的滋生者。那么，以耶稣基督为推动力和唯一目标的超个体存在会对人们的思想和行为产生什么样的影响呢？"② 由此可见，饶申布什对于教会在救赎过程中的作用还是给予了极大的期望和肯定。他认为："教会的救赎力量不在于其机构特征、持续性、圣职任命和教义；而在于上帝之国在其中的存在。"③ 因为，教会会变老，但是上帝之国是永远年轻的。"教会是对过去的延续；上帝之国则是未来的力量。教会只有依赖上帝之国永葆青春的力量才能生生不息，否则将会腐朽而亡。"④ 总之，教会对于救赎来讲是十分重要的，这一点也是社会福音神学应该重视的。

---

① Walter Rauschenbusch, *A Theology for the Social Gospel*, New York: The Macmillan Company, 1917, p.119.
② Walter Rauschenbusch, *A Theology for the Social Gospel*, New York: The Macmillan Company, 1917, pp.119–120.
③ Walter Rauschenbusch, *A Theology for the Social Gospel*, New York: The Macmillan Company, 1917, p.129.
④ Walter Rauschenbusch, *A Theology for the Social Gospel*, New York: The Macmillan Company, 1917, p.130.

第二节　19末至20世纪初的社会现实基础

除了上述理论基础之外，饶申布什还在现实社会中找到了社会关怀的基础。他认为这些基础为基督教社会关怀提供了很好的机遇。他主要从教会社会意识的觉醒以及不断发展完善的社会成份两方面来论述社会关怀在现实社会中所拥有的基础。

一、教会社会关怀意识的觉醒

在现实层面，饶申布什首先发现的是19世纪末至20世纪初国家的觉醒以及教会对此做出的回应。他认为这样的现象是一种好的征兆，同时也为基督教社会关怀带来了良好机遇。教会社会意识的觉醒在他看来是社会关怀工作必不可少的一个元素。

（一）国家的觉醒

饶申布什首先指出了过去存在的社会弊端。正如他所说："过去的十年中，我们的国家都身处罪恶之中。我们一直过着两种不同的生活，但是我们并没有意识到。我们的商业方式和我们的宗教以及民主原则是相互冲突的，但是只有当我们的罪恶达致成熟并带来致命危害时，我们才会明白我们的罪恶。"① 他认为，在过去大多数人都在急切的通过获取别人无法得到的优势来战胜同伴。美国广阔的空间为这场游戏提供了很好的机会和资源。但是，最近人们开始意识到一些人按照规则玩游戏，最后结果却出人意料。国家的自然资源正在被一小部分人控制。越多越多的人所生活的大地正在被越来越少的人控制。

在他看来，很少数量的个体控制了国家的命脉。普通民众用自己的积蓄为

---

① Walter Rauschenbusch, *Christianizing the Social Order*, New York: The Macmillan Company, 1914, p.1.

国家工业提供资金支持，但是他们却无法控制工业运营。大家一起劳动所得却被一小部分人给攫取。大部分人都只能沦为靠工资过活的人。生活成本的提高渐渐使得几百万人都无法依靠工资过上体面而健康的生活。他认为，这种状况的出现是美国经济体制导致的必然结果。于是，当愤怒的人们想通过政治民主提供的自卫手段反抗时，他们发现自己所依赖的武器控制在对方的手中而且于己不利。比如，选票所表达的民意经常直接被选举过程中的欺诈和贿赂行为所击败。即使选票能够被正确地记录并清点，其影响力也是很小的。"选票只能作为政治寡头的政治外衣，只有政治寡头才具有决定性的力量。民意即使能够成功主导政党的政策，也无法阻挡被选之人的力量。"① 因为，民众无法迫使统治者遵从他们的意志，也无法惩治他们的罪恶。国会是强权利益集团的堡垒。联邦法庭中都是对政客和商业巨头有利的人。

但是，在这些令人感伤的环境中，饶申布什发现美国社会中的政治自由也在逐渐取得久违的领导权。正如他所说："我们的国家已经意识到反动势力已经控制了军事以及其他重要力量。十年来，人民一直在进行反攻，试图推翻非法政权。"②

国家正在通过迫使公开选举开销以及限制其数额的方式来阻止邪恶的经济影响。人们正在试图通过直接提名的方式来削弱政治寡头统治的势力。他们希望通过直接选举的方式来净化参议院并恢复其活力。他们正在通过投票权以及罢免权的方式将代议制政府改为自治政府。在他看来："这无异于一场政治革命，是第二次独立战争。这场席卷全国的政治运动，并非政党的人为鼓动，而是国家自我的觉醒。"③

---

① Walter Rauschenbusch, *Christianizing the Social Order*, New York: The Macmillan Company, 1914, p.2.
② Walter Rauschenbusch, *Christianizing the Social Order*, New York: The Macmillan Company, 1914, p.3.
③ Walter Rauschenbusch, *Christianizing the Social Order*, New York: The Macmillan Company, 1914, p.3.

　　饶申布什认为当人民重获政治权利后，他们便开始找寻真相。一系列的立案调查揭露并公开了国家政治内部的真相。各类杂志和报刊报道了事实真相。用他的话来讲，这是一场可怕的全国范围内的教育过程。他指出，当人们看到事实真相时会对自己以前的罪恶感到厌恶，这证明了人们道德意识的完善性。集体道德标准突然建立。一些人发现自己受到道德谴责时伤心至死，有些人则是看着自己以前积累的财富，而希望自己一无所有。那么，既然意识到了自己的罪责，人们应该怎么做呢？饶申布什认为：罪是忏悔的最大动力。给它以时间，它会遏制人们的贪欲。"当上帝想要制止一个走在歧途上的傲慢的人时，他会欲擒故纵，直至对方自己发现自身的错误。这就是上帝对我们这个长期以来深陷贪婪之中的国家的做法。拜金主义被其后果指证。是时间回头了。"①

　　在他看来，任何一个在内心感到上帝激励的人在观察眼下的社会生活时都会有巨变的感觉。对于压迫和自私人们又开始感到愤怒和羞耻；对于童工人们又开始有了爱和同情的感觉；对于人间的友爱人们又有了信心；对于未来又有了希望。人们开始创造新的词汇来给这一新事物命名。人们开始谈论"社会情感"和"新的社会意识"。"我们正在经历道德青春期。当一个小男孩意识到人类精神后，他的喜好会发生改变。他的同龄人以前所做的事情对他来说将会失去吸引力。他们身上出现的新的义务感、社会理想以及自我奉献精神使得原来认识他们的人颇感惊讶。"② 同时，饶申布什也发现美国的立法机构，商会以及娱乐场所中也出现了新的音符，民众意志的强化以及对真正民主的热切向往。新型的领导人开始与民众之间不可思议的达成了理解。

　　他认为美国社会生活出现这样的转变完全得益于宗教和上帝的力量。"你曾皈依上帝吗？你还记得你对世界的态度发生的改变吗？这种民众的新生和国

① Walter Rauschenbusch, *Christianizing the Social Order*, New York: The Macmillan Company, 1914, p.4.
② Walter Rauschenbusch, *Christianizing the Social Order*, New York: The Macmillan Company, 1914, p.5.

家范围内的转变不就是一样的吗？这就是宗教的力量，这种力量源自我们生存其中的无限精神生活的深处。这就是上帝的力量。"①

（二）教会的积极回应

饶申布什发现在美国国家生活整体有所觉醒的同时，作为国家生活中的一部分美国教会也做出的了一定程度的回应。他认为，教会从来都不是嫁接到国家生活中的宗教组织，而是从一开始就是其中不可或缺的一部分，同时也是影响民众舆论的一股力量。"它们是人民的组织，由人民而建，也是为人民而建。当诸如社会觉醒这样的精神运动深刻影响整个国家时，我们深信教会必然会做出反应并在其中扮演积极的角色。"②在他看来，教会之外的社会觉醒是以宗教精神为特色的。因为，人们又开始拥有信仰。他们表现出了宗教的特征：爱、仁慈、渴望神秘经验、乐意牺牲自我以拯救同胞。另一方面，教会内部的人们感到他们的宗教生活在社会上开始应用。原来细小的宗教溪流开始流入更加宽广的社会领域，并迅速朝着实现社会正义与爱的目标前进。饶申布什认为，道德目标在上一代人看来可能跟宗教联系甚微，如今则成了精神生活中必不可少的一部分，同时也是宗教中的重要内容。

他认为社会基督教在欧洲国家有着很好的传承，而在美国却晚了一个时代。现代社会问题是资本主义工业化的问题。当国家工业化以后，这种问题就显得很严重。美国曾经是一个农业国家，直到最近工业发展起来以后，人们依然有很广阔的土地可以缓解人口压力并提高生活水平。但是有些人已经预见到了即将发生的事情。在他看来，亚伯拉罕·林肯就是其中之一。

饶申布什指出，每个伟大的运动都始于少数人的思想。他认为，在嘈杂的

① Walter Rauschenbusch, *Christianizing the Social Order*, New York: The Macmillan Company, 1914, p.6.
② Walter Rauschenbusch, *Christianizing the Social Order*, New York: The Macmillan Company, 1914, p.7.

市声之中，还是有些人听从心灵深处的声音。"他们总是一些未被社会腐蚀抑或玷污的年青人，其远大思想超越当下利益的贤者，注定要为高尚目标而活的理想主义者，以及领悟到当前社会中的弊端以及未来社会中的正义的宗教人士。他们中最好的是将这些品质集于一身的人。"① 这些先知式的人物是灯塔和路标。他们激励并领导他人，因为他们看得明白，说的真切。所以，他觉得人们应该向三位美国基督教社会思想的先驱致敬：华盛顿·格拉登，乔赛亚·斯特朗和理查德·伊莱。因为，在他看来，他们的思想具有超前性。他们身上有一种可以点燃并折服人们的精神。但是这些人的声音在当时也是鲜有回应。1892 年，特伦斯·包德利，劳动骑士团的领袖，曾说："对劳工问题感兴趣的教会人士屈指可数。"② 美国"社会主义之父"布里斯，基督教社会主义报纸《黎明》的编辑，声称自己认识的人中有六十二位牧师对劳工问题深感兴趣。这是对包德利的观点做出的有力回应。他认为布里斯也只能在全国找出这么六十二个宗教认识对社会问题感兴趣。况且，也许是他自己认为他们感兴趣而已。

与那时的状况相比，饶申布什认为当时教会中所呈现的景象就要壮观得多了。因为，很多牧师已经开始对社会问题感兴趣。"有些人开始参与到社会改革团体中去，有些则参加基督教青年会的活动，因为他们觉得这样比在教会中做牧师更具社会效用。……神学院的学生在毕业演讲时更多的会选择与社会问题相关的内容。……近年来，很多牧师开始赞同并支持先知们的言说。"③ 他指出，思想守旧以及胆怯的牧师们也开始参与到社会事业中无疑更加证明了宗教界对社会问题的关注。总之，他认为教会对社会问题的关注已经不再像以前

① Walter Rauschenbusch, *Christianizing the Social Order*, New York: The Macmillan Company, 1914, p.8.
② Walter Rauschenbusch, *Christianizing the Social Order*, New York: The Macmillan Company, 1914, p.9.
③ Walter Rauschenbusch, *Christianizing the Social Order*, New York: The Macmillan Company, 1914, p.10.

孤独的先驱们所处的时代那样。因为，对社会的关注已经被教会组织承认并接受。通过翻阅历史，他发现以前有些思想固执保守的人总会在牧师会议上不厌其烦的谈论自己喜爱的话题。而如今，对社会问题的研究几乎成了牧师俱乐部以及会议上的统一话题。但是，在他看来变化最大的是教会听众们在情绪上发生的变化。正如他所说："以前，讲演者总是强迫人们接受他所讲的内容，不管他们喜欢与否。如今，这些讲演者要十分小心，以防被听众哄下台。十年前看似十分激进的言论如今却很受欢迎。"①

同时他还指出，在社会觉醒的压力之下，教会开始寻求与劳工组织接触。比如：1904年，查尔斯斯特尔泽牧师率先尝试在牧师协会与明尼阿波利斯中央劳工联盟之间互派代表团。这个做法得到了长老会代表大会②以及美国劳工联盟的支持。据他统计，当时大约有来自不同教派的一百五十名牧师经常性地参加劳工联合会的会议。他们在其中拥有发言权，而且拥有一定的知名度和影响力。这样他们就可以与广大劳动阶层的人们接触。此外，在美国教会联盟委员会的提议下，数千所教会将劳动节前的周日定为劳工节③。"在过去五年中，几乎所有大的教派都会在全国性的集会上讨论社会问题以及教会在其中的义务。"④这本身就证明了社会觉醒的影响力。一些全国性的机构每三年或四年才开一次会，而会议的大部分时间都被各教派所关注的不同问题所占据。如果社会问题想要得到重视的话，就必须得到强烈的公众舆论要求。然而，讨论社会问题的会议无论在规模还是在热情上都胜过其它。其中，长老会成员大会⑤有着上百年的历史，但是这期间最大规模的会议就是1908年在堪萨斯城召开

---

① Walter Rauschenbusch, *Christianizing the Social Order*, New York: The Macmillan Company, 1914, p.11.
② 该词的英文名称为 Presbyterian General Assembly。1910–1915年间举办的由64位英美学者和牧师参加的大会。
③ 该节日的英文名称为 Labor Sunday。
④ Walter Rauschenbusch, *Christianizing the Social Order*, New York: The Macmillan Company, 1914, p.12.
⑤ 英文原名为 General Assembly of the Presbyterian Church。

的以教会与劳工之间的关系为议题的会议，其中有一万二千多人参加。1908年11月，美国基督教会联邦委员会在费城召开会议，三十三个新教教派参与其中。饶申布什认为该组织的成立在美国新教历史上开辟了新纪元。他指出，会议中最令人感兴趣的是为社会服务为中心议题的一场。卫理会大会所提出的《权利法案》自1908年后成为美国所有新教教会的共识：

"我们认为所有基督教人士都应该关注一些具体的工业问题。在我们看来，教会必须支持：所有社会阶层的人们都得到平等的权利和完全的公正；所有人都拥有自力更生权利，并且不受任何形式的侵犯；工人们的生活应受到保护免受因工业变革所带来的危机；劳资纠纷中应遵守和解与仲裁的原则；工人应受到保护免受机器、职业病、工伤等的危害；取消童工……一周至少休息一天；工人们得到足以谋生的工资……退休以及伤残工人得到合理的抚恤金；消灭贫穷。本委员会向所有美国的工人们，那些积极努力减轻穷人负担，支持劳动人民尊严的组织和个人致以友好的问候，并承诺支持并帮助所有追随基督的人们所从事的任何事业。"[1]

自此，几乎所有大的教派会议都认为应该认真讨论社会问题。1901年，长老会针对教会和劳工关系问题成立了长期委员会。社会服务联盟被看作卫理公会的宣传激励性组织。北方卫理公会要求其牧师候选人研究指定的有关社会问题的书籍。北部浸礼宗大会[2]上成立了社会服务委员会，该委员会出版了一系列的小册子并编排了很好的相关教程。公理会中也设有社会服务部。所有这些部门中饶申布什认为工作开展最有效的是长老会教会与劳工部。

他认为上述的这些历史事实都证明社会基督教正在美国教会机构中崛起。

---

[1] Walter Rauschenbusch, *Christianizing the Social Order*, New York: The Macmillan Company, 1914, p.15.
[2] 1845年美国南方浸礼宗大会成立，1907年北方各州浸礼宗教会成立北方浸礼宗大会。1950年，改称美国浸礼宗大会。

现代社会中致力于解决社会问题的运动中大多完全受此趋势的影响。此外，他还指出在组织层面上，社会基督教的影响力也是十分巨大，因为这里聚集了所有教派的智慧和能量。比如：宗教教育协会从一开始就从社会的角度来处理问题，而且这种趋势越来越强烈。青年基督教协会原来代表的是宗教个人主义。偶尔提及"社会"一词也只会招致嘲笑。如今，该组织已经发展出一套很好的社会服务机制。其领导者以果敢而富有远见的方式来解决群体以及社会的问题。青年女性基督教徒协会本身是一个很保守的机构，但是从1911年开始它也致力于保障女性工人利益。这些组织的行为和反应凸显了社会基督教在组织层面的影响。

另外，饶申布什还发现1911至1912年间的人类与宗教前进运动从另一个方面证实了在当时的社会里基督教的主导地位。这是迄今美国历史上规模最大的福音运动；计划周密，投入很大。该运动的领导者决心通过满足男性利益的方式来争取他们重回宗教，因此他们必须勇敢。另一方面，他们需要有钱人的经济支持以及各类教会的道义帮助，因此他们必须谨慎。运动发起之前，当各位领导者聚集在一起时，他们发现自己要传达的信息就是在俗世建立上帝之国的理念，这正是社会基督教的核心。随着运动的慢慢开展，人们清晰地看到社会福音的集结号将群众召回至宗教以及道德信念的麾下。这些领导者因为缺乏社会主义思想而只好停止开展运动，这在某种程度上也令其支持者失望，甚至招致一些人的反对；但是他们提出了集体劳动的社会理想。其实，该运动的推进者刚开始并没有想要特别突出社会福音的方面。但是，正是社会福音使得该运动颇具影响力。从将社会福音植入教会普通人的思想方面来讲，它的作用远远大于其他的机构和组织。"它使得社会基督教获得了正统的地位。但是反过来，它也表现出上帝之国理想中所内涵的精神力量；同时也证明如今的这一代人，不管来自俗世还是教会，都会对不从事社会秩序基督化工作的任何形式的基督教产生不满情绪。"①

在饶申布什看来，上述的这些运动从本质上来讲都代表着教会中的进步力量。而宗派出版机构以及神学院则是宗教保守主义的堡垒。社会基督教在这些领域所取得的或大或小的成就都更加能够体现其影响力。正如他所说，如今，好多教派的出版机构也开始出版一些有关教会社会思想的著作。"二十一年前，只有一两家神学院开设基督教与社会生活方面的课程。如今，一流的神学院中只有少数几所中没有开设社会伦理学或基督教社会学方面的课程。"②

在饶申布什看来，最能体现社会觉醒影响力的就是新的社会思想开始出现在信条中。他认为，形成时期的教会总是将其正统的思想定义为正规的信条。如果这些信条中有任何社会意识的痕迹，或者包含教会应该努力将悲哀的俗世转变为上帝之国的意识，他就应该高兴的指出来。他指出，1906 年公理会、联合兄弟会③以及卫理公会等机构即将形成联合体的时候，一个信条是完全阐述教会社会义务的。该信条为："我们认为，按照基督的律法拥有基督教信仰的人应该以服务人类为宗旨，不要仅仅谈论生活，而要实际支持慈善机构和工作、维护人类自由、解救被压迫者、推行正义并斥责不公。"④

但是在这些令人感到高兴的乐观环境下，饶申布什还是清醒的意识到教会远未彻底觉醒。他指出，1906 年时，美国教会中共有大约三千三百万成员。激发教育人数如此众多的群体是一件很庞大的工作。这些人当中有很大一部分或者太年轻或者岁数太大而对社会观念不感兴趣。要想在有利的条件下使所有成员都接受宗教社会思想至少需要十年的时间。如今看来，他所说的时间还是

① Walter Rauschenbusch, *Christianizing the Social Order*, New York: The Macmillan Company, 1914, p.20.
② Walter Rauschenbusch, *Christianizing the Social Order*, New York: The Macmillan Company, 1914, p.20.
③ 美国的一个清教徒教派，成立于 1800 年。亦称福音联合兄弟会。
④ Walter Rauschenbusch, *Christianizing the Social Order*, New York: The Macmillan Company, 1914, p.21.

有些过于乐观。因为，有些教派当时还没有觉醒。比如，路德宗有很好的慈善机构，但是很难从中找出它们对社会问题关注的迹象。大部分是由于他们使用德语或者斯堪的纳维亚语言的原因。饶申布什认为他们大多与美国传统的基督教道德观念有些脱节。因为，从人数来看，它们在新教机构中位列第三。但是它们并没有在公众生活中产生应有的影响。牧师们忠实于那些老的宗教改革时期的问题，而对当前的社会问题并不感兴趣。他们认为教会应该传播福音，开展圣礼，行使社会和国家义务是个人的事情。路德宗当中最大也是最保守的机构，密苏里教会甚至禁止教会组织慈善活动，它认为这是教会之外的个人协会应该做的事情。在该教会看来，"教会的真正任务是传播福音。消除身体上的痛苦或者帮助人们获得俗世中的幸福并不是教会的任务。基督说，如果谁要追随我，就让他每日背负苦难。"① 对此，饶申布什认为理论上来讲，这种观点可以使个体在社会中自由开展基督教传教运动。然而实际上却加深了他们在社会问题上的惰性。他指出，美国路德宗通过向美国传递德国教会中成熟的社会经验和思想给了美国的社会基督教很大的帮助。但是至今为止，美国的路德宗并没有发挥其拥有的智慧和能量，并且教条地要求其成员远离本应接受的社会觉醒意识。这从某种程度上表现了社会觉醒意识在其扩展过程中遇到的困难。

这些困难中饶申布什认为最大的当属罗马天主教会对社会运动的态度。在他看来，这注定在美国社会的未来中扮演重要的角色。他指出，1906 年时，其成员人数占教会总人数的百分之三十六。而且，很多与教会不相干的人在精神上深受其影响。其在工人阶级中的影响尤为深刻。也许，工联主义者中大部分都是这个教会中的成员。罗马天主教会对其社会附属机构及其成员的控制力是十分强大的，教会的权威也是不容挑战的。他认为，罗马天主教会会不会受

① Walter Rauschenbusch, *Christianizing the Social Order*, New York: The Macmillan Company, 1914, p.4.

到社会觉醒的影响而承担起道德教化工作，外人很难判断。因为这个教会很多面，它是古老与现代元素的集合体，也是反动与进步力量的混合物。

在他看来，作为一个国际性机构，罗马教会是西方世界中最大的保守力量。正如他所说："如果基督教产生在现代世界中的话，罗马教会的教义、神学、哲学、仪式、等级制度以及权威精神就不复存在。"[①]这些都是已经消亡或者将要消亡的社会生活中的残留物。作为古老社会秩序的产物，天主教在组织上是君主等级制，即使在美国民主氛围中发展了一百多年也未作出任何让步。其思想来自国外，因此在社会问题上自然保持保守的模式。

但是，他认为罗马教会在某些方面比新教教会做得更好，比如慈善机制。"罗马天主教会中有很多牧师与穷人生活在一起，为穷人服务。这很好的体现了民主的精神。如果美国境内的罗马天主教会不受国外的影响，那么它将迅速走上民主的道路。"[②]他指出：罗马天主教会看起来十分反对社会党，至少当时是这样。因为，美国天主教会联盟曾明确指出要与社会主义做斗争，因为它认为社会主义产生于无神论。这种思想一旦扎根，社会主义必然会带来革命和流血牺牲。饶申布什将天主教和社会主义看作现代生活中两个最具影响力的自发性组织。所以，他觉得二者相斗必然会波及他人。他指出，随着时间的推移罗马天主教会对社会问题的关注度有了明显提高。有些主教开始就社会问题发表演讲。约翰·莱恩教授提出了意义重大的改革计划，很多天主教伦理学教授都接受了他的观点。他的社会改革计划保护：合法的工资制，八小时工作制，给予失业人员补给，因工作受伤、生病的人以及老人都要有抚恤金，公共设施公有制，有效控制垄断等。像罗马教会这样坚守教会内部而不大关注社会问题的组织中都开始出现这些苗头，这在饶申布什看来足以证明社会基督教的影响力

①　Walter Rauschenbusch, *Christianizing the Social Order*, New York: The Macmillan Company, 1914, p.26.
②　Walter Rauschenbusch, *Christianizing the Social Order*, New York: The Macmillan Company, 1914, p.27.

越来越大。

总之，饶申布什认为社会意识的觉醒在美国教会历史上具有划时代的意义。这为美国社会中基督教社会关怀的开展奠定了坚实的基础。

二、不断改善的社会成份

饶申布什首先承认人类历史上从没有一种社会秩序是完美的。但是，他指出当时的美国社会生活中有很多领域在精神上以及基本结构方面与基督精神相契合。而这些领域则是人们幸福的源泉，也是人们引以为豪的地方。在饶申布什看来，基督的思想和精神是教徒们关怀社会的道德准则和伦理基础。"基督精神最高层次的意义上来讲就是人性化。对于很多人来说，社会秩序的道德化都是很模糊而且无力的。基督的精神是人们的驱动力。他的思想是人们的行为准则。"① 所以，他认为基督教教会及教徒们应该以基督精神为指引关怀社会。

但是，他自己也承认，即使是即使是符合基督精神的社会秩序也并不意味着完善的社会秩序。因为，只要人类是血肉之躯，世界就会存在罪恶与痛苦。"人类社会中的发展规律使得任何一种静止的完满都是不可能的。正如，每个孩子生下来都有一些自我为中心的倾向，只有通过自己所犯的错误和罪恶才能逐渐调整自我并融入集体。"② 如果完满在今天实现，那么明天会因新的发展带来新的要求。人类社会中最公正的体制也会不知不觉间产生伤害和痛苦，这一点只有当它听到人们不断的痛苦呻吟时，它才会意识到。社会结构永远不可能是最新的。这是一个缓慢的历史发展过程，人们需要不断的努力才能消除其中过时而有害的习俗与机制。"我们可以要求完满，但永远不要期望能够实现。但是通过要求完满，我们可以得到比现在更多更好的东西。基督就是崇高的道

① Walter Rauschenbusch, *Christianizing the Social Order*, New York: The Macmillan Company, 1914, p.125.
② Walter Rauschenbusch, *Christianizing the Social Order*, New York: The Macmillan Company, 1914, p.126.

德理想与温情的理解相结合的最典型的例子。"① 但是，同时他也指出虽然人类在本性上有所缺陷，但是他依然相信人类社会秩序的组成结构可以达到基督道德准则的要求。

就当时的美国社会而言，饶申布什认为其中的家庭、教会、政治和教育等部分正在不断改善并日益接近基督精神，而这些社会成份的不断发展则是他所认为的基督教社会关怀的现实基础和动力所在。

（一）家庭氛围日趋民主

饶申布什认为家庭是社会组织最简单也是最为人熟知的，同时也是最接近基督精神的。首先，从家庭称谓上来看，"父亲"是信徒对上帝的称呼；"孩子"则表达了人们与上帝之间的关系。当基督用这些家庭中的称谓代替原来那些充满专制意味的宫廷词汇时，这种变化在饶申布什的视野中代表着宗教的自我救赎。当社会组织的成员间以"兄弟"相称时，该组织代表的就是一个很高尚的社会理想。同时，他认为"上帝'父'之身份以及人与人之间'兄弟'般的关系是我们这个时代最珍贵的东西。"② 因为，它表达了这样一种信念：家庭中的团结与友爱可以在更加广阔的社会关系中传播。至于"母亲"一词，饶申布什认为，它有着我们所有人都尊敬的神秘宗教气息。因此，家庭领域是最接近基督精神的，所以人们可以自由使用家庭中的称谓，并将之看作是表达精神感受以及思想的工具。

其次，饶申布什认为家庭领域向基督精神的接近也可以在过去与现在的对比中有所体现。因为，家庭形成之初并不是如现在一样充满爱与美；而是经过了很长一段过程才变成现在这样。正如他所说，在早期父权制的家庭形态阶段，

---

① Walter Rauschenbusch, *Christianizing the Social Order*, New York: The Macmillan Company, 1914, p.126.
② Walter Rauschenbusch, *Christianizing the Social Order*, New York: The Macmillan Company, 1914, p.128.

家庭的团结主要是以自我家族的强大为目的，其中不免有强制和自私的成分。奴仆辛苦劳作的目的是为了主人的利益。即使是再善良的主人也会使用暴力手段，甚至致命的手法，因为这是他的权力。"妻子就像是主人在战争中获得的战利品或者买来的商品一样。她们体现的是性欲和爱，同时也是劳动力，并负责抚养孩子。族长拥有多个妻子，他就像是资本家一样通过榨取她们的剩余价值来满足自身的利益。"① 而其子嗣则是他的战斗武器，借此取得或者保护他的财产和权力。子嗣的英勇是其保证自己族长地位的基础。女儿也是他的资本，如果漂亮的话就更好了。

父权制家庭中的每位成员的生活都要受到族长的统治。他指导成员们的工作，分配劳动所得。每位成员都将其看做是家庭牧师。族长就是统治者和审判官，所有的法律和习俗都对自己的专制有利，因为法律是由他及其同辈人订立的。比如："他可以休妻，也可以带来其他的女人分享他的权力。如果妻子不忠，他可以将她杀死。"② 但是，妻子则没有权力要求丈夫的忠贞，因为这是他的权力。对于自己的孩子，他同样拥有生杀大权。

但是，饶申布什也认为这种专制的家庭组织形式也包含了一些有益的功能。比如：它可以为弱者提供保护以避免其成为奴隶或者死亡；它强迫未开化的人劳作，消除他身上的懒散习惯；通过强迫他与其他人合作可以使他的劳作更加有效率。另外，这种机制将有能力的人放在领导的位置上，一旦他们无法完成使命就可能被杀。将两口之家扩展成五十人或者五百人的家族、消除恶性竞争、压制家庭内乱的工作在当时也是十分巨大的。几千年来，这种家庭模式都是很多人从中获得食物、保护、教育和宗教信仰的社会体制。然而，他还是很清晰地认识到这样的家庭组织形式是以专制和剥削为基础的。正如，他所

① Walter Rauschenbusch, *Christianizing the Social Order*, New York: The Macmillan Company, 1914, p.129.
② Walter Rauschenbusch, *Christianizing the Social Order*, New York: The Macmillan Company, 1914, p.130.

说："夫妻、父子以及主仆关系可以通过个人之善而变得友好而高尚；但是个人道德总是受到他所生活在其中的社会秩序中内在的邪恶因素的玷污。"①

他认为，家庭发展史是一部专制和剥削逐渐消退的历史。正如他所说："女性如今已不再像商品一样任人买卖。离婚权也受到限制。妻子逐渐获得了合法地位和一定的财产权。随着一夫多妻制的终止，以及通奸在男女双方都成为一种罪恶时，夫妻之间平等的基础已然奠定。"②但是仅在过去的二百年间，妇女的地位就获得了飞速提升。所以，他觉得针对女性选举权展开的争论是妇女获得与男性平等权利最后也是最重要的一步。同时，父子之间的关系也同样不再那么专制而充满爱护。父亲杀死儿子的现象变得越来越少，进而变成非法，最后成为一种罪行。嫁女儿也不再是从中获利的买卖，而成为了人生中宝贵的欢乐时刻。原来为了自身利益而剥削孩子的父亲如今开始为了孩子的教育和发展牺牲自我。总之，他认为父子关系日趋民主化。针对这样一种发展历程，饶申布什认为族长式的家庭领袖如果能够预见到后来的家庭民主化进程，那么他可能会感到在妻儿得到利益的同时自己可能会失去一些东西。但是事实上，他在权力上有所损失，却收获了爱。他指出，刚开始的时候，孩子们好像与母亲之间有着很亲密的关系；但是当父亲不再是暴君时，他也开始赢得儿女们的爱。

因此，在饶申布什看来，家庭的结构随着历史的发展逐渐经历了一个道德转变的过程。受到法律、习俗以及经济所有权强化的父权专制主义逐渐演变成了夫妻几乎平等的状况。孩子们成了父母亲无偿的伙伴，自私的家长权威开始向无私的服务转型。家长的经济剥削逐渐被经济合作以及家庭财产的共有所代替。"如今，家庭生活在平等互助、彼此尊重和爱护的基础上为基督教生活

①　Walter Rauschenbusch, *Christianizing the Social Order*, New York: The Macmillan Company, 1914, p.130.
②　Walter Rauschenbusch, *Christianizing the Social Order*, New York: The Macmillan Company, 1914, p.132.

提供了天然的场所。基督教生活与家庭生活中的既定律法没有什么冲突。"①因此，他认为家庭作为一种社会机制已经趋于完善。

但是，在他看来，这并不意味着基督教生活可以在家庭中自动开展，而不需要任何宗教努力。因为，要想让家庭生活中充满永恒的爱、和平以及精神快乐现在是将来也永远是一项伟大的道德成就以及人类所取得的最大的精神胜利之一。然而真正完满的家庭数量依然很少。家庭生活的传统已然成为了所有社会生活中的一股道德约束力。就希腊罗马社会来讲，基督教拯救了家庭生活并给予其新生，正如它解救任何罪人一样。相对于现代社会中百万富翁家庭中的离婚丑闻来说，古代社会富有阶层中的婚姻呈现出的是分崩离析的状态。而上层阶级中存在的弊端感染了下层阶级。青年基督教会严厉抨击了异端社会中的弊端，比如卖淫、非法同居和轻易离婚等。教会以新的宗教思想和支持将家庭裂隙弥合起来，使之再次稳定并具有高尚的意义和价值。不管教会在其他社会关系方面有多么懈怠，它总是十分关注家庭关系。在某些方面，比如公共活动以及妇女解放，教会总是采取反动的立场；但是教会总是支持家庭中的忠贞、纯洁以及温和。

此外，他还认为基督精神比起教会来讲对家庭生活的影响更加深入彻底。它在家庭生活中所起的作用虽然难有人察觉，但事实是存在的。正如他所说："如果仔细观察一下自己所熟悉的家庭，我们会发现宗教总是在家庭生活中扮演者很关键的角色。如果我们在住满邋遢、争吵不断的家庭的出租房中发现了一个干净、平静而和谐的家庭，那么我们可以认定这是一个有宗教信仰的家庭。"②但是每个符合基督精神的家庭总会将其传统留在孩子们的心中；他们会努力在自己的家庭中实现这些传统，并会为所有接触这一家庭的人设置更高的

<hr />

① Walter Rauschenbusch, *Christianizing the Social Order*, New York: The Macmillan Company, 1914, p.133.
② Walter Rauschenbusch, *Christianizing the Social Order*, New York: The Macmillan Company, 1914, p.135.

标准。借着这些传统和先例，习俗和法律相继形成。因此，在饶申布什看来，家庭的道德转变只有通过基督精神对数代无数的家庭所产生的影响才能变得更加全面。因为，"一旦基督精神的影响丧失，我们很快就会看到家庭的腐败和堕落。"①

同时，他还指出在此过程中基督教并非孤军作战，社会和经济变革也有参与。比如：对一夫多妻制的压制得益于奴隶制的终结。当家庭生产变成合作劳动，少了被迫的元素后，家就成了爱和幸福的家园。宗教支持并给予人类公共生活以活力时，它就会发挥其强大而持久的社会功能。

总之，饶申布什发现当时的美国家庭在某种程度上已经实现了向基督精神接近的目标。但是他认为，这样的家庭如今已然受到新的破坏力的攻击。在此环境中，家庭则显得无能为力，因为它完全依赖于更加脆弱的道德本能。正如他所指出的那样，城市中的高租金使得家庭变得越来越小，家庭气氛越来越冷淡。物价和生活标准的提高使得家庭生活成本越来越高；孩子的出生率也受之影响。工业主义把妇女从家中赶到了工厂。源于现代重商主义的物质主义精神削弱了精神生活的组织，教会对家庭的吸引力也逐渐丧失。所以，他认为，除非这些破坏力能够被这一代人遏制，否则这些正在不断改善中的家庭就会瞬间逝去。除非社会的其他组成部分也有所改善，否则这些家庭也无法在其中生存。②

（二）教会内部变革

在饶申布什的视野中，当时美国社会中处于不断改善进程中的第二个成份是教会。他通过对比过去与现在的方式将这一进程呈现了出来。首先，他认为现代社会开始之初，教会是一个充满专制和剥削的组织。本应是充满友爱

---

① Walter Rauschenbusch, *Christianizing the Social Order*, New York: The Macmillan Company, 1914, p.135.
② Walter Rauschenbusch, *Christianizing the Social Order*, New York: The Macmillan Company, 1914, p.136.

的教会却被等级制度所奴役。教会运用权力剥削普通教众而中饱私囊。虽然教会建立的基础是爱和自由，但是它强迫人们信仰并通过身体约束的方式达至统一。同时，他还指出教会当时拥有整个欧洲将近三分之一的地产。它将天堂、地狱和炼狱商业化，通过各式各样的宗教商品发家致富。教会中有很多收入丰厚的闲职，而真正做事的却是那些贫困的底层牧师。在他看来，宗教改革前的每次教会改革所针对的并不是我们所认为的恢复教义而是消除圣职买卖，也就是我们所说的贪污受贿现象。"腐败的力量根深蒂固，即使是所有有名望的人的谴责也无法带来任何实质性的改变。教会不是推行正义的力量；反而成为了人们蔑视和改革的对象。"①

针对这样的历史事实，他认为如果有人在 1500 年预言慵懒的牧师将退出历史舞台，教会神职人员在生活作风不再受到人们的质疑；教会中不会出现政治力量、法律特权等现象；腐败和贪污不会在教会生活中出现；牧师大多都将是真诚、勤劳的人；每个人都可以自由听从心声而不会在信仰上遭到强迫；那么人们可能会认为他在痴人说梦；而且教会也很可能会压制这些言论。

然而，他告诉我们这正是现代美国社会所实现的状况。他认为，牧师如今是一个干净、勤劳而受人尊重的职业。他们热切的想要为社会服务，即使得不到什么实际利益他们也会这么做。教会中如果有贪污现象的话，那就是教会少付牧师们的工资，并让他们的妻子来做义工。而这种贪污则完全与原先的贪污性质相反。教会本身除了外几乎没有什么特权。而税收豁免权也是所有慈善组织都有的。教会很少有自己的财产，教会成员的生活只能说是勉强糊口，如果在年底没有外债的话，他们就很高兴了。所以，在饶申布什看来，"我们对教会的批评很少是其有意做出的错误行为。所有的指责从本质上来讲都是认为教

---

① Walter Rauschenbusch, *Christianizing the Social Order*, New York: The Macmillan Company, 1914, p.137.

会并没有完全发挥其应有的作用。"①

他认为，所有这些都意味着教会在不断发展和完善并且越来越接近基督精神。因为，在他看来："当教会消除了其中有利可图的迷信并将救赎变得简单而自由时，它就符合基督精神了。当教会失去了实施暴政的权力和意愿时，它也就符合基督精神了。"② 他指出，一些新教教会已经完全将其组织民主化了；其他那些仍然保持君主或贵族制组织形式的教会则至少已经充满了民主精神。当神职人员失去了谋取不义之财的机会并开始依靠辛苦劳动来获得收入时，它也就符合基督精神了。正如他所说：教会如今被憎恶的地方是其对宗教和思想自由的压制以及对人们道德理想的反对。而当教会成为一种合作组织，建立在平等自由基础之上，并由善意团结在一起为社会的高尚目标服务时，它就会受到人们的爱戴。

所以，饶申布什认为教会成为了社会秩序中又一大经历道德转变和救赎的部分，虽然不够完整，但是意义重大影响深远。在他看来，"教会和家庭一样也是通过消除专制和剥削，遵从爱和服务的原则来实现这一过程的。"③ 他指出，教会的救赎是通过以下方式来实现的：放弃不劳而获的财产；剥夺教会领导所拥有的特权并消除他们傲慢的根源和强制的手段；使教会领导对他们的服务对象负责任。所以，他总结："当强制终止，更加纯洁的福音就会随之而来。当教会系统得到民主化，基督伦理就有了用武之地。当教会的神职人员不再以收取租金等其他方式获利，而甘愿接受微薄工资时，统治的欲望就会变成服务的愿望。"④

最后，他指出这样的教会体制如今的家庭一样面临着生存危机。因为，其

---

① Walter Rauschenbusch, *Christianizing the Social Order*, New York: The Macmillan Company, 1914, p.138.
② Walter Rauschenbusch, *Christianizing the Social Order*, New York: The Macmillan Company, 1914, p.139.
③ Walter Rauschenbusch, *Christianizing the Social Order*, New York: The Macmillan Company, 1914, p.141.
④ Walter Rauschenbusch, *Christianizing the Social Order*, New York: The Macmillan Company, 1914, p.142.

经济需求、神职人员的生活和希望以及教会在工人中的地位都受到了现代社会的威胁。它所珍视的价值观受到了物质主义精神的挑战。贫困潦倒的穷人和生活富足的富人都对教会不感兴趣。所以，他觉得如果教会的收入足够丰厚而用以贿赂，那么它就可能从中获利。如果教会仍然能够恐吓众人，那么就可以强制人们支持并听从教会。因为它号召成熟自由的精神生活，所以当一个民族的精神生活衰退时，教会也会随之萎靡。据此，饶申布什得出了这样的结论："除非教会能够解救民族生活 ...；否则教会的大多数功能都会随之丧失。最终的结果是教会只能以较低级的迷信、教条主义或感情主义的形式生存下去。"①换而言之，教会应该在社会中发挥积极作用，充分关怀社会才能更好地服务社会并体现自身价值。

（三）教育机构重生

教育机构是饶申布什所认为的第三个能为基督教社会关怀提供动力和机遇的部分。对于教育机构的不断改善，他仍然采取了对照古今的方法。回顾过去，他指出："此前的教育组织是世俗和宗教贵族阶层所享有的特权。有闲暇时间并对思想生活感兴趣的家庭和阶层进一步将其提升。但是，这样的教育机构并没有充当向无知者传播知识和思想的力量，反而使得上层阶级与下层阶级人民之间的差距越来越大。"②通过翻阅历史，他发现在封建贵族社会中，既得利益集团认为教育使得那些服务和劳动阶层的人们对他们尊重和依赖越来越少；并且会在这些人中间滋生不安和不满。他认为，内战之前一些奴隶制州中禁止黑人接受教育的事实很好地反映了这种教育机制所遵从的精神。同时，他指出即使在大众教育普遍化以后，上层阶级的孩子在接受教育方面仍然有某些

---

① Walter Rauschenbusch, *Christianizing the Social Order*, New York: The Macmillan Company, 1914, p.142.
② Walter Rauschenbusch, *Christianizing the Social Order*, New York: The Macmillan Company, 1914, p.143.

特权。比如："在德国就存在两套教育系统，一种为普通人家的孩子而设；另一种则专为富有阶层而设。前者是为了让孩子毕业后尽快工作；后者则是针对那些有足够物质条件供养孩子接受更高更久教育的家庭开设。"① 只要社会秩序中存在阶级差异，那么这种教育体制就是很实际的；但他认为这既没有表达也没有创造民主。

所以，饶申布什认为当时的教育所体现的精神也是专制甚至暴政性质的。维多利亚时期早期的小说和传记中不乏斥责甚至鞭打学生的场景。体罚现象十分普遍以致于学生们整日惶恐不安。从学校毕业经常被看做是迈向自由的标志。稍微成熟一些的学生也会在思想上受到老师和伟大思想家们的压制。学生们表现出来的自由和创新思想总是受到质疑；全盘接受的态度则受到鼓励。而在更高层级的教育机构中，研究和教学方面的自由总是个人克服困难才能实现的；宗教、政治和社会的束缚给教师的压力也很大。

然而，他同时也认为如果说如今的教育已然摆脱了上述的种种弊端，那是没有意义的。但是，他还是发现教育机构中的确出现了重大改变。比如：体罚已经被废止；学生们不再对学校充满恐惧，反而逐渐喜欢上校园生活。在高中，学生们的思想自由是受到鼓励的。大学中，科学研究已经成为自由的事情。所以，他认为"除了那些由富人资助的私立学校外，基督精神已经散播在教育行业和学校中。牟利虽然在教育行业中存在；但是其范围有限，而且经常被看做是堕落的事情。"② 与商业组织中的奖金相比，教师们的工资并不高。即使这样，他们仍然努力工作，并对自己的工作十分满意。同时，他还指出公立学校所收到的经济援助经常会超出实际所需；因此贪污受贿的现象很容易出现。但是，他认为这些学校运行的基础从本质上来讲是符合基督精神的。因

---

① Walter Rauschenbusch, *Christianizing the Social Order*, New York: The Macmillan Company, 1914, p.143.
② Walter Rauschenbusch, *Christianizing the Social Order*, New York: The Macmillan Company, 1914, p.144.

为，'各尽所能，按需分配'这样的愿望过于高尚无私；即使社会主义者也认为这种原则在资本主义的社会中无法实施。然而，在饶申布什看来，美国的学校正是照此原则操作的。每个家庭都要按照自身能力缴纳税收以资助学校，并根据其需求从中获益。一个没有孩子的富人仍然要缴纳很多教育税。有十个孩子的家庭从中受益的程度是有一个孩子的家庭的十倍；然而他们所缴纳的税却并不后者多。他所说的这种情况可能不一定完全准确，但是总体来看应该是合乎事实的。

据此，饶申布什得出结论：教育体系已然经历了更新的过程。他认为，教育机构的进步和家庭、教会所经历的一样也是从专制到自由、从贵族特权到民主、从寻求自身利益到服务大众的转变历程。在此过程中，基督教组织扮演了很重要的角色。因为，"在民主化的美国日益重视大众教育之前，教会是促进大众教育的主要机构。"① 然而，他指出在有些国家中教会的先驱性工作正面临被忽视的危险；因为教会不愿被国家取代，而且它经常会阻碍思想的解放。但是，他还是认为纵观基督教国家中的教育发展史，教会的作用应该具有一席之地。

（四）政治环境改善

最后，饶申布什将基督教社会关怀的希望和动力放在了政治领域。他认为，这在美国人看来可能有些吃惊，因为政治在美国是最腐败的。对此，他本人也感到有所疑虑。在他看来，虽然政治改善过程是一条充满荆棘的路程。但事实证明，美国的政治生活相比以往确实是获得新生的罪人。

饶申布什认为，美国国家政治自身最重要的救赎发生在特权从政府机构和

---

① Walter Rauschenbusch, *Christianizing the Social Order*, New York: The Macmillan Company, 1914, p.146.

理论中消失之时。他指出，如今的国家政府是在个人自由和权力平等的基础上运行的。"穷人和富人在法庭上的不平等很显然违背了政府的精神。当强大的利益集团在国会和立法机构中受到特殊照顾时，所有相关机构都会小心翼翼地掩盖事实真相，使其看似为了大众利益而操作的。当富人的财产通过不平等的评估方法而免去税收，沉重的政府开销压在穷人身上时；我们就会奋起反抗，因为这违背了美国基本法的初衷。"[1] 总之，不平等和压迫、权力和人权的不公都会被人们看作是倒退和耻辱。

饶申布什想要强调的是曾经这些事情都被法律和公共舆论看作是公正而荣耀的。他指出："不平等和特权曾经是国家宪法的内容。正如民主和资本主义创造了现在的社会秩序一样，封建主义塑造了中世纪的社会秩序。"[2] 但是，在封建社会中阶级差异和阶级特权是符合政治理论的。贵族和平民在法律面前有着不同的待遇。贵族犯罪时必须有同阶级的人审判，处罚平民的方式不会出现在他们身上。封建等级制残存的地方就会有不平等现象。此处，饶申布什在两个国家中找到了例证：在沙俄帝国，贵族和平民犯同样的罪，受到的惩罚则是不一样的。在德国，用刀砍伤对方两个工人和决斗中砍伤对方的两个军官在法律上受到的制裁是不一样的。在有限范围内，封建贵族通常在其领地内拥有法律裁判权。一个受到贵族佣人压迫的农民在法庭上要求正义时，他会发现审判人正是贵族本人或其代理人。同时，他认为封建贵族拥有的特权远不止这些，而且是以公开的方式。根据他的研究发现，"即使一个小贵族也拥有宣战和发动战争的权力，这样重大的权力在今天的美国只有政府才能拥有。曾经，法国的一百五十个贵族和公爵可以自行印发货币。只有贵族和教会成员才能担任较高的行政和军事职务。只有地主才能拥有政治权力，因此出身卑微的平民很难

---

①　Walter Rauschenbusch, *Christianizing the Social Order*, New York: The Macmillan Company, 1914, p.148.
②　Walter Rauschenbusch, *Christianizing the Social Order*, New York: The Macmillan Company, 1914, p.148.

获得土地。"①

　　和前三个方面一样，饶申布什认为只有同过去相比较才能使人们意识到政治体制真的发生了重大道德变革。在他看来，幸运的是美国立国之初正值十八世纪的民主思想发展之时。这一思想在此后的法国大革命中获得重大突破。"在每次革命运动中，高尚的政治和社会思想都会被革命派运用以获取道德支持。"② 1776年到1786年间，独立宣言的思想逐渐凝化为阶级利益。美国基本法的制定也绝不是为了在以后促进民主进程。但是，至少美国没有国王和世袭贵族的出现。年轻的资产阶级开始萌芽。自由和平等的思想在美国扎下了根。

　　按照饶申布什的观点来看，美国实际上就像"一个想要改掉但没有改掉坏习惯的人"。因为，在现实社会中，富人和穷人在法律面前依然有着不同的待遇。政治决定仍然由一小部分人作出。除非在民众反抗时期，大多数的选票几乎没有任何作用。公共事务的实际操作过程中，有权者依然占据有利地位。

　　"尽管这些事情有违公正，但是公正的标杆仍然存在。"③饶申布什认为美国政治中出现的回退现象一方面是由于民主思想的不成熟。在他看来，美国的民主还处于青少年时期。长时间以来，政府都是在用某一集团代替民众管理。而政府做出的决策也是为了适应这一环境。人们必须学会如何来管理政府。正如他所说："合作商店和工厂的运营是一门新的艺术，只有经历了失败和损失之后才能学会。而公司的经营则较为易懂且有效。民主就是合作思想在政治中的应用；君主和贵族制在政治中的运用就好比公司在商业中的应用一样。"④

　　他认为政府经常失效的另一个原因则是政府直接影响国家的经济利益。但是这些利益并不承认人权平等的原则。因此，政治是两军对垒的战场。一方是

① Walter Rauschenbusch, *Christianizing the Social Order*, New York: The Macmillan Company, 1914, p.149.
② Walter Rauschenbusch, *Christianizing the Social Order*, New York: The Macmillan Company, 1914, p.150.
③ Walter Rauschenbusch, *Christianizing the Social Order*, New York: The Macmillan Company, 1914, p.151.
④ Walter Rauschenbusch, *Christianizing the Social Order*, New York: The Macmillan Company, 1914, p.152.

以民主为基础的基督教自由平等原则；另一方则是植根于经济生活中的拜金主义原则。在他看来，家庭、教会和教育在这场争斗中并未直接参与；而政治则直接参与其中。"政治就像是一堵防波提。如果它挡住了洪峰巨浪，那我们就不要再问它是否因为沾满污泥而变得湿滑。当我们的经济生活基督化后，我们的政治结构也会变得更加清晰有效。"①

最后，饶申布什认为尽管存在失败的地方，但是仍然可以说美国的政治依然是以基督教精神为基础的。因为，政府没有将阶级不平等法律化，它们试图表达阶级平等的思想。它们没有压迫弱者，且试图保证自由并为无助者提供保护。在他看来，美国政府的初衷不是保护私人利益，而是为公共谋利益。"民主不能与基督教自由平等的精神等同；但是政治民主是基督教精神的表达方式和实现方法。"②

总之，虽然在基督教社会关怀在当时美国社会面临重重困难，但饶申布什认为这并不能阻碍基督教社会关怀的实施。在他看来，无论从理论还是现实层面，社会关怀都应该并且可以实现的。因为，基督教内部的社会关怀意识正在复苏，而且社会秩序中的一些成份也在不断完善。这些无疑为实现这一目标提供了难得的支持和动力。同时这也是符合社会福音运动的信念的："人生于一个罪恶的社会，这一事实乃是产生深重罪恶的根源，解救办法是耶稣下凡，建立一个新的环境，来拯救难以管教的人们，改造罪恶的社会，因此教徒应成为社会改革者。"③

他认为，如果上述分析正确的话，基督教思想家门应该充满希望。因为在他看来，社会基督教并非从未开启。社会秩序的不断发展和完善及其取得的胜

---

① Walter Rauschenbusch, *Christianizing the Social Order*, New York: The Macmillan Company, 1914, p.152.
② Walter Rauschenbusch, *Christianizing the Social Order*, New York: The Macmillan Company, 1914, p.153.
③ 杨生茂、刘绪贻主编：《美国内战与镀金时代——1861–19世纪末》，人民出版社，1990年6月，第310页。

利果实应该可以给那些相信基督教功效的人以胜利感和成就感。社会秩序中已然实现转变的部分向他们证明了基督教社会关怀依然可行。鉴于此，他才有了这样的比喻："一个人被绑在树桩上时，最难的就是先解开一只手；接下来的工作就容易多了，而且最终的自由也变得更加确切。"① 那么接下来应该怎么做呢？饶申布什给出了自己的答案。

---

① Walter Rauschenbusch, *Christianizing the Social Order*, New York: The Macmillan Company, 1914, p.155.

第四章　基督教社会关怀的原则与途径

饶申布什在探索了基督教社会关怀思想的历史渊源之后，对其在历史中的隐没及其面临的时代困境进行了深究。接着，他又为基督教社会关怀找出了神学依据和现实基础。在有关基督教社会关怀如何实施的问题上，他主要是从原则与途径两个方面来阐述的。他认为，基督教社会关怀的原则主要包括正义、民主和友爱。而从具体的方式上来讲则主要包括以下几方面：生命保护、财产社会化、群体生活与公益精神、支持工人阶级等。

第一节　基督教社会关怀的原则

正义、民主和友爱这三个看似简单而实际上却又很难实现的目标在饶申布什看来是互有关联、同生共存的。正义可以说最基础和根本性的。没有正义的存在，后两者也难以实现。这一点，他的观点和罗尔斯的正义观是相同的。"正如真理是思想体系中的首要美德一样；正义则是社会机制中的首要美德。"[①]美国社会的民主化程度已然很高，但是饶申布什已然认为这是进行社会关怀的基础所在。当然，这里他主要强调的是经济民主。因为，他认为相对于政治民主来讲，经济民主在当时的美国社会中更应该加强。而且，经济民主是更加基

---

① John Rawls, A Theory of Justice, The Belknap Press of Harvard University Press, Cambridge, Massachusetts, 1971, p.3.

础性的目标和观念。而作为基督教徒，饶申布什不能不把友爱作为社会关怀的目标。因为，基督教的核心价值观之一就是友爱。三者在他看来是一种相辅相成、缺一不可的关系。的确如此，这三者也是人类社会机制中颇为珍贵的历史财富。

一、正义是根本

饶申布什认为基督教社会关怀的首要原则就是正义。因为，"人类道德关系中所需的最简单也是最基本的特征就是正义。"[①] 在他看来，正义的重要性可以从人们对不公所表现出来的愤慨中看出。如果正义无法是实现，人们就会觉得道德世界的基础已然崩塌。人们常常会倾尽所有来满足自己对正义的追求。同时，他还认为只有当人与人之间的不公得以修复，友爱才能实现。遭受不公的人只有通过爱才能治愈心灵的创伤。

根据他的阐述，实现正义社会的一个很重要的先决条件就是要在个人之间的正义观念出现冲突时迅速的给出社会公断。具体到美国社会本身，他认为美国法庭向来低效。有时，法律效能因为法庭繁缛复杂的程序而无法发挥。正如他所说的那样，如果一个工人状告一家公司，法庭办事拖拉无疑就意味着不公。在他看来，正义是人与人之间彼此善待的条件，因此也是社会秩序的基础。如果一个阶级很明显地压迫另一个阶级，那么他们之间就不会存在友爱。他指出，长期的压迫有时让人们感到不公是生活中难免的事情；统治阶级正义的行为在他们人们看来就是高尚而慷慨的行为。这在他看来是社会腐败最可悲的特征。但是，压迫阶级总是十分警惕地压制可能会激发正义感的社会和宗教动乱，这就说明和平总是表面的。饶申布什认为："实际上，历史上所有的社

---

① Walter Rauschenbusch, *Christianizing the Social Order*, New York: The Macmillan Company, 1914, p.332.

会动乱都是下层阶级为了反抗或者摆脱不公而导致的。而国家会因合法化的不公而死亡。"①

另外，他还认为普遍持久的不公会使社会秩序受到破坏；人类之间的团结因此而无法实现。他指出，压迫阶级和被压迫阶级都会因此而丧失基督式的人性特征。因不公而获利的阶级会变成寄生虫。"从所有的植物和动物身上，我们可以看到寄生虫非常善于变色，但是他们缺乏独立生存的能力。被压迫阶级也会因此失去发挥才能的机会。他们身上的天赋被压制。"②对于这一点，饶申布什认为人类历史上发生的革命证明了不公的社会对人们的才华压制到了什么样的程度。在他看来，革命总是充满了社会的无序以及生命和财产的破坏。但是每次成功的革命都会为新的阶级打开机会的大门，借此被释放的才能和道德力量比起革命的代价来讲要珍贵的多。比如："法国大革命在欧洲释放了很大的能量。新教革命也解放了很多诸如艾略特、克伦威尔、皮姆一样的杰出人才。克伦威尔组织铁甲军的时候并没有继承传统将有贵族血统的人选为军官，而是在军队中实行民主，这在军事史上开启了新的篇章。"③

那么这些不公产生的根源是什么呢？饶申布什认为主要是特权的存在。在他看来，美国社会中从理论上来讲并没有特权现象。因为，美国在宪法中明确提出人人生而平等。所以，美国人总是在夸耀自己的国家是充满机会的国家。人们十分重视平等权利的观念，所以任何特权的授予都必须披上为公共服务的外衣。但是事实上，美国社会中也有特权的现象。他指出，贵族社会中的特权阶层依赖土地，美国社会中的特权阶层则依赖权力。有特权就必然会有不公。他认为："如果有人要促进正义，他就必须终结特权。如果谁的生活所依赖的

①　Walter Rauschenbusch, *Christianizing the Social Order*, New York: The Macmillan Company, 1914, p.333.
②　Walter Rauschenbusch, *Christianizing the Social Order*, New York: The Macmillan Company, 1914, p.334.
③　Walter Rauschenbusch, *Christianizing the Social Order*, New York: The Macmillan Company, 1914, p.334.

不是自己的劳动所得,那么他肯定是在榨取别人的劳动所得。因为,同样的钱不可能同时放在两个人的口袋里。如果谁要增长自己的社会见识,那么研究一些特权的历史发展过程绝对管用。"① 正如他所说,古代社会中,特权总是通过粗鲁的掠夺方式实现的,就像英国圈地运动那样。但是特权的占有或增长总是以悄无声息的侵占方式实现的。即使是那些受益者也很难意识到自己在占有别人的财产或者榨取别人的劳动。而那些受害者也很难发现自己的劳动是如何被榨取的。他们只知道自己的所得少了一半。

最后,饶申布什对于正义的重要性以及角色问题给出了这样的总结:"社会秩序的完善首先要消除不公正的特权并建立社会正义。从逻辑上来讲这是第一步,从道德层面来讲这是最重要的一步,然而事实上这却是最后一步也是最难的一步。"②

二、民主是基础

基督教社会关怀的第二个原则在饶申布什看来就是民主。他认为,基督教如果想要创造强大且得到救赎的个体并推动充满友爱的社会生活的实现就必须站在自由民主一边。因为,没有自由民主二者都无法实现。

首先,他指出自由民主是追求基督精神的个体所必须具备的条件。因为,"奴性的阶级和民族缺乏活力。奴隶、奴才之类的人经常畏缩、撒谎和偷盗。被压迫的人经常进行阴谋和谋杀活动。自由的人们则开展组织活动。"③ 以往,人们认为女人对于有宏伟志向的男人来说是一种障碍,这在他看来基本上是正确的。因为,女性属于被统治阶级,她们就会有被统治阶级的缺陷。男人经常压

---

① Walter Rauschenbusch, *Christianizing the Social Order*, New York: The Macmillan Company, 1914, p.336.
② Walter Rauschenbusch, *Christianizing the Social Order*, New York: The Macmillan Company, 1914, p.337.
③ Walter Rauschenbusch, *Christianizing the Social Order*, New York: The Macmillan Company, 1914, p.354.

迫女人并使之变得无知。然后，男人经常烦恼没有合适的配偶。所以，"自由之于个人就像新鲜空气之于血液一样。"①

其次，他认为自由民主对于社会秩序的完善来说亦是如此。因为，人们只有在拥有自由和同等人格的感觉时才会在彼此之间形成友爱的关系。产生恐惧的专制绝不是友爱的表征。正如他所说，在追溯家庭、学校、教会以及国家的道德转变时，人们可以发现每个社会组织只要找到了通往自由之路便开始了自我救赎之路。

由此可见，自由民主对于个体和整个社会来讲都是十分重要的。针对民主的发展进程，饶申布什指出："人们总是说民主进程是失败的。到目前来看，这一进程仍然不够完全而且存在一定的缺陷。"②因为，政治民主在缺乏经济民主的情况下时是无法兑现的。但是，他认为，就目前民主的功效来看，它还是改善了很多东西。比如：刑法随着民主的到来取消了死刑的判决；现在的人将会看到刑法机构的自我救赎和更新。民主甚至都唤醒了上层阶级的道德良知。穷人的悲惨生活一直都存在，然而直到穷人通过民主有了发言权之后富人们才开始看到这一事实。在饶申布什看来，这本身就是民主实现的道德成就。

不过，他还是清晰地看到了民主体制带来的一些弊端。比如：在民主体制下有些罪恶似乎更多了，因为它们变得公开了。在专制体制下可以秘密隐藏的事情会因民众的好奇心而不得不公开出来。"贵族统治下的继承权在民主体制中被称为肮脏的贪污受贿。罗马或者法兰西的贵族如果引起公愤，他们可以依赖阶级组织寻求庇护。而在民主体制下，为富不仁的人就只能单兵作战了。"③然而，饶申布什还是觉得即使是民主体制下产生的罪恶也会有光荣的背景。

---

① Walter Rauschenbusch, *Christianizing the Social Order*, New York: The Macmillan Company, 1914, p.354.
② Walter Rauschenbusch, *Christianizing the Social Order*, New York: The Macmillan Company, 1914, p.354.
③ Walter Rauschenbusch, *Christianizing the Social Order*, New York: The Macmillan Company, 1914, p.354.

五十年内，三位美国总统被暗杀。专制体制下的国家中很少有这样的记录。但是，正如他所说：如果让那些沙皇或者苏丹们和美国总统一样与民众打成一片，谁又能保证他们的人身安全呢？为了证实这一点，他给出了一个例证：曾经有位沙皇让普鲁士的国王派一名普鲁士的官员来给他按摩背部，因为他说自己没有信任的仆人。

所以，他认为，同等条件下，自由的国家总是更加强大，因为它需要人民的参与。他指出，专制国家吹嘘的军事能力在正规军用完以后便会丧失殆尽。而在共和制国家中，人人皆兵。"正如瑞士、荷兰、第一法兰西共和国所证明的那样。诸如沙俄、德意志和奥地利这样的国家绝不敢武装并训练普通民众。"①

针对人们的指责，饶申布什认为那些对美国的民主状况感到沮丧的人应该对比一下过去和现在。美国宪法实施之初，只有三分之一的人拥有选举权。而在殖民时期，绝大多数人都不是自由身。从非洲和安第列斯运来的奴隶如此，被征服的印度人如此，而到美国的白人移民中也有一半人也是如此。有些是英国派来的罪犯，数以千计的儿童和少年都因殖民地贸易而被绑架而来。他们当中的大多数人都是契约工。鉴于此样的开始，饶申布什发出了这样的质问："如果民主没有让人们拥有选举权并且消除奴隶制，那么如今的美国会是什么样呢？如此看来，民主体制真的是个失败吗？"②

虽然在民主进程中存在这样或那样的缺陷，但是饶申布什还是认为没有哪个国家的人想要比现在还少的自由。因为，人们总是通过要求更多民主的方式来消除民主体制中的弊端。他指出，五百年来，民主体制的势力在不断扩大。"十五世纪的文艺复兴开启了教育和思想民主的历程。十六世纪的宗教改革开

---

① Walter Rauschenbusch, *Christianizing the Social Order*, New York: The Macmillan Company, 1914, p.354.
② Walter Rauschenbusch, *Christianizing the Social Order*, New York: The Macmillan Company, 1914, p.355.

启了教会的民主历程。十八世纪的法国大革命则开启了国家和政治的民主历程。十九世纪的工业革命开启了经济的民主历程。"① 他提醒人们不要忘记资本主义在开始之初发起了为自由而战的斗争。它打破了封建特权的束缚，将财产民主化。如今资本主义所提出的自由通常是为了争取真正的自由。财产的民主化只是在资本主义之后才开始的。然而，一种新型的贵族统治又建立起来了。商人中没有自由竞争，工人们没有自由合同，消费者没有自由市场。对于这样的状况，饶申布什还是有着很深刻的认识。"资本主义开始之初是特权的反对者，自由的支持者。如今，它却成了特权的维护者和专制的堡垒。财产和工业的民主化必须在新的领导下继续进行。"②

针对他自身所处时代的现状，饶申布什指出：资本主义的理想是拥有睿智慈善的雇主来更好的管理工人们自己难以管理的事情，他为工人所谋的福利会受到尊敬和感谢。为了这个目标，人们付出了努力，但是结果却并不完满。因为，伴随其中的危险是工人阶级会养成一种依赖的态度而无法发挥独立创新的能力。这是一种家长式的制度理想。事实上，这样一种理论是一种乌托邦。经验证明这是难以实现的。只有分散的个体才会有充足的道德力量来完成这一目标。所以，在他看来，从长远来看，比起培养一批为工人服务的管理者来，让工人学会自我管理似乎更加容易且更加持久。因为，慈善的雇主可能会死去或者把公司卖掉，工人们的制度保证也会随之消失。"政治总是避免一个人的执政；工业也应该遵循此道。"③

针对工业民主，饶申布什认为约翰斯图亚特·密尔说的非常好：如果人类继续进步的话，最终占主导地位的组织形式不是作为主要管理人的资本家和在

---

① Walter Rauschenbusch, *Christianizing the Social Order*, New York: The Macmillan Company, 1914, p.355.
② Walter Rauschenbusch, *Christianizing the Social Order*, New York: The Macmillan Company, 1914, p.356.
③ Walter Rauschenbusch, *Christianizing the Social Order*, New York: The Macmillan Company, 1914, p.357.

管理中没有发言权的工人共同存在，而是劳动者自己在平等、集体拥有资本的条件下形成的组织，劳动者自己推选或罢免管理者。他认为，两大运动推动了这一目标的实现。其中，较为激进的是社会主义。他指出，处于资本主义社会中的社会主义就像是君主制国家中的共和党一样试图将工人阶级从强制的王国带入自由的共和国。两大运动中较为保守的是工联主义。正如君主制国家政体中的自由派一样，工联主义承认政府的基本权利，但是它要求得到代议权和选举权。所以，工联主义认可现有社会秩序中统治者和雇主的权力，但是寻求给予工人阶级制度保障以及人权。

那么，如何才能实现工业民主呢？饶申布什认为为了实现这一目标，工人阶级必须能够有能力承担起未来赋予他们的责任。在自己的组织之内和自己的领导之下，他们必须通过实践明白民主如果没有公平和自制是无法实现的。因为，如果工人组织受到抑制，他们的能量都用来与敌人做斗争而不是教育自己的成员，最终合作共合体将会成为没有素养、派系林立和领导无方的状况。为了证实他的观点，他指出：工会所犯的错误、过激行为以及暴力行为已然清晰可见。"他们的对手和新闻媒介使得我们难以低估他们的暴力性质。但是他们所犯的错误并没有达到他们现在所应遭受的程度。他们并不向我们支持拥护的政党那样腐败。"① 因为，与工人组织接触过的社会工作者和上层阶级的人通常十分尊敬他们的道德风尚。他认为，作为个体，工人们有着人性中所有的缺陷；但是他们的组织却是以比商业阶级更加高尚且人性化的原则为行为方针的。

同时，他还认为只给予工人组织以法律认可是不够的。正如他所说："法律必须促进并规范化工人组织。他们必须拥有法律上的认可以及和其他社会组

---

① Walter Rauschenbusch, *Christianizing the Social Order*, New York: The Macmillan Company, 1914, p.359.

织一样的权利和义务。工人必须有集体向老板谈判的权力。"① 因为，经济民主不仅意味着工人掌控自身行业的能力。它也意味着人们生存的权力。同时，经济民主也包含消除垄断和中间商的意思。民主意味着没有阶级统治；垄断则依赖阶级统治。所以，在他看来，垄断少一些就意味着民主多一些。

最后，饶申布什指出，经济民主战线上取得的每次进步都会牵涉到为政治民主所做的斗争。因为，经济和政治运动实际上是同一事情的两个方面。"既得利益阶级也是统治阶级。他们必须掌控政府才能制定保证自身经济利益的法律。因此，人们如果想要终结剥削就必须控制政府。"②

总之，在饶申布什看来，民主已经成为一种精神希望和力量。它代表着道德关系的净化以及人类心灵在自由和自制方面的发展。在未来的某种社会秩序中，民主可能会代表不平等的权力。但是，在我们当下的社会秩序中民主必然意味着人与人之间更多的平等。虽然，每个人的能力大小各有不同，而这种内在的能力不均衡也必然会反映在所得的不均衡上。但是，他还是认为："这种表面的思想不平等之下存在着平等的人格。每当我们意识到同胞的人格之后，我们都会感到与不可估量的精神生活相比获取财富的能力显得微不足道。"③ 他总结：民主通过政治和经济方面的表现促进了社会秩序的完善。"我们想要的不是绝对的平等，而是近似平等……有人说平等会压制人们能力的发挥而堕为平庸。如果能力能被压制的话，那就不是很有能力。如果强者被压制，我们很高兴的加入到解放他们的大军中去。"④

①　Walter Rauschenbusch, *Christianizing the Social Order*, New York: The Macmillan Company, 1914, p.360.
②　Walter Rauschenbusch, *Christianizing the Social Order*, New York: The Macmillan Company, 1914, p.362.
③　Walter Rauschenbusch, *Christianizing the Social Order*, New York: The Macmillan Company, 1914, p.363.
④　Walter Rauschenbusch, *Christianizing the Social Order*, New York: The Macmillan Company, 1914, p.364.

三、友爱是纽带

友爱对于基督教社会关怀来讲也是至关重要的。饶申布什在阐述这一方面的内容之前做出了如下推想：如果我们已经实现了上述的社会秩序：一种正义与民主盛行的社会秩序。不劳而获的现象没有了，人人都有功成名就的机会。然后，这些自由平等的人们怎么能够在经济关系中一起协作呢？他们应该竞争还是合作呢？生产劳动应该大部分由小的经济单位在公开竞争的环境中进行，夹杂一些对大的垄断行业的公共管理呢？还是应该有一个大的合作性生产体系，夹杂一些小的分散的私人和竞争性生产单位呢？他认为前者是老的政治经济学理论中所倡导的，而且已经赢得了很多上层阶级对民主和人权的支持。当下社会中对这一思想的典型表现就是单一税。但是，在他看来其中依然缺乏道德力量和精神信仰。"法国大革命的口号是：自由、平等、博爱。其中最具积极价值的就是第三个。经济个体主义很强调自由和平等，但是对友爱的经济基础不够重视。公开公正的竞争真的就是最后也是最好的社会理想吗？"①

显然，饶申布什为基督教社会关怀所制定的第三个原则与前两个一样重要且不可或缺。为了证明这一点，他在历史中找到了依据。一世纪的时候，一种新的社会组织在罗马帝国中传播开来。它有一种很强的凝聚力，可以把所有种族和社会阶层的人团结起来彼此友爱以抵抗罗马专制的压迫。这种组织形式在历经了欧洲的动荡和变革后延续至今。这一组织的早期领导者之一从人类生理机能中演化出了自己的社会哲学思想。他认为理想的社会中有无数机构和功能，但是生命、动机和目的是基本统一的。完美的社会应该是每个成员都得到社会整体的支持和保护，每个人都在合适的岗位上位社会服务。这个人就是保罗。在他看来，保罗的基督教教会思想是人类社会中可能实现的最高理想。

---

① Walter Rauschenbusch, *Christianizing the Social Order*, New York: The Macmillan Company, 1914, p.366.

"理想的社会是个有机体，社会秩序的完善必须让所有人都为了共同的社会目标而合作努力。"①

接着，他指出，友爱如果要成为社会生活中真正有活力的成分的话就需要有经济基础。反而言之，只有友爱才能为推翻特权这样伟大的人民斗争提供足够的精神信仰。个体主义已经打碎了保护税的统治，但并没有根除其中的根本弊病。他认为，合作友爱最好的表现形式就是社会主义。因为，比起经济个体主义来，社会主义有着无可比拟的道德号召力。

他认为："如果社会秩序的完善最终需要合作性的经济组织扩展到社会化的范围，那么我们面临将是最宏大的道德建设任务。"② 因为，在他看来，四、五个人如果能够非常和谐地在一起工作就相当不容易了；如果能够在不采取强制性手段的情况下让一百或者一千人合作起来，那将是一门艺术和策略。人类花了几百年的实际那来巩固家长式的家庭、村庄或现代国家。合作性的共和国需要成千上万的人精诚协作。有些人可能文化和思维能力不高，但是必须真诚付出。饶申布什认为，如果这种合作体系没有半途而废或者堕为专制的话，他们还要使自己的感情服从更高的理智和公共利益。如果有人认为这样的组织可以通过宣传经济理论或者创建一个强大政党就可以实现的话，那无异于捕风捉影。但是，"如果有人认为这样的事情在人类社会中无法实现的话，那他应该揉揉眼看看周围发生的事情。"③

饶申布什之所以这样说主要是因为在他看来上面所说的那种演变历程正在我们身边发生。思想劝导和道德说服在此过程中固然是十分宝贵的元素，但是仅凭这些无法克服自私和守旧思想的抵抗。这样大的工程需要团队合作，越来

---

① Walter Rauschenbusch, *Christianizing the Social Order*, New York: The Macmillan Company, 1914, p.366.
② Walter Rauschenbusch, *Christianizing the Social Order*, New York: The Macmillan Company, 1914, p.368.
③ Walter Rauschenbusch, *Christianizing the Social Order*, New York: The Macmillan Company, 1914, p.369.

越多、越来越来的生产单位的有序联系。他认为，现代工业的历史就是劳动扩大化以及思想合作的历史。资本主义的前五十年完善了商行；后五十年则发展出了公司。公司的产生标志着社会合作的巨大进步。公司正在取代老式的私人企业。私人企业从家庭生产中演变而来，以个人能力和家庭团结为基础。公司则是现代社会的产物。它在社会合作方面是更加高级的阶段。这证明人性中有合作的潜质。

最后，饶申布什指出友爱与合作的意识依然存在于人们中间。每当有人提出合作共和国的理想时，同样的问题就会被提出：你从哪里得到从事这种创建社会秩序工作的人呢？这个问题隐含的意思是当下的社会秩序没有提供足够的道德和公共奉献精神资源来与依赖真正的道德基础的社会秩序相匹配。在他看来，资本主义过度发展了人的自私本能而使得为更大的社会目标奉献的能力有所衰退。但是，他认为："仔细观察现实生活后人们会发现这种为社会服务和奉献的意识并未完全消亡。"[1] 因为，当一个人进入到某个提倡自由服从和奉献的组织后，他的道德本性就会做出本能的反应。比如：一个自私的人结婚后会拼命劳动来养家糊口，甚至会保护家人在自己死后免受贫穷之苦。在家里是个自私固执的小孩，进入幼儿园以后他会适应并遵守集体生活中的规矩。人们因为爱而为自己的教会、家庭、慈善组织、党派、城市和国家所做出的努力证明真正的社会组织可以激发成员持久的忠诚。当一个人成为某个慈善机构的受托人并为其服务多年后，这个组织将成为他生命中的一部分。他会为其祈祷、谋划、并在死后捐赠自己的机构；然而这个组织机构为他能提供的只有为同胞服务的机会。针对这样的事实，他问道：这样的人会因为自私而不全心全意的为合作共和国服务吗？答案显然是否定的。"在我们当下的经济秩序下，私人财

---

① Walter Rauschenbusch, *Christianizing the Social Order*, New York: The Macmillan Company, 1914, p.370.

产的积累是个人安全和进步的唯一保障手段。年复一年，人们只是为了自己的私人利益谋划劳作。难道他们的心思只关注这些吗？激励他们为公共利益着想，把他们的个人福利和集体繁荣联系起来，以集体荣辱刺激，看他们会有什么样的应用作为！"[1]

总之，饶申布什认为各式各样的组织中都有公益精神的涟漪，商业会所、工会、妇女俱乐部、教会等都是如此；他们都想为人类集体服务，只是没有合适的手段和工具。在他看来，如果受困的道德意愿能够获得解放而向集体友爱努力，那么进步的速度将会令人吃惊不已。只是，"我们都被资本主义中内在的反社会倾向所困，而对更大的合作性事业望而却步。"[2]正如他所指出的那样，在很多城市中，人们无论在思想上还是道德上都已准备好对天然气、电力以及铁路行业实行合作管理模式，但是资本主义组织要的是利润，想方设法的阻止公有化。如果国家能够通过投票的方式决定通讯业是否国有的话，人们可能会抓住机会扩大合作的范围；但是从中获取利润的人不会让他们这么做。工人阶级在努力避免同室操戈，用团结取代无序的竞争。但是资本主义反对他们合作的努力，因为工人组织将会损害他们的利益。资本家想要扩大联合以获得更多的利润，但是人民大众发现最终的结果将是不负责任的经济贵族阶级为了攫取利润任意摆布他们。公众害怕这样的事情发生。但是，在饶申布什看来："我们的公共生活就是一出悲喜剧，我们都在努力不做那些我们知道自己必须做的事情。这是狡猾的利益之魔将人们带入的迷宫。我们只能在其中愚蠢而吃力的做些无用功。"[3]

---

[1]　Walter Rauschenbusch, *Christianizing the Social Order*, New York: The Macmillan Company, 1914, p.371.
[2]　Walter Rauschenbusch, *Christianizing the Social Order*, New York: The Macmillan Company, 1914, p.371.
[3]　Walter Rauschenbusch, *Christianizing the Social Order*, New York: The Macmillan Company, 1914, p.371.

第二节 基督教社会关怀的途径

在确定了总体目标之后，饶申布什针对他所处时代所面临的问题给出了基督教社会关怀的具体建议和方式。在深入阐述具体实施方法之前，他认为基督教社会关怀首先应该在思想上理解社会进步的节奏和手段问题。在他看来，社会进步的步伐实在太慢以致于人的信仰开始产生动摇；甚至有些人怀疑究竟有没有进步。因此，人们便开始采用过激或者破坏性的手段来试图加快统治阶级改革的步伐。他指出，如果我们属于受苦阶级的话，我们也可能采取同样的措施。正如他所说："如果我们看到自己的妻子不得已离开家到工厂里辛苦劳作，孩子因此生活在不健康的环境中；如果我们感到自己因工作劳累而未老先衰；如果我们看到自己心爱的人忍受的贫困为的只是让那些应经很富足的人更多的奢华；如果所有这些都不断的折磨这我们；我们也可能会采取暴力手段来获取和声细语无法得到的正义和同情。"[1]

在表明社会发展步伐和节奏之后，他认为基督教社会关怀应该从以下几方面进行：

一、保护生命

饶申布什认为基督教社会关怀的首要对象是人的生命。他认为人们应该谴责工业体系的拜金主义。因为，本应该为了保护生命而存在的工业；事实上却只为赚钱，并使很多人冒着牺牲的危险为少数人谋利润。"所有基督教力量都应该反抗社会中的这种不合理、不道德的堕落行为。社会秩序中每个不断完善的成份的首要任务就是保护生命。"[2] 在他看来，目前这一任务面临的最大敌人

---

[1] Walter Rauschenbusch, *Christianizing the Social Order*, New York: The Macmillan Company, 1914, p.407.
[2] Walter Rauschenbusch, *Christianizing the Social Order*, New York: The Macmillan Company, 1914, p.412.

就是工业的贪婪性。

他认为，工业的贪婪主要表现在以下问题中。每当人们试图为弱者提供更强大的庇护免受工业剥削时，都会遇到‘契约自由’的难题。在美国，没有哪个州得到法律允许在私人企业中设置最低工资，因为这种做法侵犯了‘契约自由’权。这种规则是资本主义带进法律中去的，也是资本主义最重要的法律保障之一。如果一个人的孩子病了，信用卡透支了，那么他就可能会不讲条件的接受任何低工资的工作。但是，法律称这种程序为契约或者合同。它可以保护那个人接受自己想要的低工资的‘自由’。他认为这种行为理论上是一种平等，但实际上是不平等的。在他看来，我们也要打破资本主义的这种合法的正统观念。原因就在于："我们不允许工人有突然自杀的自由，为什么要让他们慢性自杀呢？我们不允许谁用棒子将另一个致残，那么为什么允许公司通过过度工作的方式使工人精力衰竭呢？……总之，基督教有关人与人之间友爱以及生命价值的思想证明契约自由这一合法的做法是虚伪的，也是令人难以忍受的。"①

具体到关怀的对象，他认为我们首先要关心的是女性和儿童。在他看来，‘女士和儿童优先！’这条海难救援中的原则也是基督教社会关怀所应遵守的原则。因为，他们代表人类的未来。具体来讲就是我们不能为了让公司老板多挣百分之十的利润而让天真的孩子变得身材消瘦、脸色苍白、身心疲惫且毫无希望。工厂里绝对禁止十四岁以下的孩子工作，十八岁以下的孩子的工作时间必须在八小时以下，孩子不能上夜班也不能做危险、有毒的工作。他认为，在二十世纪的技术能力条件下，这些最低要求在最富有国家的工业中是应该可以做到的。同时，女性也应该受到特殊照顾，因为她们的身体可以孕育生命。只有她们能够完成生育的神圣使命，这比生产东西要高尚的多。她们生养健全孩

---

① Walter Rauschenbusch, *Christianizing the Social Order*, New York: The Macmillan Company, 1914, p.413.

子的能力是人类最宝贵的物质财富。所以，他认为孕妇不应该在工厂中参加沉重的劳动。用母乳喂养孩子是一位母亲的神圣使命，因为她的乳汁对孩子来说是最健康的食物。在他看来，把母亲从哺乳期的孩子身边带走，让她在工厂里工作；这似乎不合常理。对于所有女性来说，持续工作的时间必须有限；人们必须明白这些保护她们的措施并不会将穷人家的女性推向贫穷的深渊。

至于具体的保护措施，他认为目前来看，八小时工作日加上两个周末对于组织化的劳动来说是比较理想的。最大工作日加上基本工资意味着生存的机会。基本工资必须足够让一个人在出租房内生活，而且也能够让一个普通家庭的父亲养家的同时在自己年迈之后有一定的生活保障。所以，在他看来，工人的工资应该存档以供公开查阅。每个州都应该成立基本工资委员会来决定其标准应该是多少。另外，他还认为工作环境的健康和安全也应该得到保证。因为，现代机械化作业不仅增加了事故危险也降低了人们保护自身安全的能力。这种危险是社会造成的，因此需要社会来保护。在他看来，"社会必须为其成员提供必要的保护。它必须通过标准化工人的操作规范并加强有力的监督来阻止不必要的伤残和职业病的发生。高事故率意味着技术和道德的无能。"① 同时，他还认为，当事故和职业性伤病发生时，让受害方的家庭承担经济损失或者让他们来进行法律认定是不公平也不人性的。雇人的公司或者社会应该在其伤残期间提供帮助并在因公死亡的情况下给其家庭提供补偿，以免导致其家庭因灾难陷入贫穷的深渊。

除了女性和儿童之外，饶申布什认为社会还需要为老年人提供必要的保护。在他看来，当时对老年人的照顾是美国国家生活中尚未解决的一个问题。国家将资源交给个体来开发，私营企业却不会为已过壮年的工人提供任何帮

---

① Walter Rauschenbusch, *Christianizing the Social Order*, New York: The Macmillan Company, 1914, p.415.

助。他们必须从救济院中无所事事的生活状态中解救出来。在他看来，只要他们还有工作的能力和愿望，他们就应该有参与生产劳动的价值感，并在没有挣工资的压力和负担下获取补贴。组织残疾人工业，为他们提供原料在家中进行轻便的劳动，或者让他们去乡村与大自然接触；这是需要大多国家和社会的基督教社会机构积极开展的。

至于具体的保护措施，饶申布什认为要想保护他们的生活，最基本的就是让他们有健康的居住环境。其中，他认为其中最严重的问题存在于那些居住在集体公寓里面的人。他指出，抗肺结核运动让人们知道这种病可以让很多集体公寓里的人死亡。此处，他给出了具体的数据来佐证。柏林的一项调查研究表明，居住一室的家庭死亡率是 16.35%，居住两室的家庭是 2.25%，三室的是 0.75%，四室的则是 0.54%。[1]贫穷的家庭把收入的一大部分都交了房租，然而得到的却是更高的死亡率。针对这样的状况，他认为解决住房缺乏问题最直接也是最简单的方法就是土地收税，住房不收税。在他看来，"美国对住房收税的行为限制了房产的开发；对空地收更高的税可以刺激人们建房。每块闲置地应该收取同其他同面积建筑一样的税金。这是社会给其拥有者的一个机会；如果他无法利用，他可以将其卖给有能力的人。在人口拥挤的城市留着闲置地进行投机买卖是一种不道德的行为，我们应该加以制止。"[2]他认为，住房问题是一个只能从宏观的角度来解决的问题。资本主义明显无法提供这种最需要的住房。这种情况下就需要社会行动。而且，地主所有制是最活跃的一种剥削形式。如果佃户生活得到改善或者城市美化了其周边的环境，那么地主就会提高租金。然而，他并不会改善工人们的住宿条件，除非通过法律强制其执行。所以，在他看来，如果市政管理部门能够多考虑一些穷人阶级的利益，那么情况

---

[1]　Jacob a. Riis, "Charities and Commons", Vol. XVIII, p.77.

[2]　Walter Rauschenbusch, *Christianizing the Social Order*, New York: The Macmillan Company, 1914, p.417.

将会有很大改观。

总之，饶申布什认为对物质生活和健康的保证是对人格和尊严进行保障的基础。"所谓的个人主义只是导致了大多数人的个性因单调的机械化劳动而丧失殆尽。从事的工作越专业，越单调；工人们就越需要娱乐、休闲、教育和艺术方面的刺激来获得平衡。……破坏人的价值感无异于扼杀其理想和生命。生活的保障需要心灵的解放。"①

二、财产社会化

饶申布什认为要基督教社会关怀首先要为人们的生命和生活安全提供支持，要为因工受伤或死亡的家庭给予补给，要为老年人提供抚恤金，同时也要给予那些处于哺乳期的女工特殊照顾。那么这些开支从何而来呢？在他看来，这个问题只有通过财产的社会化才能解决。

那么他所谓的"财产社会化"指的是什么意思呢？用他自己的话来讲就是："如果某位农民挨着路边的地里面有一眼泉，那么他就应该在路上开个槽让大家都能用到水；他的做法就将这一资源社会化了。如果谁将一块空地圈起来不让孩子们在里面玩球，；他的做法就是非社会化或者反社会化的行为。"②他认为，没有什么重要形式的财产可以完全从社会服务中抽身而退；因为人类生活从本质上来讲就是社会的。正如他所说，一个富人可以将自己的住宅用十英尺高的墙围起来，不允许任何人进入；但鸟儿依然可以在那里筑巢，并为贫穷的路人歌唱；院中的树木产生的氧气依然可能被吹到贫民窟那里去。因此，财产的社会化意味着更直接的为所有人服务；而不是直接为少数人的利益服

---

① Walter Rauschenbusch, *Christianizing the Social Order*, New York: The Macmillan Company, 1914, pp.417-8.
② Walter Rauschenbusch, *Christianizing the Social Order*, New York: The Macmillan Company, 1914, p.419.

务，间接地为公共利益服务。在饶申布什看来，财产的社会化对于社会的发展进步来说有很重大的意义。尤其是当巨大的社会变革将原来的权利变成眼下的社会弊病时，财产的社会化对于社会来说就显得生死攸关。这正是当时美国社会生活当时所面临的处境。

在他的阐述中，土地和私有财产的社会化问题显得尤为突出。他指出，当人类刚开始在美国定居之时，他们可以拥有土地，可以狩猎捕鱼，砍伐森林；而且这样做不会侵犯社会利益。事实上，他们在将土地有效的社会化。如果他们能够将利用水力建起大坝或者磨坊，或者能够开山取矿；他们是在为公共利益服务。但是当这块土地的居民越来越多，公共资源需要为几千人服务时；原来的权利性质就会发生改变。砍伐或者焚烧森林对于偏远的农耕地区来说就成为了一种危害，因为他们会因此而缺乏雨水；同时山谷的人们也会因此而面临洪灾的威胁。仅仅是社会的扩张就在财产问题上引发了对错的转换。有关个人使用自然资源或者使用工具获取财富的权力方面的道德和法律理论是以人口稀少、生产方式简单的设想为基础的。曾经合法有用的行为如今却成为了对社会权力的侵犯。所以他认为财产关系必须重新社会化，这样才能与现在社会的道德关系相匹配。

首先，他认为如何重新将土地社会化是文明社会所面临的一个普遍问题。这一问题的关键在他看来就是"如何将那些如今控制在私人手里的巨大社会价值社会化的同时又不伤及任何人。……如果土地税能够在一二十年内逐渐增加直至几乎囊括所有土地租金，那么这一行为给人带来的伤害就会降到最低。如果住房同时也得到免税，那么个人所得将归个人所有；社会增长的结果将归社会所用。"① 饶申布什指出，单一税将会使当下土地所有者的土地所有权保持不

---

① Walter Rauschenbusch, *Christianizing the Social Order*, New York: The Macmillan Company, 1914, p.423.

动，只是将那些不老而获的租金社会化。但是，如果每个社会群体都能够完全拥有比现在多的土地来作为更大更好的社区生活、更广阔的公共建筑以及为穷人提供住房的基础的话，那就再好不过了。有些英国的城市已经全部买下贫民窟地区，拆掉老旧的出租公寓，规划新的漂亮街道；这样既对大众有利，又会大大降低死亡率。另外，他还认为是时候大力投资农耕土地了。正如他所说："一个公司拥有国家一半或者四分之一的土地并雇佣佃户劳作的做法难道是为了公共利益吗？历史给我们的答案是任何接近这种状况的行为都是一种危险行为。政府应该保留那些仍然拥有的土地，然后将其出租而不是卖掉。……自然保护运动对于国家利益来讲有些太晚，但是幸好我们还可以给后代子孙留下一些遗产。"[①] 除此之外，他还认为矿藏、油井、天然气井都是土地的特殊形式，这些对于工业国家来讲也十分重要。在他看来，当矿产资源较少，人们需要竞争开发时；私有化是将其产品社会化的最佳手段。而当矿产业成为大的社会性企业，其产品都是以垄断价格出售；那么私有化就不会有任何理性和道德基础了。同时，将矿产资源完全私有化的想法也会变得荒谬可笑。

其次，私有财产的社会化也是很重要的一个方面。饶申布什认为，当私有化导致真正意义上的垄断并产生垄断价格时，财产的社会化问题就显得尤为严重。因为："那样的话，私有化实际上已经是反社会或者非社会的做法。"[②] 他并不否认私有财产是文明和道德的必要基础。人均拥有财产的数量不应减少，而应增加。但是，他认为目前的道德需求是重新强调并收回已经被遗忘或否定的社会财产权。因为，社会对于那些最纯粹的私有财产也有所有权。在他看来，宗教、伦理和法律都不承认这是一种绝对的私有财产权。"宗教认为所有的财产都是一种托管性质的，其主人只是管理者而已。伦理道德学说认为财产

① Walter Rauschenbusch, *Christianizing the Social Order*, New York: The Macmillan Company, 1914, p.424.
② Walter Rauschenbusch, *Christianizing the Social Order*, New York: The Macmillan Company, 1914, p.425.

的道德称号取决于其拥有者借此如何服务。法律规定社会或政府有权征用私人财产。战争时期，国家可以征用个人的所有东西，包括身体。"① 所以，他认为私人财产从历史根源上来讲是公共财产的分支，它是以使用权的形式存在的。整个私有财产机制之所以存在是因为它可以为公共利益服务。如果它的存在对公共利益有害，那么就必须终止。他指出，一个人对其房屋、衣服以及劳动积蓄的所有是不会受到人们的质疑的。法律会禁止将这些私人物品社会化。但是他认为，那些大的财富则会不同。即使积攒这些财富的手段是正当的，它们的持续存在也是危险的。社会允许一个人在有生之年拥有一定的财产，但是如果他试图在死后依然支配自己的财产的话就会受到道德的谴责。订立遗嘱并让社会来推行的权力是近些年才设置的，而所有的政府都对此有所限制。人不能总是按照自己的意愿行事。在美国，他不能完全剥夺妻子的继承权；在德国则不能完全剥夺孩子的继承权。法律规定国家有权将其财产的一大部分充公。所以，他认为："不断进步的遗产税是将这些大笔财富社会化的一个最好方法。不仅是为了增加公共收入，而且为了保护社会秩序；遗产税也应该实施的更加彻底。"②

总之，饶申布什认为财产的重新社会化是基督教社会关怀工作中的一个重要手段。正如他所说："如果我们能够将租金和利润中的那些不劳而获的成分重新交回社会的话，我们就可以使商业和工业变得诚实，同时也可以增加公共财产以保护人们的生活，年青人的教育，以及文化和文明的丰富。如果我们能够将那些至今仍然掌控在私人手里的公共财产重新私有化，我们就可以将工业民主化的同时使其更加关注公共利益问题。"③ 他指出，现在的问题是如何以最

① Walter Rauschenbusch, *Christianizing the Social Order*, New York: The Macmillan Company, 1914, p.426.
② Walter Rauschenbusch, *Christianizing the Social Order*, New York: The Macmillan Company, 1914, p.427.
③ Walter Rauschenbusch, *Christianizing the Social Order*, New York: The Macmillan Company, 1914, p.429.

小的代价实现这些目标。在此过程中，有些伤害是必然的。毕竟，良药苦口利于病；忠言逆耳利于行。在他看来，比起这些代价来讲，现在持续的那些弊病每天每时所带来的伤害以及将来可能会产生的危害将会更大。在这一点上，他完全赞同林肯在第二次就职演说中所讲的话："我们满怀希望；我们虔诚祈祷；这场灾难性的战争能够过去。但是如果上帝的意愿是让战争一直持续下去，直至二百五十年来农奴的无偿劳动所积累的财富能够得以偿还，直至鞭挞的鲜血能够用刀砍的鲜血偿还的话；我们仍然要说出三千年前人们所说那句话：'上帝的审判是完全正确而公正的。'"①

三、增强公益精神

在生命得到保护，财产得以社会化之后，饶申布什认为下一步应该做的工作便是增强公益精神。因为，在他看来："社会财富的增加和公共职能的增强是齐头并进的。它们是同一事情的两个方面。社会的职能都是以社会财产为基础的。"②他指出，很长时间以来，人们总是以一种恐惧的眼光看待公共财产的增加以及社会职能的增强。'最好的政府不管事'的观念已经深入人心并成为正统观念。但是，他认为这是一种很危险的异端学说。不过，他也认为和大多异端邪说一样，其中也包含一些真理。只要政府为贵族阶级的利益着想，那么普通民众就会过上安稳日子。因为，坏人在睡觉的时候总是最安全的。但是，另一方面来看，民主使得政府和人民的利益越统一，人民就越没有理由害怕政府。真正的民主统治下，国家行为就意味着人民为了公共利益而采取的行为，那么人民就没有必要要害怕政府。但是，随着政府变得民主，原来的形势会发生逆转。"人民希望政府的功能范围扩大，贵族阶级反而害怕这样的事情发生。

---

① Walter Rauschenbusch, *Christianizing the Social Order*, New York: The Macmillan Company, 1914, p.429.
② Walter Rauschenbusch, *Christianizing the Social Order*, New York: The Macmillan Company, 1914, p.430.

他们不希望政府干预童工以及产品掺假的事情。他们不希望公有制减少他们因垄断而带来的利润。他们希望自己做主。他们的意思是让政府保护商业，其他的事情他们自己完成就可以了。"①

饶申布什认为最好的公共生活只能在那些将所有公民都联合起来为公共利益着想的社会中存在。他发现人们总是想知道，为什么人们的道德热情如此高涨，而人们的公益精神却如此之少。我们怎么样才能让人们拥有公益精神呢？在他看来，公益精神的增强依赖于公共财产。此外，公益精神的增强也依赖集体行动。比如：有些人认为战争事实上是激发爱国主义最好的方式。原因就是战争是一个范围很大的集体行动，它可以产生集体意识。战争所拥有的荣誉光环主要是因为人们的团结而不是因为杀戮。他指出："近年来，在公共活动以及重申公众对公众服务公司所有权方面取得最大进步的城市在公益精神和公民意识方面都取得了很大提高。中国长时间以来的沉睡主要是因为在家庭和宗族的强力约束之外没有公共活动，没有公共财产，所以也没有社会意识。"②

不过，他还是清醒的认识到整个资本主义世界都有一种反对公有的倾向。正如他所说，如果哪个公司的老板为了扩大社会职能而活动的话，他会被人看做是个怪人。新闻出版集团也是遵从财富集团的意愿。尽管如此，他还是认为整个文明世界仍然在向扩大社会职能的方向倾斜。此前，文明创造的社会成就已经都被公有化了。比如：个体或公司拥有道路和桥梁的现象已经不复存在。消防组织以前是由公司来经营。法庭和监狱过去则是掌控在封建贵族的手中来作为他们牟利的手段。战争以前是贵族的特权。学校已经基本实现社会化的目标。相比之下，资本主义在十八世纪末取代手工时代以后发展了自由市场的理论。饶申布什认为其中吸引人的地方是对经济力量自由发展的支持。而政府行

---

① Walter Rauschenbusch, *Christianizing the Social Order*, New York: The Macmillan Company, 1914, p.430.
② Walter Rauschenbusch, *Christianizing the Social Order*, New York: The Macmillan Company, 1914, p.431.

为则代表着人为的干预。而如今，他认为："资本主义正在变得过时。如果经济力量可以自由发展的话，它们会迅速朝着社会所有的方向发展。自由放任政策意味着集体所有。但是经济力量不能自由发展，利益集团从中作梗；它们现在是人为干预的力量。"①

虽然有阻力，但是饶申布什依然坚信高尚的社会生活对于每个有着美好理想的家庭来说都是一个很大的帮助。因为，社会生活危险之时，家庭生活也难免其害。此处，他用孩子们上学时穿衣的例子来佐证。他指出，无数父母辛苦劳动就是为了让自己的孩子衣着华丽，因为其他的父母是这么做的。任何一个曾经穿着带补丁的裤子或者修补的上衣去学校上学的人都知道别人是怎么用蔑视的目光看待他们的，孩子们又是多么伤心的；因此父母为了不让孩子伤心愿意放弃一切。所以我们必须让孩子们穿的体面，这并不是因为需要，而是我们必须跟上别人的节奏。那么为什么社会不能让学校有统一的校服呢？校服实际上让孩子们看起来更精神。如果可以的话，每个学校都可以用特殊的颜色来区分各自的学生，以此来创造出自己的校园精神。每个母亲都会明白这样会使孩子的穿衣问题变得多简单、省时且省钱。饶申布什试图通过这样的例子来唤醒人们对公共生活及其对个体生活影响的重视。

最后，他认为："如今，美国的公益精神正在经历蜕变的过程来积攒力量以承担新的任务。如果我们不让社会拥有承担社会职能的权力，我们就会破坏公益精神而且剥夺了其成长的权力。如果我们禁止社会增加公共财产，那么我们就剥夺了公益精神的发展基础和手段。"②在古希腊罗马的繁荣时期曾盛行的一条规则就是：个人生活要简单，但社会集体生活要丰富多彩。他认为这条规则在如今看来依然有效可行。在他看来，如今人们的个体生活都很丰富奢华，

①　Walter Rauschenbusch, *Christianizing the Social Order*, New York: The Macmillan Company, 1914, p.433.
②　Walter Rauschenbusch, *Christianizing the Social Order*, New York: The Macmillan Company, 1914, p.446.

而城市生活却很暗淡；个人住宅很豪华，而公共建筑却很寒酸。所以他认为，如果那些不劳而获的土地租金能够成为公共财富，公共设施能够成为社会财富的源泉以及公共服务的手段；那么那些个体就不会把这些财富浪费在他们的住宅上，同时我们的城市也会变得干净、漂亮而整齐。我们的后代子孙也会更加喜爱自己的城市。

四、支持工人阶级

在前面的论述过程中，我们已经从不同角度对工人阶级的状况进行了考察；但是饶申布什认为在这一部分如果不提及这方面内容的话，那么这些实际操作的步骤都将是徒劳的。在他看来，现代人类只有当工人阶级得到拯救时才能得到拯救。因为，这一阶级的人数和影响在所有国家中都在不断增加。其他社会阶级的分散间接的增加了工人阶级的数量。正如他所说："如果工人阶级没有得到合适的待遇和安全保障而贫困乃至道德腐败，那么社会整体怎么能保持和平和健康呢？事实上，我们的社会生活之所以缺乏健康和和平主要是因为这一阶级在不断的斗争来防止经济和道德的溺亡。"[1] 此外，工人阶级对于人类道德未来的重要性远大于其人数上的重要性。饶申布什认为工人阶级是所有社会阶级中最现代化的阶级，它是今天的产物，却是明天的创造者和命运的旗手。"它在今日的崛起和昔日商人阶级从封建社会秩序中崛起是一样的。封建贵族鄙视商人阶级。在他们看来，抢劫商人的职业也比制造或者卖布的职业要光荣。然而未来却属于这些受鄙视的人。历史将封建贵族埋葬的同时也为商人阶级带来了希望和明天。"[2] 因此，他认为工人阶级的崛起也要克服对手的轻蔑

---

[1]　Walter Rauschenbusch, *Christianizing the Social Order*, New York: The Macmillan Company, 1914, p.448.
[2]　Walter Rauschenbusch, *Christianizing the Social Order*, New York: The Macmillan Company, 1914, pp.448–449.

和反对，但是他们的崛起在他看来确实是历史给出的昭示。

在他看来，从社会关怀的角度而言基督教团体应该在以下方面为工人阶级提供支持：

首先，如果工人阶级要崛起，那么他们的身体健康必须得到保护。工人们和其他人一样都有生命和健康权，但是对他们来说精力和体力无疑更加重要，因为身体和思想是他们的所有财产和资本。他指出，农民劳作的时候可以吸收到新鲜空气，但是工厂的工人和矿工却很难得到。手工劳动有着自己的节奏，身体的自我保护机制可以发挥作用以防工人过度疲劳；但是在工业时代，工人的节奏是由不知疲倦的机器决定的。因此，他认为，工业时代的工人们更加应该得到保护免受有毒气体和过度疲劳的危害。"在自己的家里或者作坊工作的人可以自己决定工作环境；然而在他人工厂工作的人们只有通过与工友合作和社会行动才能得到满意的工作环境。因此，工业时代的工人阶级比起其他阶级来说更需要社会的保护。"[1]

此外，工人们的劳动应该被大众所理解。正如饶申布什所说：如果工人们在劳动过程中所受的苦能够被理解为代别人受的苦，就像战士为国家流血牺牲一样；这也有助于工人阶级的崛起。在他看来，工业社会仍然没有意识到自己在工业事故方面的责任。教会应该是集体社会良知的代表；但是它并没有让人们意识到自己的罪责。"据说，中世纪的一位主教曾自己接受教会的惩罚只是因为罗马城中的一个人饿死了。难道教会不应该每年召集人们为那些为了大众的利益而在从事危险工作时死去的人默哀吗？他们的死亡本是可以预防和不必要的，难道教会不应该组织人们集体忏悔吗？"[2]

可见，饶申布什是十分重视工人们的身体和精神健康问题的。他认为，工

---

[1]　Walter Rauschenbusch, *Christianizing the Social Order*, New York: The Macmillan Company, 1914, p.449.
[2]　Walter Rauschenbusch, *Christianizing the Social Order*, New York: The Macmillan Company, 1914, p.450.

人们出售的不是货物而是自己的身体，所以社会应该更加关心这种买卖的公平性。商品的重量和数量会受到监督以保护消费者，工人的工资以及得到工资的方式也应该受到社会的监督以保护他们免受无知和无助之苦。

其次，工人阶级的崛起需要提高他们对商业利润的分享。饶申布什认为现代商业是一个社会过程，社会在其发展的每个阶段都是合作者，因此商业也是最需要公共权力和社会资源的领域。"资本应该得到公平的回报，但是在此之后，工业活动中的其他因素应该通过提高工资和降低价格的方式分享社会利益。"① 因为，工业生产的总利润如果得不到公平的分配，社会稳定和基督化的社会秩序是不可能实现的。他指出，工人们和其他消费者一样也希望得到货真价实的商品。合作组织可以在很大程度上帮助工人阶级崛起。另外，住房问题对于他们来说是个很迫切的问题，因为他们集居在工业中心。工人们一起住在同样的环境中，所以他们的住房需要得到社会的行动支持。同时，他还指出，阻碍工人阶级崛起的一个重大问题就是失业工人的问题。在饶申布什看来，失业工人的长期存在证明了整个社会机制的无能和混乱。最后，他认为工人阶级想要崛起就必须有财产权的保障和道德激励。在他看来，舆论和法律必须认可工人在其做出贡献的行业中的财产权。"认可这一权利的最好方法就是给予他们财产权。针对工业事故、职业病以及老年人提供的社会保障可以作为财产权保护工人以免让他们陷入贫穷的深渊以及对此的长期恐惧之中。"②

再者，工人阶级的崛起和教育的传播是密不可分的。饶申布什认为，机械化工作的单调乏味使人的思想变得麻木，因此需要其他的教育刺激来抵消其中的不利影响。每个工人都应该有足够的技术知识以理解生产的过程，这方面的理解有利于缓解他工作时的枯燥。他提出工业组织和高校建立合作关系的建

---

① Walter Rauschenbusch, *Christianizing the Social Order*, New York: The Macmillan Company, 1914, p.451.
② Walter Rauschenbusch, *Christianizing the Social Order*, New York: The Macmillan Company, 1914, p.452.

议。因为，这样教育和工业可以相互发展。在他看来，如果失业的问题能够得到解决，那么工人就没必要像现在这样对职业学校和培训学校持以怀疑。"工人们在处理问题时所表现出来的对思想的热切关注程度令很多与他们接触过的人印象深刻。"① 因此，饶申布什提出社会为工人阶级提供帮助的最简单的方式就是丰富他们的思想。

此外，饶申布什还认为在此过程中应该有一些辅助力量的出现。首先，基督教力量在此过程中不能阻止，只能加速其进程并为其扫清障碍。因为，工人阶级的崛起既不会是轻而易举，也不会是不产生痛苦的。他们的愿望与那些最有权力的阶层利益是相冲突的，工人阶级的进步只能通过阶级斗争的方式才能实现。宗教力量可以将阶级仇恨降到最低，并促使最大程度的阶级勇气产生。其次，工人组织对于该阶级的崛起是必不可少的。因为，"工人阶级的进步有可能受外界的影响而实现，但是这从道德层面来讲并不能令人满意。他们必须通过自己的努力来赢得属于他们的荣誉和奖励。"② 在饶申布什看来，工联主义是一小部分挣工资的工人所发起的运动，而不是整个阶级的运动。再者，他认为公共舆论和法律在此过程中也必须支持工人阶级。只有这样对阵的双方才能在一种没有强制的基础上进行协商。因为，劳资双方订立的工资合同涉及到的问题远大于私人范围。整个社会的利益都会牵涉其中。因此，公共舆论应该以一种公正的态度来对待这件事情。

最后，饶申布什指出，在政治上没有言论自由、集会自由以及出版自由的权力，工人阶级的崛起也是不可能实现的。正如他所说："政治民主方面取得每次进步对于工人阶级来说都是一件好事；然而工人阶级如果最终没有能够实

① Walter Rauschenbusch, *Christianizing the Social Order*, New York: The Macmillan Company, 1914, p.452.
② Walter Rauschenbusch, *Christianizing the Social Order*, New York: The Macmillan Company, 1914, p.453.

现经济民主，那么政治民主到头来只能是空洞无意义的。"① 他认为，未来工人阶级的斗争中有一部分必然要在政治领域展开。商人阶级正在统治政府机器，并且对他们来说十分有效。在他看来，工人阶级只能通过重新调整政治权力的方式来实现平等与公正。在经济领域，工人的数量是其弱点，因为他们会抬价竞买；而在选举层面上他们的人数就成为了优势。

虽然饶申布什对于工人阶级的崛起十分支持，但他并非盲目地赞同。与此同时，他也明白其中的风险所在。正如他所说："关注历史的人都明白工人阶级的崛起必然会给社会的其他部分带来一定的风险。"② 他认为，每个崛起中的阶级都难以保证公正与公平。商人阶级当然没能做到这一点；但是如果社会被封建贵族阶级与神职人员统治的话将会更糟。如果工人阶级保障了该阶级的合法权力，那么它有可能会导致特权阶层的产生，并将他人排除在外。在他看来，人们只能信任现代的民主精神以及未来政府的统治能够解决这一问题。为好的、正确的目标努力，其他的只能冒险；这在他看来是一种信念。

总之，饶申布什认为工人阶级代表着强大的道德源泉，这是基督教社会关怀所需要的。正如他所说："好的工会中的成员认为它们的影响是一股道德力量。这种影响要比更高阶级的影响要更加深刻而有力，因为这是他们同阶级人们的影响。工会在成员处于困难时给予的支持和帮助也比更高阶层的施舍要更加高尚，因为这是合作性质的，没有任何侮辱的元素。"③ 所以，在他看来，工人阶级的崛起对于基督教社会关怀是不可或缺的。

---

① Walter Rauschenbusch, *Christianizing the Social Order*, New York: The Macmillan Company, 1914, p.454.
② Walter Rauschenbusch, *Christianizing the Social Order*, New York: The Macmillan Company, 1914, p.455.
③ Walter Rauschenbusch, *Christianizing the Social Order*, New York: The Macmillan Company, 1914, p.455.

第五章　宗教社会关怀思想在当代

　　社会是一套大系统，其正常和健康运行有赖于政治、经济、文化、宗教等子系统的共同参与和相互协调。和其他子系统一样，宗教在社会大系统中同样拥有自身价值和社会责任。但是，与传统宗教在过去社会中的主导和统治角色不同，当代宗教的社会地位和角色依然发生很大转变。宗教世俗化的趋势日益明显。因此，宗教自身应主动调适以找到其在当前社会中的价值所在。在此层面上，宗教的社会关怀作用就显得尤为重要。饶申布什试图在 19 世纪末 20 世纪初美国宗教领域唤醒的基督教社会关怀意识对于当今我国宗教与社会主义社会相适应工作的开展具有一定的启示意义。首先，宗教在当今中国社会的存在价值值得肯定和接受，其人生关怀价值、伦理道德价值以及社会构建价值在我国创建和谐社会过程中具有独特的作用。其次，宗教在我国当前社会中发挥其作用的空间在不断扩大。相对以往的个人精神指引和信仰追求而言，如今的中国社会为宗教社会关怀提供了更广阔的空间。当然，虽然宗教社会关怀价值的提升及其领域的不断丰富，其中存在的问题也逐渐显现。充分认识宗教的社会价值，逐渐引导宗教发挥其应用的社会作用，解决宗教社会关怀过程中所面临的问题才能更加有利于和谐社会的创建，同时也会使宗教与其它社会子系统以及总系统的关系越来越融洽。

第一节　宗教社会关怀的当代价值

当今社会发展越来越人性化、理性化、科技化。传统社会中宗教主导社会秩序的现象已逐渐消失。西方社会中，传统宗教持续复兴，新兴宗教不断出现。我国社会中，不同宗教信徒的数量在不断攀升。这些都证明了宗教在现代社会中不仅依然存在，而且是社会发展过程中的一个重要因素。存在即合理。宗教在现代社会中必然有其独特的存在价值。从社会关怀的角度而言，宗教的社会价值主要有以下几方面：

一、人生关怀价值

宗教社会关怀最基本也是最根本的价值在于人生关怀。所谓人生关怀即指人类生存意义的终极关怀。马克思曾说过，人是具有社会属性的动物。同时，人也是具有理性思维和精神追求的生物。物质追求和精神追求构成了人类生活的全部。物质生活可以通过生产力的提高以及科技的发展而不断丰富、满足。然而，精神生活却是永远在路上。究其原因在于人类对于无限和永恒的渴望。这是人性使然，同时也是宗教存在的价值所在。正如托克维尔所言："在所有的生物中，只有人对本身的生存有一种天生的不满足感，总是希望人生不可限量。人既轻视生命，又害怕死亡。这些不同的情感不断促使人的灵魂凝视来世，而能把人引向来世的正是宗教。因此，宗教只是希望的一种特殊表现形式，而宗教的自然合乎人心，正同希望本身的自然合乎人心一样。"[①] 正确理解宗教的人生关怀价值有利于推动我国宗教文化建设，同时有利于积极引导宗教与社会主义社会相适应。

宗教的人生关怀价值可以从终极关怀、境界提升以及精神抚慰等方面得以

---

① 托克维尔. 董果良译. 论美国民主 [M]. 北京：北京商务出版社，1988.

体现。首先，终极关怀是所有宗教的共性，也是宗教的立身之本。人类需要终极关怀来解决其精神上对无限和永恒的渴望与追求。在这一点上，宗教给予了人性在精神层面最大的慰藉和满足。"宗教解决的不是人生和社会中的实用问题，它解决的是终极问题。"① 人从哪里来，要到哪里去？人生的最终目的和意义是什么？人应该以什么样的精神状态度过一生？这些终极的问题在宗教信仰中可以有所获得。宗教在这一层面上赋予了人们摆脱物质束缚的能力和力量，同时也让人们在生活中找到了精神归宿从而不再迷茫、孤独。宗教社会关怀的价值也在此体现。

其次，宗教世界所具有的理想和完满特性可以让宗教信徒们在世俗社会中不断提升精神境界，从而使自己的人格不断完善。基督教中完满的上帝之爱、佛教中的圆满世界等无不体现了宗教的理想和完美特征。信徒们在现实生活的中有限、无助和焦虑可以在自己的宗教生活中找到寄托。"人的力量在神那里得到了延伸；人的道德在神那里得到了完善，人的生命在神的天国得到了永续，人的无能在神的万能那里得到了补偿。"②

再者，人在现实生活中不可避免的种种无常难免会使人在精神遭受这样那样的打击。命运的时时捉弄和生活的起起落落让人感觉无所适从，同时也会倍感失落、无助甚至悲观绝望。宗教信仰和生活可以弱化甚至消除人的这些精神困扰，给人以平静之心。这正是宗教的心理调适功能。正如奥戴所说："宗教可以是个体和他所在的群体相协调一致，可以在变幻无常中给他以支持，在失望中给他以安慰，可以使他认同社会目标，鼓舞其士气。"③

宗教社会关怀在人生意义指引、品格境界提升、精神慰藉等方面的作用是

---

① 玛林. 21 世纪中国大预测 [M]. 北京：改革出版社，1996.
② 贺彦风，杨晓冬. 论宗教的人生关怀价值 [J]. 五台山研究，2008.04.
③ 托马斯·奥戴. 刘润忠译. 宗教社会学 [M]. 北京：中国社会科学出版社，1990.

宗教在社会领域所拥有的优势所在，同时也是其责任所在。积极引导宗教在人生关怀方面发挥其长处有利于社会的稳定与和谐，抑制甚至消除社会中的消极影响。

二、伦理道德价值

伦理是人类社会在发展过程中逐渐形成的行为约束和指导体系，是人类最早意识到的一种社会关系。这种社会关系的神圣化便是宗教伦理。可见，宗教伦理既有其神圣化的特征，又有其世俗化的内涵。虽然因历史传统、社会习俗和民族文化等方面的差异导致不同社会拥有不同的伦理体系。同时，世界范围内的各大宗教伦理内涵也不尽相同。然而，无论是世俗伦理也好，宗教伦理也罢，其主体都是人，其应用场所都是现实社会。因此，来自不同民族的人在人性上的共通之处以及在现实社会中面临的共同问题也就成就了不同伦理体系的共同点。例如，扬善弃恶、广施仁爱既被世俗伦理所提倡，也被宗教伦理所推崇。现代社会中，随着全球化经济的快速发展，人类面临道德沦丧、伦理崩塌的现象日益凸显。这一方面表现了世俗伦理约束力的日趋势弱，另一方面也反映出神圣化的宗教伦理在社会中的价值。因为，宗教伦理于信徒而言既是戒律也是命令。宗教社会关怀的伦理价值在人类社会中的不同关系层面都有所体现。

当今世界，人类面临的伦理危机主要反映在三种社会关系中：人与自然、人与社会、人与人。宗教伦理这些方面都有一些可为人们借鉴和学习的资源。现代化社会建设过程中，自然环境不可避免地成为了受害者。人类的发展离不开自然资源，同时也不得不从自然中获取必须的资源。然而，现代人类对自然资源大肆掠夺显然已经超越了正常范围。由此而来的环境污染、生态失衡、自然灾害等后果已然置人类于严重的生存危机之中。宗教的伦理价值在此充分体现。我国道教提倡"天人合一"，其中就体现了人与自然和谐相处的理念；佛教中的"不可杀生"既是对他人生命的尊重，也是对其他生物和植物生命的认同；基督教中爱上帝就要爱护其所创造天地自然。显然，不同宗教伦理中都体现了对自然的尊重和维护。充分挖掘宗教生态伦理资源有利于生态环境的可持续发展。

宗教伦理价值不仅体现在人与自然危机的化解上，同时也对人与社会、人与人的关系危机方面有所裨益。现代社会中，人与社会之间的矛盾主要体现在个人追求与社会环境的冲突上。当一个人的意愿无法在现有社会条件下达成时，厌世甚至反社会的情绪就有可能在一些人身上滋生。显然，这不利于社会的稳定和健康。宗教伦理中所提倡的"善"既包括善言也涵盖善行，总之就是存善去恶。行"善"成为了宗教生活和世俗生活中的契合点。另外，以经济发展为主导的现代生活难免会导致贫富不一、物质主义和拜金思想。人与人之间的诚信、友善和互助都面临威胁。宗教伦理提倡的宽容、无我、利他理念有利于人际关系的融洽，同时也有利于社会的积极发展。①

三、促进和谐社会构建

当前，我国正在提倡和谐社会的构建。社会的和谐发展需要其中每一份子的积极配合和参与，宗教信众也不例外。从功能主义角度来看，宗教的维系和凝聚功能有利于和谐社会的构建。首先，宗教维系社会的作用主要在于宗教拥有一套系统化、规范化的思想和行为体系。这一体系的核心是宗教观念和信仰。共同的信仰使得信仰者持有相同的价值观和世界观。正如马克斯·韦

---

① 陈超. 宗教伦理的当代价值——全球伦理视域下的考察 [J]. 新视野, 2005 年 2 期.

伯所言："直接支配人类行为的是物质上与精神上的利益，而不是理念。但是由'理念'所创造出来的'世界图像'常如铁道上的转辙器，决定了轨道的方向。"① 而宗教律法和礼仪则可以在后期对信众的行为进行约束和规范。探索宗教与社会主义社会相适应的目的在于将宗教中的积极、有益成分融入到我国社会的发展中去。鉴于我国当前法制建设尚在完善、道德约束尚不足以彻底规范整个社会的情况，宗教的维系功能提供一定的可取之处。

宗教恰恰具有一定的凝聚作用。它通过对个人中心的破除将宗教世界中的多元结构凝结为一体。宗教观念提倡平等，而这种平等意识与世俗社会中表追求的平等是有分别的。托马斯·杰弗逊在美国《独立宣言》中写道："人人生而平等，每个人都有追求自由、生命和幸福的权利。但是，我们不应该忽略他讲这句话的前提是人人都被造物主赋予了这些权利。"这个说法只有在一个宗教的或深刻的形而上学框架中方才是可能的。"② 可见，宗教对信仰者以及世界不同方面的凝聚力是值得肯定的。

总之，宗教社会关怀的当代价值是客观存在的。宗教团体应充分发挥其资源和优势，为我国社会主义和谐社会的构建做出贡献。当然，世俗社会也应当给予宗教充分的认识和认可。二者应本着求同存异的原则展开对话与合作。只有这样才能使二者和谐共存，社会大系统才能健康运行。

第二节　宗教社会关怀的空间领域

现代社会中，宗教显然不再是社会的主导力量。政教合一的社会体制已然退出历史舞台。政教分离如今已成为很多国家的主要政策。然而，宗教并没有

---

① 马克斯·韦伯，康乐译.《宗教与世界》[M]. 桂林：广西师范大学出版社，2004，第477页.
② 路易斯·P·波伊曼，黄瑞成译.《宗教哲学》[M]. 北京：中国人民大学出版社，2006，第3页.

从社会中消失，其社会影响力依然存在。只是，其展现作用的领域在转变，从以往的公共社会生活领域转移到了个体生活当中去。然而，宗教社会关怀的空间随着宗教世俗化趋势的日益加深而不断扩大，其服务社会的领域也在不断丰富。从传统的公益慈善、教育领域再到如今的环保、医疗、养老等领域，宗教对社会的关怀都有所体现。可见，宗教自身在不断调试以适应现代社会的发展，寻求为社会提供服务的各种机会和条件。大体而言，宗教社会关怀的领域主要集中在以下几个方面。

一、公益慈善

宗教社会关怀的传统领域主要在公益慈善方面，其主要形式有关怀弱势群体、救助受苦群众、捐助灾区等。宗教慈善观念是其坚定的信仰与社会思想、相结合的产物。以基督教慈善观念为例：它产生于罗马帝国晚期的动荡时期，当时的神学家在信仰的基础上吸纳了犹太人和希腊思想文化后而产生的社会观念。"犹太教的公正观念给与穷人表达愿望、要求关怀的合法性，希腊文明中不记报偿的慈爱观奠定基督教慈善观的概念基础，耶稣的教导与行为体现了基督教'给与'的宗教意义，中世纪基督教神学的发展，最终确立慈善的神学意义：慈善行为代表着上帝之爱。"[1] 现代社会中，基督教慈善事工在社会发展中的作用越来越显著。上世纪30年代，基督教在我国创建了几百所孤儿院、育婴堂等救助机构。这些机构为当时的孤儿、婴儿提供了稳定、健康的生长环境，为社会的发展做出了贡献。近年来，基督教在我国慈善事工上的投入力度日益加大。据不完全统计，从1998至2004年5年多时间里，全国各地天主教徒为各种慈善及赈灾活动捐款达5554万元，衣物70余万件。[2] 2015年，天主

---

[1] 毕素华. 论基督教的慈善观 [J]. 南京社会科学, 2006,(12): 第7-11页.
[2] 参阅：傅铁山主教2004年7月7日在中国天主教第七届代表会议上所作的工作报告.

教进德公益项目总支出 9894467.68 元，占该年度总支出的 95.46%，占上年度基金余额的 88.61%。^①可见，宗教对社会的关怀非但没有因为宗教社会角色的转变而衰退，反而在不断加深。

二、生态保护

随着我国现代化建设的不断加深，自然环境遭受的破坏也在不断加深。生态平衡被打破，人们生存的环境逐渐恶化。如何加强社会的可持续发展，改善生态环境成为了我国现代化建设中的一项重大课题。习近平同志在十九大报告中 18 次提及自然，11 次谈到生态环境。报告中不乏"建设生态文明是中华民族永续发展的千年大计"、"建设生态文明是中华民族永续发展的千年大计"等重要论断。由此可见，我国政府对于创建"美丽中国"的决心之大。在此过程中，各宗教思想中所蕴含的生态智慧大有用武之地。宗教在我国生态环境保护方面做出的历史贡献有目共睹。例如：截至 2017 年，我国已有 52 处自然景观和文化遗址被列入联合国《世界遗产名录》，其中，包括大足石刻、龙门石窟、莫高窟、庐山、泰山、武夷山、承德避暑山庄和周围寺庙、青城山和都江堰、武当山古建筑群、峨眉山和乐山大佛、云冈石窟等在内的 20 余处与宗教有着密切关联。近年来，我国各宗教团体通过讲经说法、发表论著、举办会议等方式不断着宗教对生态环境的关怀和保护。1995 年，世界宗教与环境保护基金会成立。目前，该组织与世界 12 支主要文化传统与信仰合作，基于优秀传统文化的核心理念来展开环保实践。创立之初，我国道教界就参与其中。2008 年，中国佛教界参与其联合国合作的项目"为生命家园起草时代变革的计划书"。2013 年，国际儒家生态联盟 (ICEA) 代表儒家文化正式加入该联盟。^②未

---

① 　http://www.pacilution.com/ShowArticle.asp?ArticleID=7251
② 　http://www.arcworld.org/chinese.asp?p=11.

来，我国各宗教团体应继续发挥自身特点和优势，为我国生态文明建设做出积极贡献。

上述三者是宗教开展社会关怀的主要领域，但并不是所有领域。除此之外，宗教在养老、出版、医疗等其他社会领域也在发挥自身价值。譬如：河北进德公益基金会在 2015 年开展了"老年健康活动"，为邢台、邯郸、沧州等地 10 个乡村的老年人提供健康讲座、测血糖、心理疏导等服务。这些活动的开展丰富了老年人的晚年生活。总之，宗教在当前社会中发挥作用的空间很广阔，领域很丰富。

第三节　宗教社会关怀的未来发展

宗教在当今社会的价值和贡献值得肯定，但是其中存在的问题也不容忽视。其中，社会关怀思想不够开放、专业化程度有待提高、合作机制不够成熟是其面临的主要问题。因此，宗教要想在社会中更加充分地发挥自身作用、实现自我价值就需要在这些方面做出改善。

一、解放思想

当前，宗教社会关怀的发展趋势是良好的。但是，其中也存在一些思想不够开放，内在动力不足的现象。比如，有些信徒认为信仰的根本在于坚定自我信仰，实现自我救赎即可，对于社会上的弱势群体、受苦群众以及社会不公等问题态度冷漠。也有些教派认为救赎和关怀应该有先后顺序，先要关怀的对象是自己的亲人或宗教团体内部人士然后才是教外人士。也有些身在教会、庙宇、道观的人员专注自身外在环境的富丽堂皇，而不关注或者冷眼旁观宗教场所之外的事务。导致这些现象的原因有对信仰理解上的差异、教派在教义上的信仰差异，也有教徒个人思想差异等多方面原因。因此，宗教团体的社会关怀道路上依然存在内在阻碍。要想更加顺畅、充分发挥宗教在社会上的积极作用就需要宗教内部在思想上进一步解放，认识上进一步统一。正如美国民权运动领袖马丁·路德·金所言："任何一种宗教如果只关注人类个体的灵魂而不关注给灵魂带来创伤的社会问题，它必定在精神上濒临垂死。"①《圣经》中对"爱上帝"的解读不仅在于"爱己"，也在于"爱人"。佛经中既讲"度人"也讲"度己"，也就是在做好自身修为的同时关怀他人，解救他人。所以，宗教人士和团体应该让爱洒在世间众生身上，进而普济众生；以怜悯的情怀面对世界，不怕弄脏双手，不畏工作服事所带来的疲累。

二、注重专业

宗教社会关怀是一项高尚、伟大的事业，仅凭满满的热情是不够的，还要有规范、专业的方法和技能。目前，我国宗教参与社会服务的形式主要还是以零散、偶发、随机为主，缺乏集体性、长远性和稳定性。因此，宗教社会关怀在未来发展中应进一步加强社会服务的规范性，形成长效机制，打造具有各宗教团体特色的品牌和活动。于此同时，要规范自身参与社会服务的管理、监督和操作制度。在此基础上，逐步提高社会服务的专业化程度会使宗教社会关怀更加有效、深入。专业化程度的提高有赖于培养、拥有一批信仰坚定、素养较高、组织能力强、经验丰富的服务人才。正如中国天主教爱国会副主席沈斌所言："宗教公益慈善机构在内部治理上水平参差不一，还有很大提升空间；宗教界做慈善人才匮乏，缺乏项目管理、投资管理、税务、法律、财务、营销、

---

① Martin Luther King Jr.. Stride toward Freedom. New York: Harper & Row Publishers, 1958, p.91.

公关、社会工作等方面的专才。不论是培养人才还是购买专业服务，这是宗教界进一步参与公益慈善事业必须要解决的问题。"① 当然，近些年有些宗教团体对此也有深刻认识，而且在不断努力提高。比如：2016 年，中华基督教女青年会全国协会组织 22 位青年女性到杭州参加养老护理培训班。2017 年，该培训班由一个扩展为两个，进一步推动了该协会在社会养老服务方面的专业化程度。但是，就宗教社会关怀的整体而言，做得好的有品牌特色的并不是很多。因此，宗教社会关怀在规范、系统和专业化方面还需要继续努力提升。

三、加强合作

建立有效的合作机制有利于宗教社会关怀水平和服务效应的提升。各宗教团体内部合作、不同宗教团体间合作以及宗教与世俗社会组织机构间的合作是需要加强的主要层面。各宗教团体内部合作有利于相互沟通、互通有无、取长补短、共同发展。中国道教协会副会长、上海市道教协会会长吉宏忠认为："各级宗教院校应加大公益慈善专业人才的培养，打造中国宗教慈善事业的专业人才队伍。可以采取各种培训、联合办学，乃至建立宗教慈善公益培训基地等方法，打造开展宗教公益慈善活动的生力军。"② 世界范围内和国内各宗教联合会的成立在宗教内部合作方面树立了很好典范。不同宗教信仰团体在某一领域的合作有利于加深彼此的理解和认识，为共同事业的开展奠定良好基础。当前，世界宗教与环境保护基金会的组织、运行可作为良好参照。

总之，宗教社会关怀在当今社会依然拥有其独特的价值和优势，宗教社会关怀的空间领域日益宽广、丰富，宗教社会关怀的未来发展应更加开放、规范、专业。这需要宗教自身的不断调试，努力发展成为"热爱祖国和遵纪守法

---

① http://www.cssn.cn/zjx/zjx_zjyj/zjx_ddzj/201803/t20180316_3878559.shtml.
② http://www.cssn.cn/zjx/zjx_zjyj/zjx_ddzj/201803/t20180316_3878559.shtml.

的宗教；适应社会和与时俱进的宗教；道风建设和道德持守的宗教；重视社会
服务和社会关怀的宗教；重视文化传承和人才建设的宗教；重视包容和睦和对
话合作的宗教"① 同时，世俗社会也应给予宗教团体以更大的空间和自由，加
强双方的合作和互容。正如习近平在十九大报告中所说："全面贯彻党的宗教
工作基本方针，坚持我国宗教的中国化方向，积极引导宗教与社会主义社会相
适应。"②

---

① 　参见《中国宗教》，2007 年第 2 期，第 16 页。
② 　http://www.gov.cn/zhuanti/2017–10/27/content_5234876.htm.

结　语

本书为作者 2016 年承担的河北省社会科学基金项目研究成果，项目名称为"社会福音运动中基督教参与社会改革方式及效用研究"，项目编号HB16LS001。

沃尔特·饶申布什及其社会关怀思想在美国历史上扮演了十分重要的角色。饶申布什的社会关怀思想不仅在当时，甚至直至今日依然值得被人们所重视。虽然，在他的思想内容中包含了一些由于时代背景所导致的自由主义倾向以及乐观主义色彩，然而我们应该更多地关注其思想中的闪光点，即罪与救赎的社会性，以及教会应该在社会救赎中承担什么样的角色等方面的思想观点。当今社会中所出现的问题以及人们所面对的危机大多是由于社会机制以及社会思想上出现了问题，研究饶申布什的社会关怀思想会给我们当代人带来某些启发，这对我们来说必然会有所裨益。

饶申布什的社会关怀思想对于当时的美国社会来说有着非常大的影响和号召力。同时，他也为二十世纪初期的基督教世界提供了一种崭新的景象。他的社会关怀思想从基督教信仰出发，注重福音的社会关联性。他拓宽了人们对罪与救赎的定义。先前人们过多地将罪与救赎限制在个人的层面和领域。而饶申布什则让人们看到了罪与救赎的社会层面。这可谓是一种新的发现和理解。他号召教会在对待社会问题上要具有先知的视野和眼光。如今，美国的教会，尤其是主流教会也感受到了饶申布什思想的影响。正如克里斯多夫·埃文斯所说："社会福音，尤其是在美国新教的历史上，对于二十世纪那些相信向社会转变的目标前进是基督教的首要动机的教会来说是一个榜样。即使是过去一百年中历史环境发生了改变，社会福音的观念，即基督教信仰为了充分利用福音的力量必须参与到当代的社会问题中去，在二十一世纪之初必然会成为很多教派的核心原则。"① 总之，饶申布什的社会关怀思想不仅对当时而且对如今的美国社会都产生了一定的影响和启蒙。他的思想不仅影响了新教团体，也给整个基督宗教团体带来了影响和改变。

　　然而，饶申布什的社会关怀思想毕竟是时代的产物，因此也必然会带有时代的特征和缺陷。如今看来，他的社会关怀思想中还是存在一些问题。其一，理想化色彩较浓。因为，一战之后基督教信仰者已然很难再相信可以在俗世建立上帝之国。两次世界大战加上经济大萧条和纳粹大屠杀之后，人类进步已然成为一个很令人感到怪异的观念。饶申布什的这一思想在这些事件发生之后也难免呈现出不切实际的乐观和理想化色彩。正如克里斯多夫·拉什所说："二十世纪二三十年代对社会福音的政治抨击只要集中于它对暴力和强制的逃避，更近一些时期以来对它的批评主要是在此基础上加上了它对维多利亚价值观的采用，它在种族问题上的沉默以及其反女权主义。一言以蔽之，道德主义，正如一些人对自由主义神学的批判一样，感性的人性观。"② 其二，过于重视教育和道德在社会改革中的作用。饶申布什在谈及社会改革途径时通常求助于教育以及对基督教伦理的呼吁。正如莱因霍尔德·尼布尔所指出的那样："饶申布什的神学思想没能认真的理解历史中罪的普遍性以及上帝对人类罪恶

---

① 　Christopher H. Evans, ed., *The Social Gospel Today*, Louisville: Westminster John Knox Press, 2001, p.174.
② 　Christopher Lasch, *Religious Contributions to Social Movements: Walter Rauschenbusch, the Social Gospel, and Itⓔs Critics*, The Journal of Religious Ethics, 2001, p. 17.

和虚伪的彻底审判。因此，求助教育以及呼吁基督爱的伦理将在社会伦理上导致道德主义的理想主义倾向，这对以自我利益为中心的群体之间的社会冲突为特征的世界来说毫无裨益。"①

功过自在人心。后人不应揪住饶申布什思想中的缺陷不放，这也是没有什么意义的。挖掘其思想中的历史遗产并为当世所用应该是我们对其思想进行历史研究的真正意图。"对于我们这个时代来说问题的关键是如何重新发现、评判社会福音留给我们的遗产，这需要我们不以一种近视的眼光来看待过去，同时要认真考虑二十一世纪初期不同层次的基督教信仰团体所面临的信仰与意义问题。"②

当前，宗教社会关怀在世界各国社会中依然拥有其价值和意义，其参与社会服务的空间和领域也在日益扩大。就我国的宗教社会关怀现状而言，贡献值得肯定，存在的问题应该重视。同时，宗教在社会关怀的思想层面应继续开放，社会服务的规范程度和专业化程度需要加强，宗教团体内部合作、不同宗教间的相互合作以及宗教与世俗社会机构的彼此合作有待进一步加深。只有这样宗教才能更好地融入现代社会，为和谐社会的创建做出更大贡献。

---

① William M. Ramsay, *Four Modern Prophets*, Louisville: Westminster John Knox Press, 1986, p.312.
② Christopher H. Evans, editor, *The Social Gospel Today*, Louisville: Westminster John Knox Press, 2001, p.8.

参考文献

一、沃尔特·饶申布什本人著作及文章

（一）著作

1. *Prayers of the Social Awakening*, New York: The Pilgrim Press, 1910.

2. *Christianity and Social Crisis*, New York: The Macmillan Company, 1911.

3. *Christianizing the Social Order*, New York: The Macmillan Company, 1914.

4. *The Social Principles of Jesus*, New York: Grosset and Dunlap Publishers, 1916.

5. *A Theology for the Social Gospel*, New York: The Macmillan Company, 1917.

（二）文章

1. *The Ideals of Social Reformers,* The American Journal of Sociology, Vol.2, No.2 (Sep., 1896).

2. *Revelation: An Exposition*, The Biblical World, Vol.10, No.2,(Aug.1897).

3. *The Stake of the Church in the Social Movement*, The American Journal of Sociology, Vol.3, No.1, (July, 1897).

4. *Jesus as an Organizer of Men*, The Biblical World, Vol.11, No.2 (Feb., 1898).

5. *The Influence of Historical Studies on Theology,* The American Journal of Theology, Vol.11, No.1 (Jan., 1907).

6. *Some Moral Aspects of the Woman Movement*, The Biblical World, Vol.42, No.4 (Dec.1913).

二、有关文献

（一）传记

1. Sharpe, Dores Robinson. *Walter Rauschenbusch*, New York: Macmillan Company, 1942.

2. Minus, Paul M. *Walter Rauschenbusch: American Reformer*, New York: Macmillan Publishing Company, 1988.

3. Evans, Christopher. *The Kingdom is Always But Coming*：*A Life of Walter Rauschenbusch*, Grand Rapids: Eerdmans Publishing Company, 2004.

（二）其他著作

1. John Marshall Barker. *The Social Gospel and the New Era*, The Macmillan Company, 1919.

2. Charles Howard Hopkins. *The Rise of the Social Gospel in American Protestantism, 1865—1915*, New Haven: Yale University Press, 1940.

3. F. Ernest Johnson. *The Social Gospel Re—examined,* New York: Harper & Brothers, 1940

4. Fedrick Ernest Johnson. *The Social Gospel Re—examined*, Harper & Brothers, 1940.

5. Reinhold Niebuhr. *The Nature and Destiny of Man*, Charles Scribner's Sons, 1943.

6. Bodein, Vernon Parker. *The Social Gospel of Walter Rauschenbusch and Its Relation to Religious Education*, New Haven: Yale University Press, 1944.

7. Benson Y. Landis. *A Rauschenbusch Reader*, New York: Harper&Bros., 1957.

8. Willem Adolph Vissert Hooft. *The Background of the Social Gospel in America*, Bethany Press, 1963.

9. Robert T. Handy. *The Social Gospel in America 1870–1920: Gladden, Ely, Rauschenbusch*, Oxford University Press, 1966.

10. Ronald C. White, Jr. and C. Howard Hopkins. *The Social Gospel: Religion and Reform in Changing America*, Temple University Press, 1976.

11. Winthrop S. Hudson, ed. *Walter Rauschenbusch: Selected Writings*, Paulist Press, 1984.

12. William Mitchell Ramsay. *Four Modern Prophets: Walter Rauschenbusch, Martin Luther King Jr., Gustavo Gutierrez, Rosemary Radford Reuther*, John Knox Press, 1986.

13. Ralph E. Lucker. *The Social Gospel in Black and White: American Racial Reform, 1885–1912*, The University of North Carolina Press, 1991.

14. Harlan Beckley. *Passion for Justice: Retrieving the Legacies of Walter Rauschenbusch, John A. Ryan, and Reinhold Niebuhr*, Westminster&John Knox Press, 1992.

15. Donovan E. Smucker. *The Origins of Walter Rauschenbusch´s Social Ethics*, McGill–Queen's University Press, 1994.

16. Christopher H. Evans. *The Social Gospel Today*, Westminster John Knox Press, 2001.

17. Susan Curtis. *A Consuming Faith: the Social Gospel and Modern American Culture*, University of Missouri Press, 2001.

18. Ronald C. White, Jr.. *Liberty and Justice for All: Racial Reform and the Social Gospel, 1877–1925*, Westminster John Knox Press, 2002.

19. Wendy J. Deichmann Edwards, Carolyn De Swarte Gifford. *Gender and the Social Gospel*, Board of Trustees of the University of Illinois, 2003.

20. Steven L. Piott. *American Reformers, 1870–1920: Progressives in Word and Deed*, Rowman & Littlefield, 2006.

21. R. J. Michael. *The Social Gospel (1867)*, Kessinger Publishing, LLC, 2008.

22. Shailer Mathews. *The Social Gospel*, The Griffith& Rowland Press, 2010.

（三）文章

1. C. Howard Hopkins. *Walter Rauschenbusch and the Brotherhood of the Kingdom*, Church History, Vol.7, No.2 (June, 1938).

2. Preston King Sheldon. *Rauschenbusch, Prophet of Christian Socialism*, American Journal of Economics and Sociology, Vol.3, No.1 (Oct., 1943).

3. Charles Howard Hudson. *Walter Rauschenbusch and the New Evangelism*, Religion in Life,30: 412–30, 1961.

4. John R. Aiken. *Walter Rauschenbusch and Education for Reform*, Church History, Vo.36, No.4 (Dec.1967).

5. Charles R. Strain. *Toward a Generic Analysis of a Classic of the Social*

Gospel: An Essay–Review of Walter Rauschenbusch, Christianity and the Social Gospel, Journal of American Academy of Religion, Vol.46, No.4.

6. Stanley Hauerwas, Mark Sherwindt. *The Kingdom of God: An Ecclesial Space for Peace*, Word & World 2/2, 1982.

7. Le Masters, Philip, M.A. *A Critical Analysis of Walter Rauschenbusch and Gustavo Gutierrez' Respective Uses of the Kingdom of God as a Normative Symbol for Theological Ethics*, Rice University, 1987.

8. D.M. Yeager. *Focus on the Social Gospel: An Introduction*, The Journal of Religious Ethics, Vol. 18, No.1 (Spring, 1990).

9. Reinhard L. Hü tter. *The Church: Midwife of History or Witness of the Eschaton?*, The Journal of Religious Ethics, Vol.18, No.1, (Spring, 1990).

10. Christopher Lasch. *Religious Contributions to Social Gospel: Walter Rauschenbusch, the Social Gospel, and Its Critics*, from The Journal of Religious Ethics, vol. 18, No. 1, Spring 1990, Blackwell Publishing.

11. Jacob H. Dorn. *The Social Gospel and Socialism: A Comparison of the Thoughts of Francis Greenwood Peabody, Washington Gladden, and Walter Rauschenbusch*, Church History, Vol.62, No.1 (Mar.1993).

12. Stanley Hauerwas. *Christian Ethics in America: A Report on a Book I Will Not Write*, Journal of Religious Ethics, Vol.25, No.3, 25th Anniversary Supplement, 1997.

13. Judith Morishima–Nelson. *Prophets, Politics, and Power: The Bible, Evangelicalism, and The Poor--Application of the Social Gospel of Walter Rauschenbusch to the 21th Century Economic Crisis* Dec. 2003.

14. James Mark Shields. *The Social Principles of Jesus: A Reexamination of Walter Rauschenbusch' s 1916 Social Gospel Text*, The Journal of Liberal Religion, Vol.8, No.1 (Winter 2008).

15. Max L. Stackhouse. *Rauschenbusch Today: The Legacy of a Loving Prophet*, www.christiancentury.org. .

1. 理查德·霍夫施塔特.《美国思想中的社会达尔文主义》[M]. 费城：宾夕法尼亚大学出版社，1962.

2. 杨生茂，刘绪贻.《美国内战与镀金时代 –1861–19 世纪末》[M]. 北京：人民出版社，1990.

3. 约翰·斯通.《社会中的宗教》[M]. 成都：四川人民出版社，1991.

4. 利文斯顿.《现代基督教思想：从启蒙运动到第二届梵蒂冈公会议》[M]. 成都：四川人民出版社，1992.

5. 李剑鸣.《大转折的 . 代：美国进步主义运动研究》[M]. 天津：天津教育出版社，1992.

6. 戴安娜·拉维奇编.《美国读本》[M]. 上海：生活、读书、新知三联书店，1995.

7. 郭尚鑫 . 论美国社会福音运动 [J]. 江西师范大学学报（哲学社会科学版）第 30 卷第 2 期，1997.

8. 卓新平.《当代西方新教神学》[M]. 上海：上海三联书店，1998.

9. 卓新平.《宗教理解》[M]. 北京：社会科学文献出版社，1999.

10. 卓新平主编.《中国基督教基础知识》. 北京 : 宗教文化出版社 ,1999.

11. 张百春.《当代东正教神学思想》[M]. 上海：三联书店，2000.

12. 胡俊杰 . 浅谈饶申布什的教会论 [J]. 金陵神学志，第 48 期，2001.

13. 余志森主编 .《美国通史》[M].（第四卷）北京：人民出版社，2002.

14. 董继民 .《美国近代史评述》[M]. 北京：中国社会科学出版社，2004.

15. 单纯 .《当代西方宗教哲学》[M]. 北京：中国社会科学出版社，2004.

16. 马克斯·韦伯，康乐译 .《宗教与世界》[M]. 桂林：广西师范大学出版社 , 2004

17. 麦克·彼得森，威廉·哈斯克，布鲁斯·莱辛巴赫，大卫·巴辛格著 . 孙毅，游斌译 .《理性与宗教信念》[M]. 北京：中国人民大学出版社，2005.

18. 麦奎利 .《二十世纪宗教思潮》[M]. 北京：宗教文化出版社，2006.

19. 休斯顿·史密斯著 . 刘安云译 .《人的宗教》[M]. 海南：海南出版社，2006.

20. [美] 邢军著 赵晓阳译 .《革命之火的洗礼——美国社会福音和中国基督教青年会 1919-1937》[M]. 上海：上海古籍出版社，2006.

21. 路易斯·P·波伊曼，黄瑞成译 .《宗教哲学》[M]. 北京：中国人民大学出版社 , 2006.

22. 戴康生 .《宗教社会学》[M]. 北京：社会科学文献出版社，2007.

23. 张百春 .《论人的使命》[M]. 上海：上海人民出版社，2007.

24. 白舍客 .《基督宗教伦理学》[M]. 上海：华东师范大学出版社，2010.

附录：沃尔特·饶申布什年谱

1861 年

10 月，沃尔特·饶申布什出生于纽约州罗彻斯特市一个德裔家庭中。父亲奥古斯特·饶申布什是当地较为著名的浸礼宗牧师。少年时期的饶申布什深受其家庭环境影响，继而选择了牧师职业。

1879 年

7 月，初中毕业后的饶申布什在父亲的安排下前往德国居斯尔特地区的一所私立高中读书。在校期间，成绩优秀。同时，他还广泛阅读拉丁语、希腊语、德语和圣经方面的经典著作；并且，经常写一些有关荷马、西塞罗、圣保罗、歌德和拉辛作品中的文体和思想方面的文章。这为他以后的学术生涯奠定了坚实的基础。

1883 年

7 月，饶申布什结束了自己在德国为期四年的学习，绕道英国返回美国。

同年，他分别进入罗彻斯特大学和罗彻斯特神学院继续学习。在罗彻斯特大学，他主要学习高年级的课程；而在神学院则是从一年级学起。在神学院学习的这段日子里，他开始接触到自由神学和传统神学之间的斗争。

1884 年

1884 到 1885 年的暑假期间，饶申布什在路易斯维尔做见习牧师。这为他此后的布道生涯奠定了基础；同时他也开始亲身接触到民众生活的疾苦。

1885 年

饶申布什获得罗彻斯特大学学士学位。

1886 年

5 月，饶申布什从罗彻斯特神学院毕业。

同年 6 月，他来到毗邻"地狱厨房"的纽约第二浸礼宗教会开始了自己的牧师生涯。此间，他的耳病发作。这给他此后的人生带来了很大程度的不变和痛苦。

1887 年

饶申布什开始将自己的视野从教堂扩展到整个社会。他开始劝告人们关注那些受压迫和折磨的人们的痛苦呻吟，并未创建新社会而奋斗。

1888 年

在他的努力和影响下，教会人数已达 187 人；参加主日学校的人数已达 358 人。他的成功引起了罗彻斯特神学院的注意。

该年夏天，他的父亲决定退休并返回德国。饶申布什接到神学院的邀请接替父亲的教职。

1889 年

饶申布什完全卸下了建造新教堂的负担，转而开始进行大量的阅读和写作，以期找到宗教和社会问题之间的联系。他所关心的主要问题是教会如何才能消除自身与城市民众之间的隔阂。

同年，他在浸礼宗大会上阐述了新的重要的神学主题，即上帝之国。

1891 年

1月，饱受耳病困扰的饶申布什辞去教会的职务。但，该教会依然决定为其保留职位。

3月，他决定再次回到欧洲，一方面为自己的失聪寻求医疗，另一方面则是寻找基督教社会主义的神学根源。在此期间，他通过吸收英国和德国的资源，加上他自身的天赋，写出了《基督教与社会危机》的手稿。

12月25日，他回到美国。教会成员的热情感动了饶申布什，同时也使他的牧师生涯在此延续到了1897年。

1892 年

5月，饶申布什参加了第十届浸礼宗大会。这次会议使他第一次有机会在来自全国的听众面前呈现自己的新观念。

7月9日，他与几位朋友决定成立名为"上帝之国兄弟会"的组织。

11月19日，该组织正式成立。饶申布什每年都会参加该协会的活动，直至1897年他去罗彻斯特神学院教书为止。

1896 年

6月，教会成员为纪念饶申布什到来十年举行了庆祝活动。

9月，发表"社会改革者的理想"一文。

1897 年

7 月，饶申布什开始在罗彻斯特神学院任教。起初，他现在德语系待了五年。期间，他积极参与当地的民间和宗教活动。这为他赢得了声誉。

同月，发表"教会在社会运动中的角色"一文。

1898 年

2 月发表"基督，人类的组织者"一文。

1902 年

饶申布什作为普通市民和教育工作者所做出的贡献得到认可，罗彻斯特神学院授予他神学博士的荣誉。此后，他开始教授教会史。

1905 年

夏天，饶申布什开始重新写作《基督教与社会危机》。

1906 年

夏天，《基督教与社会危机》终稿完成并交予出版社。

1907 年

1 月，发表"历史研究对神学的影响"一文。

同年 4 月，《基督教与社会危机》的出版使得饶申布什在全国范围声名鹊起。这本著作也开启了他的学术生涯。

6 月，为了更好地教授教会史，他到德国休假学习。期间，他的研究目标主要集中在两个领域，浸礼宗史和中世纪基督教史。同时，他与哈纳克在此期间有所接触。

1910 年

饶申布什应清教徒出版社的邀请出版了《为上帝和人民，社会觉醒祈祷文》一书。

1912 年

饶申布什出版了自己的另两本著作：《对我说》和《社会秩序的基督化》。前者发行量不大，影响力也不大。后者则进一步增强了他在基督教思想领域的影响力。此后，受多个组织的邀请，他不断参与演讲和组织活动。

1913 年

11 月，发表《妇女运动中的道德层面》一文。

1914 年

《我们敢做基督徒吗？》一书出版。

9 月，他在一份全国性的宗教杂志上发表了题为《公正对待德国》的文章。其中，他认为，美国应该公正对待交战双方的言论，因为双方都将在最终的和平解决问题的过程中扮演关键角色。该文章也引来了很多严厉的批评。

1915 年

7 月 8 日，饶申布什与查尔斯·阿肯德联合发表了一份声明。该声明的主要目的是反对美国通过出售武器弹药的方式支持同盟国。二人认为美国政府应该禁止出售武器给同盟国。这样才能保全美国的声誉并在维护世界和平的过程中扮演重要的角色。这一声明同样引来了大多数美国大众的反对和批评。

1916 年

《基督的社会原则》出版。

1917 年

11 月，饶申布什开始感到牙齿疼痛、手指麻木并且极度困乏。医生建议他休息。但是，几位同事的离开使得他不得不承担沉重的教学任务。这对他的病情来说无异于雪上加霜。

同年，《社会福音神学》出版。

1918 年

3 月，饶申布什得知自己患上恶性贫血。此时，他感到自己的时日已然不多。同年 7 月 22 日，他陷入昏迷。三天后，饶申布什因病逝世。享年 57 岁。

后　记

　　本书为笔者 2016 年承担的河北省社会科学基金项目研究成果，项目名称为"社会福音运动中基督教参与社会改革方式及效用研究"，项目编号 HB16LS001。

　　沃尔特·饶申布什及其社会关怀思想在美国历史上扮演了十分重要的角色。饶申布什的社会关怀思想不仅在当时甚至直至今日依然值得被人们所重视。虽然，在他的思想内容中包含了一些由于时代背景所导致的自由主义倾向以及乐观主义色彩，然而我们应该更多地关注其思想中的闪光点，即罪与救赎的社会性，以及教会应该在社会救赎中承担什么样的角色等方面的思想观点。当今社会中所出现的问题以及人们所面对的危机大多是由于社会机制以及社会思想上出现了问题，研究饶申布什的社会关怀思想会给我们当代人带来某些启发，这对我们来说必然会有所裨益。

　　饶申布什的社会关怀思想对于当时的美国社会来说有着非常大的影响和号召力。同时，他也为二十世纪初期的基督教世界提供了一种崭新的景象。他的社会关怀思想从基督教信仰出发，注重福音的社会关联性。他拓宽了人们对罪与救赎的定义。先前人们过多地将罪与救赎限制在个人的层面和领域。而饶申布什则让人们看到了罪与救赎的社会层面。这可谓是一种新的发现和理解。他号召教会在对待社会问题上要具有先知的视野和眼光。如今，美国的教会，尤其是主流教会也感受到了饶申布什思想的影响。正如克里斯多夫·埃文斯所说："社会福音，尤其是在美国新教的历史上，对于二十世纪那些相信向社会转变的目标前进是基督教的首要动机的教会来说是一个榜样。即使是过去一百年中历史环境发生了改变，社会福音的观念即基督教信仰为了充分利用福音的力量必须参与到当代的社会问题中去，在二十一世纪之初必然会成为很多教派的核心原则。"① 总之，饶申布什的社会关怀思想不仅对当时而且对如今的美国社会都产生了一定的影响和启蒙。他的思想不仅影响了新教团体，也给整个基督教团体带来了影响和改变。

然而，饶申布什的社会关怀思想毕竟是时代的产物，因此也必然会带有时代的特征和缺陷。如今看来，他的社会关怀思想中还是存在一些问题。其一，理想化色彩较浓。因为，一战之后基督教信仰者已然很难再相信可以在俗世建立上帝之国。饶申布什的这一思想在这些事件发生之后也难免呈现出不切实际的乐观和理想化色彩。正如克里斯多夫·拉什所说："二十世纪二三十年代对社会福音的政治抨击只要集中于它对暴力和强制的逃避，更近一些时期以来对它的批评主要是在此基础上加上了它对维多利亚价值观的采用，它在种族问题上的沉默以及其反女权主义。一言以蔽之，道德主义，正如一些人对自由主义神学的批判一样，感性的人性观。"② 其二，过于重视教育和道德在社会改革中的作用。饶申布什在谈及社会改革途径时通常求助于教育以及对基督教伦理的呼吁。正如莱因霍尔德·尼布尔所指出的那样："饶申布什的神学思想没能认真的理解历史中罪的普遍性以及上帝对人类罪恶和虚伪的彻底审判。因此，求

---

① Christopher H. Evans, ed., *The Social Gospel Today*, Louisville: Westminster John Knox Press, 2001, p.174.
② Christopher Lasch, *Religious Contributions to Social Movements: Walter Rauschenbusch, the Social Gospel, and It's Critics*, The Journal of Religious Ethics, 2001, p. 17.

助教育以及呼吁基督爱的伦理将在社会伦理上导致道德主义的理想主义倾向，这对以自我利益为中心的群体之间的社会冲突为特征的世界来说毫无裨益。"①

功过自在人心。后人不应揪住饶申布什思想中的缺陷不放，这也是没有什么意义的。挖掘其思想中的历史遗产并未当世所用应该是我们对其思想进行历史研究的真正意图。"对于我们这个时代来说问题的关键是如何重新发现、评判社会福音留给我们的遗产，这需要我们不以一种近视的眼光来看待过去，同时要认真考虑二十一世纪初期不同层次的基督教信仰团体所面临的信仰与意义问题。"②

当前，宗教社会关怀在世界各国社会中依然拥有其价值和意义，其参与社会服务的空间和领域也在日益扩大。就我国的宗教社会关怀现状而言，贡献值得肯定，存在的问题应该重视。同时，宗教在社会关怀的思想层面应继续开放，社会服务的规范程度和专业化程度需要加强，宗教团体内部合作、不同宗教间的相互合作以及宗教与世俗社会机构的彼此合作有待进一步加深。只有这样宗教才能更好地融入现代社会，为和谐社会的创建做出更大贡献。

本书的出版离不开诸多人士的支持和帮助。感谢美国海波因特大学邓鹏教授的教导并在百忙之中为本书作序。邓鹏教授是我在四川外语学院（现四川外国语大学）攻读硕士学位期间的导师，邓老师高尚的思想品格和严谨的治学态度令我拜服。感谢北京师范大学张百春教授在我攻读博士学位期间担任我的导师，张老师乐观的人生态度和专注的学术品格对我影响颇深。感谢宗教文化出版社孟金霞编辑的热心帮助和细心指导，孟编辑是一位责任心很强、学术鉴别力颇高的编辑。感谢我的家人在我的生活中不离不弃、相爱相依，是他们的无私奉献和支持让我有了充分的时间和动力完成书稿的撰写工作。感谢我的同事

① William M. Ramsay, *Four Modern Prophets*, Louisville: Westminster John Knox Press, 1986, p.312.
② Christopher H. Evans, editor, *The Social Gospel Today*, Louisville: Westminster John Knox Press, 2001, p.8.

和朋友，是你们让我的工作有所进步、生活更加丰富。书稿撰写期间正值本人于美国圣玛丽学院访学之时，感谢杨思琴教授的热心帮助和 Kurt Buhring 教授的学术指导。书稿撰写过程中参考了诸多学者的著作和文章，在此一并感谢，疏漏之处恳请见谅。

　　本人才疏学浅，不敢奢望对饶申布什的思想做出独特的见解，只求能完整展现其思想，足矣！因时间仓促，作者水平有限，难免有不妥之处，敬请指正！

任晓龙

于美国南本德圣玛丽学院

2018 年 7 月 10 日